Trabajar la
autoestima
y la **confianza**

Trabajar la
autoestima
y la confianza

Eva Marta Varadé

LIBSA

A mis grandes maestros, mis padres, en especial a mi madre, Nina; a mis hermanos, Antonio y Carlos; a mi compañero de camino, Bert; a mis dos soles que me ensanchan el alma, Yago y Hanne; a Santiago y a todos aquellos que saben que los amo.

© 2025, Editorial LIBSA
C/ Puerto de Navacerrada, 88
28935 Móstoles (Madrid)
Tel.: (34) 91 657 25 80
e-mail: libsa@libsa.es
www.libsa.es

Ilustración: Archivo LIBSA, Shutterstock images
Textos: Eva Marta Varadé
Maquetación: Javier García Pastor

ISBN: 978-84-662-4431-2

DL: M-18547-2024

CONTENIDO

PRÓLOGO **09**

INTRODUCCIÓN **13**

El viaje hacia el autodescubrimiento y la autorrealización 13

¿Qué son la autoestima y la confianza? 14

El autoconcepto: la necesidad de conocernos 18

Nuestros maestros: el apego 20

¿De qué estamos hechos? Las tres dimensiones 22

La dimensión sensorial, 24 • La dimensión emocional, 25 • La dimensión cognitiva, 27

PRÁCTICAS: EJERCICIOS PRELIMINARES 31

PARTE 1: AUTOESTIMA Y CONFIANZA **35**

LA AUTOESTIMA **37**

¿Por qué es importante la autoestima? 37

La autoestima y la salud 38

Autoestima en jóvenes y no tan jóvenes, 39 • La autoestima en adultos mayores, 40

La fuerza que nos da la autoestima 41

Factores que influyen en la autoestima 43

Genética, 44 • Estilos de crianza, 44 • Relaciones entre pares, 47 • Experiencias sociales, 49 • Las influencias culturales, 49

Estrategias para mejorar la autoestima 50

Adueñarnos de nuestra vida, 50 • Saber que somos seres únicos e irrepetibles, 50 • Observarnos, 50 • Practicar la gratitud, 51 • Fortalezas y habilidades: reconocer nuestros talentos, 51 • Identificar áreas de mejora y aceptar errores, 51 • Ser realistas con nosotros mismos, 51 • Evitar comparaciones constantes, 52 • Hábitos de vida saludable, 53 • Practicar el autocuidado y la autorreflexión, 53 • Establecer metas realistas y alcanzables, 54 • Mantener relaciones sociales sanas, 54 • Realizar actividad física de forma regular, 54 • Aceptación y apoyo, 55 • La práctica de la bondad y la autocompasión, 55

PRÁCTICAS: MEJORAR LA AUTOESTIMA 59

LA CONFIANZA **65**

¿Por qué es importante desarrollar la confianza en uno mismo 67

El peso genético de la confianza 68

El comportamiento impacta en la confianza 69

El autoconocimiento, elemento fundamental de la confianza 70

Aprender a confiar en nosotros mismos 73

Confiar en los otros 75

La confianza en los amigos y la pareja, 75 • La confianza en el
trabajo, 76 • La traición y las inseguridades, 76

La relación entre la confianza y la autoestima 77

PRÁCTICAS: EJERCICIOS PARA GANAR CONFIANZA 81

PARTE 2: REGULACIÓN EMOCIONAL Y COGNITIVA **87**

LAS EMOCIONES **89**

Las emociones se aprenden 90

¿Cómo hace el cerebro para construir emociones 92

La memoria y las emociones 96

La función de las emociones 98

Demos sentido a las emociones positivas y negativas 100

Aprender a regularnos emocionalmente 101

PRÁCTICAS: EJERCICIOS EMOCIONALES 105

SOY LO QUE ME CREO **111**

Sesgo de negatividad 113

La relevancia de la flexibilidad psicológica 118

Lo que cambia una buena narrativa 121

La palabra como un superpoder 123

Aprendiendo a pensar 124

Las creencias limitantes 125

PRÁCTICAS: EJERCICIOS PARA CREER EN TI MISMO 129

PARTE 3: CAMINANDO HACIA LA AUTONOMÍA **135**

MOMENTO PRESENTE CON ATENCIÓN PLENA **137**

La atención plena (mindfulness) 137

Apenas somos conscientes 140

Entrenar el foco de atención para domesticar la mente 143

Tomar conciencia 145

Aquí y ahora 150

Beneficios de entrenar nuestra atención 153

La práctica de la atención plena 156

PRÁCTICAS: EJERCICIOS CON ATENCIÓN PLENA 159

ESTRATEGIAS DE AUTOCUIDADO **169**

La importancia del hábito en el autocuidado 169

Qué son los hábitos y cómo se forman 171

Qué impide que se formen buenos hábitos 172

La fricción o resistencia límbica, 172 • El tiempo estimado en instaurar un nuevo hábito, 173 • El aburrimiento, 174

Qué tener en cuenta para adquirir hábitos saludables 174

Nuestras intenciones cuentan, 174 • La interferencia entre los hábitos, 175 • Ser consciente de los cambios significativos, 176 • Aprender a disfrutar de las pequeñas cosas, 176 • Disfrutar del proceso, 177 • Unir comportamientos, asociar una recompensa, 177 • La resiliencia de los hábitos: la constancia protege nuestros comportamientos cotidianos, 178 • Establecer metas que sean realistas y sostenibles a largo plazo, 178 • La tolerancia al fracaso, 179 • Una perspectiva sistémica de la salud, 179 • El papel de la dopamina, 180 • La importancia del contexto, 182 • Practicar la paciencia, 183 • Nuestros valores importan, 184 • El autoconocimiento de nuestros estados, 184

¿Somos nuestros hábitos? 184

El estilo de vida,185

Consejos y trucos 190

Consejos para desarrollar o mantener un hábito, 190 • Consejos para tener una buena higiene del sueño, 191 • Consejos para construir una red social fuerte, 194

PRÁCTICAS: EJERCICIOS PARA AUTOCUIDARSE 197

HACIA LA AUTONOMÍA **203**

La ecuación perfecta: autoestima + confianza = autonomía 203

El desapego 205

La compasión y la autocompasión 209

Beneficios de la práctica de la compasión, 212 • La amabilidad, 213 • La humanidad compartida, 214

Cultivar la felicidad 214

La gratitud aporta felicidad, 216 • Los valores alumbran el camino, 217 • La espiritualidad como un valor añadido, 218

La vida tiene sentido.. 220

Consejos útiles 223

La autorrealización 224

PRÁCTICAS: EJERCICIOS PARA GANAR AUTONOMÍA 225

BIBLIOGRAFÍA **233**

PRÓLOGO

*Quien mira fuera, sueña, quien mira
adentro, despierta.*
CARL GUSTAV JUNG

Este libro está dirigido a todas aquellas personas interesadas en mejorar su calidad de vida, lo que conlleva disfrutar de esta dimensión humana para conseguir una existencia significativa.

Uno de los bienes más preciados que puede poseer el ser humano es la autonomía. Es un tesoro inestimable porque sin ella nos podemos encontrar a la deriva a través de la intrincada selva de la vida, incapaces de saborearla, y es que, aunque no es un sinónimo exacto de libertad, son conceptos que se tocan.

Este libro propone la autonomía como una llave que abre las puertas hacia la **autorrealización personal.** Para ello plantea un viaje, una aventura que supera en importancia a cualquier otro periplo. No es el viaje a las estrellas, ni la exploración de los océanos más profundos. Es una incursión en nuestro **yo interior,** hacia el núcleo de nuestra existencia, donde residen los cimientos que modelan nuestra vida y entre cuyos pilares se encuentran la autoestima y la confianza en uno mismo, dos elementos indispensables para desarrollar la autonomía.

La idea es que el presente volumen sea una guía para ese viaje. No se trata de un mapa, porque cada recorrido es único y personal. Es más bien una brújula para navegar desde el entendimiento y la práctica por los desafíos y triunfos que se encuentran en el camino de la vida.

Entenderemos la importancia de atesorar una alta **autoestima y confianza** en uno mismo como una combinación protectora de la salud mental, porque son la base sobre la que construimos nuestra manera de relacionarnos con nosotros mismos y con los demás, y esto tiene una gran repercusión que impacta en todos los ámbitos de nuestra vida, desde la familia, el trabajo y los amigos hasta nuestra relación con el éxito y el fracaso.

Sin embargo, a menudo estos soportes son descuidados y mal atendidos. Quizá es así porque aprendimos a tratarnos de una manera no correcta cuando éramos niños. Pero eso no significa que ahora que somos adultos no podamos aprender a hacerlo mejor.

A lo largo de estas páginas exploraremos qué significan y de dónde nacen realmente la autoestima y la confianza, cómo se desarrollan y cómo se pueden cultivar. Se proporcionarán las **herramientas y técnicas** que se necesitan para fortalecer la autoestima y confianza en uno mismo, y se mostrará cómo usarlas para transformar la vida y disfrutarla.

Resulta crucial entender el papel tan importante que tiene el **aprendizaje,** porque precisamente en él reside todo el poder para realizar el cambio que necesitamos. Partimos de la base de que todos somos el fruto de la programación genética y el ambiente, aunque aquí no se va a entrar en el debate de cuál de estos dos factores tiene más peso. Sin embargo, el individuo está en continua interacción con el ambiente, consciente e inconscientemente aprende las reglas implícitas y explícitas del mundo que le rodea, y esto es posible gracias a que su mundo interno va desarrollando respuestas con la función de amoldarse al exterior lo mejor posible por su propia supervivencia. El aprendizaje es un mecanismo que ponemos en funcionamiento para conseguir cubrir nuestras necesidades en la vida y adquirirlo conlleva realizar una práctica constante.

La teoría y algunos de los ejercicios que nos vamos a encontrar aquí están respaldados por la **evidencia científica** y en particular por los más recientes estudios en **neurociencia** que existen. Las terapias que fundamentan estos ejercicios abarcan desde el enfoque convencional de la terapia cognitivo-conductual hasta las últimas terapias más innovadoras en psicología. Entre estas se incluyen la terapia de aceptación y compromiso y la técnica de desensibilización y reprocesamiento por movimientos oculares (EMDR).

Además, hay una intención clara de destacar la importancia de ejercitar la atención plena *(mindfulness)* porque ha demostrado tener múltiples beneficios respaldados por la evidencia científica, ya que mejora el afrontamiento adaptativo, favorece la regulación emocional, previene la aparición de pensamientos negativos (rumiación) y favorece una respuesta positiva y controlada, que consiste en detenerse y observar antes de actuar. Por todo ello es una práctica muy efectiva cuando se combina con otras terapias. Así pues, se propone incorporar esta práctica con la intención de hacer de ella un hábito cotidiano, que será de gran ayuda para descubrir el sentido real y el poder transformador que conlleva su realización.

Este es el reto que te planteo, una invitación a rebelarte ante aquello que no te sirve, a aprender a reprogramarte y a **reinventarte** gracias al conocimiento propio que podrás expandir con la práctica de ejercicios. De hecho, la práctica del aprendizaje adquirido es el mayor precursor para obtener una buena y sana autoestima y una potente y firme confianza, y no hay mayor tesoro que saber que tenemos la llave de nuestro propio cambio.

INTRODUCCIÓN

Lo esencial es invisible a los ojos.
Antoine de Saint-Exupéry

El viaje hacia el autodescubrimiento y la autorrealización

¿Cómo sería nuestro mundo si pudiéramos reconocernos dentro de él con todo nuestro valor y tener la capacidad de apreciar nuestras propias habilidades y logros, y aceptar nuestras imperfecciones? ¿Qué pasaría si pudiéramos aceptarnos tal como somos y nos dotáramos de un espacio para crecer y mejorarnos?

La **autoevaluación** que solemos hacer es un juicio de valor que se basa en las percepciones, pensamientos, sentimientos y experiencias que hemos tenido sobre nosotros mismos a lo largo de nuestra vida. Si fuéramos capaces de reconocer nuestras **fortalezas y debilidades** sin que esto afectase a nuestro valor como personas, entonces estaríamos fomentando, puliendo algo muy preciado: el amor hacia uno mismo.

¿Cómo sería ese mundo si creyésemos en nuestras propias habilidades para enfrentar los desafíos y poder superar los obstáculos? Quizá no siempre tendremos éxito, pero lo que importa es saber que somos capaces de aprender y crecer a partir de nuestros fracasos.

La seguridad en nuestras habilidades y competencias, esa creencia en nuestra capacidad para enfrentar desafíos, resolver problemas y tener éxito en nuestras metas y objetivos nos permitiría actuar de manera decisiva y asertiva, y nos ayudaría a manejar el estrés y la incertidumbre.

Es evidente lo necesario que se hace alcanzar una **sana autoestima** tanto como crear seguridad y confianza en uno mismo, además de que ambas cualidades se nutren mutuamente. Porque la autoestima, al ser saludable, fomenta una mayor confianza, y, a su vez, la confianza fortalece nuestra autoestima. Por eso es importante recordar que hay que cultivar y cuidar la autoestima y la confianza. Además, no se adquieren de la noche a la mañana, sino que se construyen a lo largo del tiempo a través de la **autocomprensión**, la **autocompasión** y el **autodesarrollo.** Los tres conceptos podrían ser algo así como las alas de un pájaro: necesitamos las dos para volar muy alto y poder alcanzar nuestros sueños, creer profundamente en uno mismo y aunque haya caídas volver a levantarse con la lección aprendida. Pongamos que solo el cielo es el límite.

¿Qué son la autoestima y la confianza?

Vivimos en la cotidianidad de nuestros días, enfrentándonos a retos que a veces nos superan y otras veces superamos. Algunas personas persiguen sueños toda la vida y, una vez realizados, sienten un vacío. Otras alcanzan el éxito en sus vidas y sienten júbilo.

Por ejemplo, un día, un hombre de mediana edad llegó a la consulta. Creía estar entrando en una depresión y se sentía vacío y triste. Contó que había conseguido realizar sus sueños: tenía un trabajo importante, tres casas repartidas por el mundo, una mujer admirada y deseada, cuatro hijos con carreras universitarias, dos coches de alta gama y mucho dinero para gastar. Sin embargo, a pesar de tener todo lo que siempre había deseado, sentía un vacío interior y no le gustaba quién era.

Para entender por qué una persona que tiene todo lo que ha soñado puede sentirse vacía y triste, tendríamos que hacer una pregunta clave: ¿había conseguido realmente sus sueños?

A menudo, los sueños que pensamos que son nuestros en realidad pueden estar influenciados por otras personas. Desde el momento en que nacemos, la cultura y la sociedad nos envuelven y nos guían hacia ciertas **expectativas** sobre lo que «deberíamos hacer o ser». Es decir, que todos nos vemos a nosotros mismos reflejados en lo que nos rodea. A veces, esto nos agrada porque está en armonía con nuestros deseos personales. Sin embargo, en otras ocasiones, puede que no nos guste tanto y nos haga dudar de si lo estamos haciendo bien.

Este hombre comenzó a descubrir gradualmente su **verdadera identidad.** Se dio cuenta de que estaba viviendo para cumplir las expectativas de sus padres, no las suyas. A veces, para evitar decepcionar a los demás, podemos llegar al punto de sabotearnos a nosotros mismos. Entonces decidió embarcarse en un viaje de autodescubrimiento y encontró la forma de verse a sí mismo a través de sus propios ojos, no a través de los de los demás. Al mejorar su relación consigo mismo, pudo soñar de acuerdo con sus propias necesidades. Cambió la percepción que tenía de sí mismo y se aventuró a cumplir lo que eran sus auténticos sueños.

Podemos concluir que relacionarse bien con uno mismo es por tanto de suma importancia. Es un asunto que tiene que ver con un desarrollo sano de la autoestima y con aprender a confiar en uno mismo, todo ello con la intención de disponer al final de una autonomía personal que, bien cuidada y orientada, eleva en bienestar nuestra existencia en este planeta. Porque si no conserva estos pilares, el individuo puede acabar sintiéndose desgraciado.

En las últimas décadas, se han escrito numerosos libros de autoayuda con el objetivo principal de alcanzar la felicidad potenciando la autoestima y la confianza. Estos libros, que han llenado las estanterías de todas las librerías de Occidente, presentan la intención clara de descubrir un tesoro escondido que parece residir dentro de nosotros.

Estas corrientes de autoayuda generalmente no tienden a basarse en evidencias empíricas, pero han servido de gran ayuda a muchas personas porque han planteado desde el principio una máxima muy interesante: que el poder del cambio para mejorar se encuentra dentro de uno mismo, y que el amor que nos tenemos a nosotros mismos es la llave que necesitamos para alcanzar el éxito. Sin embargo, en algunos casos, la falta clara de una definición exacta de qué es la autoestima puede sesgar el camino hacia el bienestar.

Así, por ejemplo, el psicólogo canadiense **Nathaniel Branden** destacaba la importancia de dar valor a la definición de autoestima para evitar su uso trivial. Branden tomó en serio el papel de la autoestima en el campo de la salud mental y la describió como un ingrediente que predispone a afrontar los desafíos de la vida y a ser merecedor de la felicidad. El psicólogo Walter Riso, también dedicado al estudio de la autoestima, la describe como un acto de amor hacia uno mismo.

Al final, podemos encontrar muchas definiciones, pero lo más importante es comprender que nuestro objetivo es aprender a valorarnos y querernos de una manera saludable. Por eso, es crucial definir claramente qué significa autoestima para evitar malentendidos.

En este momento, podríamos preguntarnos: ¿cómo es posible que se considere saludable el amor propio? A lo largo de este libro, abordaremos los conceptos de autoestima y confianza desde un **punto de vista positivo.**

La autoestima puede entenderse de manera negativa como algo que nos falta e incluso con cierto desprecio hacia nosotros mismos. También puede malinterpretarse como un exceso de amor propio, lo que podría llevar a un amor ciego por uno mismo, la fascinación por el propio ego, ignorando a los demás, excluyendo a todos y desarrollando una personalidad narcisista.

Sin embargo, es importante dejar claro que este significado negativo no es lo que se quiere potenciar en este libro. Ese tipo de autoestima conduce a un lado oscuro que no interesa promover, ya que las consecuencias directas son el sufrimiento para el que lo padece y sus allegados más cercanos, que también se ven afectados.

Por lo tanto, el foco de este libro será dar luz y estimular el lado positivo de la autoestima y la confianza. Lo acertado será potenciar el amor y la confianza en nosotros mismos, que nos hacen sentir bien y genuinos. Aceptaremos nuestras limitaciones sin vergüenza ni temor y reconoceremos nuestras fortalezas y virtudes para poder asumirlas y potenciarlas. De esta manera, conseguiremos una **mejor versión de nosotros mismos** que nos permita vivir de una forma más afectiva y compasiva.

Como todo en la vida, a amar se aprende. Y, aunque no siempre seamos conscientes de ello, vamos incorporando experiencias a nuestro conocimiento y respondemos de acuerdo a ellas. Aprender a amarnos a nosotros mismos implica entender que la autoestima va acompañada de una chispa interna que se enciende durante el viaje de la vida. Si sabemos prender esta chispa, su luz nos guiará con determinación. Esta chispa es **la confianza,** máxima responsable de empujarnos a perseguir nuestros sueños con valentía y convicción. La confianza se enfrenta a la duda y a la incertidumbre constante, pero, si se alinea con la autoestima, ambas se fortalecen porque la una nutre a la otra, y viceversa.

Para comprender su unión, consideremos un ejemplo: si nos preguntamos en quién confiamos, la respuesta que surge es en la gente que conocemos, la gente a la que amamos. Se puede deducir que amar y confiar se depositan en el mismo lugar. Entonces nace otra pregunta para medir grosso modo la confianza y el amor que la persona se tiene a sí misma: ¿cuánto nos conocemos? ¿Qué sabemos, qué queremos saber y qué no queremos saber de nosotros?

Finalmente, reflexiona sobre esta pregunta: ¿a quién confiarías un tesoro preciado para que lo guardase? ¿A alguien que conoces o a alguien que no conoces? Esta pregunta nos lleva a considerar cuánta confianza tenemos en nosotros mismos para guardar nuestro propio tesoro. La respuesta dependerá de la opinión que cada uno tenga de sí mismo, de si se tiene en alta estima y de si confía en sus capacidades.  Cómo se perciba será la creación de su autoconcepto, que podríamos definir como el resultado de fomentar o no una autoestima y confianza sanas. Se intuye que, si se fomentan ambas, el autoconcepto será positivo y que si no, se tendrá el resultado contrario.

El autoconcepto: la necesidad de conocernos

El autoconcepto habla sobre cómo nos percibimos a nosotros mismos, cómo creemos que somos. Es la imagen que el individuo tiene sobre sí mismo. No es necesario que coincida con la imagen que los demás tienen de nosotros, pero lo cierto es que somos moldeables a las creencias de los otros respecto de nosotros. Los otros, los que nos rodean funcionan **como un espejo** en el que nos miramos, y copiaremos de ellos sus creencias, lo que muchas veces causa incertidumbre y disonancia al vernos reflejados si no nos reconocernos en ellas.

Debemos tener en cuenta que el autoconcepto no es algo que se transmita genéticamente, sino que se desarrolla a través de las diversas interacciones que una persona tiene con su entorno. El autoconcepto está estrechamente vinculado con la **habilidad social** y la capacidad para guiar el comportamiento, y se vuelve cada vez más sólido con el tiempo.

La importancia de conocernos a nosotros mismos es fundamental. Imaginemos que dos personas ganan en un concurso un coche híbrido. Una de ellas se interesa por saber cómo funcionan este tipo de coches, ha investigado y sabe, por ejemplo, que se ahorra energía utilizando el modo eléctrico en la ciudad mejor que en carretera. La otra persona, por su parte, no ha mostrado interés por el vehículo y desconoce cómo es.

Si nos preguntamos quién le sacará más rendimiento al coche y quién gastará menos en energía, lo que le beneficiará a él mismo y también al planeta, la contestación es obvia: el individuo que se preocupó por saber cómo era el coche. Podemos hacer estas mismas preguntas con cualquier otro objeto, como un móvil o un mando a distancia. Responderemos lo mismo: aquellas personas que conocen todas las funciones de estos dispositivos pueden disfrutar de más opciones.

Esto nos lleva a entender que cuanto más a fondo conocemos algo, en realidad es cuando más podemos disfrutar de ello por razones muy simples; por ejemplo, tenemos más opciones, ahorramos energía, hay menos posibilidad de que se rompa porque cuidamos de no sobrepasar sus funciones, y por tanto sacamos provecho de ello.

¿Qué sucedería si hiciéramos lo mismo con nosotros? Si fuéramos conscientes de quiénes somos, si supiéramos más de nosotros, ¡cuánto podríamos llegar a disfrutar! El desconocimiento implica que nos perdemos mucho de lo que somos y que lo que no utilizamos por desconocimiento nos lo perdemos. Además, su mal uso nos puede llevar a enfermar. Por lo tanto, debemos sacar el máximo provecho a esta maravillosa e increíble creación que somos.

Por tanto, empecemos por conocernos a nosotros mismos. Quizá tengamos una **percepción no real** de quiénes somos. La investigación en estudios con adolescentes dice que desarrollar un autoconcepto positivo desde la adolescencia favorece nuestra integración psicosocial y es un protector de la salud mental. El autoconcepto, al igual que la autoestima y la confianza, es un factor clave para un desarrollo sano de nuestra personalidad.

Nuestras creencias sobre el mundo y sobre nosotros mismos se generan en nuestras primeras relaciones con el entorno inmediato. Este entorno incluye a nuestros progenitores, los hermanos, la familia, así como la escuela, el barrio y el pueblo donde experimentamos nuestras primeras experiencias sensoriales, emocionales y cognitivas.

La percepción de nosotros mismos se ve influenciada por la atención que recibimos durante nuestra infancia y el enfoque educativo de nuestros cuidadores. Por ejemplo, si nuestros cuidadores nos proporcionaron un ambiente nutritivo y de apoyo, es probable que tengamos una autoimagen positiva. En cambio, si fuimos criados en un ambiente crítico, es posible que tengamos una autoimagen más bien negativa.

Los últimos estudios en este campo revelan una relación entre el apego y el procesamiento sensorial. **Durante la infancia,** ocurren transformaciones rápidas y profundas en el cerebro. Estas transformaciones van a influir en el estilo de regulación emocional, la autoestima y la capacidad para establecer relaciones saludables, especialmente porque esta etapa de la vida es crucial para nuestro desarrollo.

Nuestros conceptos sobre el mundo y sobre nosotros mismos se generan en estas primeras relaciones, así como las sensaciones de seguridad básica, angustia y ansiedad. El estilo de apego temprano va a tener mucho que ver con el desarrollo de algunas de las creencias negativas, los patrones de autocuidado y el estilo de regulación emocional.

¿Sentiste cuando eras niño que tus necesidades eran cubiertas, que se te entendía? ¿Había alguien ahí siempre a quien confiar tus inquietudes? Muy importante es haber disfrutado de un entorno cálido en afectos, abierto en experimentación. Si al niño se le validan sus emociones y se le guía adecuadamente, su autoconcepto tenderá a ser positivo. Por el contrario, si esto no sucede, la falta de amor y cariño, vivir en la invisibilidad o el maltrato pueden pasarle factura en la edad adulta.

Por eso vamos a entender estas figuras que estuvieron ahí desde los primeros años porque aprendimos todo de ellos. ¿Quiénes fueron?

Nuestros maestros: el apego

Desde los primeros años de vida, los progenitores o cuidadores son nuestros primeros referentes. Aprendemos y repetimos conductas que observamos en ellos, y estas primeras experiencias configuran nuestro cerebro para interactuar con el exterior. Se crea una especie de programación, patrones y dinámicas que usaremos a lo largo de nuestras vidas.

A veces, los seres humanos realizamos conductas no deseadas que interpretamos como impulsos incontrolables. Sin embargo, estos comportamientos se aprenden. Para entender cómo aprenden los individuos unos de otros, es útil referirse a la **teoría del aprendizaje social de Albert Bandura.** Esta teoría, fundamental en psicología, sostiene que un componente crucial del aprendizaje humano ocurre en el contexto social a través de un proceso cognitivo que implica observar a otros y replicar sus comportamientos.

El aprendizaje social para Bandura se sontiene sobre cuatro pilares:

1. **Atención.** Mantener el foco de atención en algo que le interesa.
2. **Retención.** Interiorizar y almacenar lo que se ha observado.
3. **Reproducción.** Usar la información almacenada cuando se necesite.
4. **Motivación.** Interés por reproducir o no algo en función de si se obtiene o no una recompensa por ello.

Por lo tanto, es importante reflexionar sobre quiénes son las personas que observamos y de quiénes repetimos lo que vimos o vivimos. Porque aprendimos a relacionarnos con nosotros mismos y con el mundo sin siquiera saber que estábamos aprendiendo. Nuestras experiencias tempranas y cómo las interpretamos pueden tener un impacto profundo en nuestra autoimagen y comportamiento.

Otra tesis que está en pleno auge en psicología y que nos ayuda a entender cómo nos relacionamos es la **teoría del apego de John Bowlby,** que proporciona un marco valioso para comprender la manera en que nuestros primeros vínculos afectan a nuestro comportamiento y nuestras relaciones a lo largo de la vida. Esta teoría explica que los humanos tienen un sistema de apego innato que se activa ante amenazas para mejorar nuestra supervivencia y reproducción. Este sistema nos impulsa  a buscar proximidad con una **figura de apego,** alguien que es capaz de manejar las demandas del entorno. La efectividad de esta figura de apego en satisfacer nuestras necesidades lleva a la formación de creencias sobre nuestro propio valor y el de los demás.

Si la figura de apego es sensible y responde a nuestras necesidades, promueve la creencia de que somos valiosos y merecemos cuidado. Esto fomenta un **sentido de seguridad.** Sin embargo, si la figura de apego es inconsistente o rechazadora, el individuo puede desarrollar creencias negativas sobre su propio valor y la disponibilidad y confiabilidad de los demás.

En este sentido, Bowlby establece cuatro tipos de apego: el apego seguro, el evitativo, el ambivalente y el desorganizado, siendo el más positivo el primero.

Los avances recientes en psicología y neurociencia nos brindan una comprensión profunda de por qué somos como somos. Nuestros referentes, como las figuras de apego, y nuestro **entorno sociocultural** tienen un papel crucial en nuestra formación personal.

Es esencial reflexionar sobre nuestra historia, reconociendo la importancia de los roles que han desempeñado nuestros padres, hermanos, abuelos, profesores, amigos y compañeros de la infancia, del instituto, de la universidad, del trabajo, así como nuestro pueblo, barrio, ciudad, país e incluso continente. No buscamos héroes ni villanos, sino identificar quiénes han formado parte de nuestra historia. De ellos aprendimos a subsistir; han sido y siguen siendo nuestros maestros para bien o para mal.

Aunque muchas personas no han podido disfrutar de la presencia de sus cuidadores debido a circunstancias de la vida, todos los seres humanos tenemos la capacidad de replicar los valores, la fortaleza y las habilidades de cualquier ser que represente esas cualidades, incluso si este es un personaje ficticio. Podemos vernos reflejados en quien queramos.

Puede parecer que estamos destinados a repetir lo que aprendimos en nuestras primeras etapas como seres humanos, pero lo realmente importante es saber que **podemos reinventarnos** a través del aprendizaje. Si nos conocemos a nosotros mismos, es posible.

¿De qué estamos hechos? Las tres dimensiones

Es fascinante y un poco misterioso pensar de qué estamos hechos. Desde un punto de vista científico, el ser humano es un fenómeno complejo y emergente, resultado del desarrollo y conexión de todas sus células y sistemas. Este fenómeno está formado por una gran cantidad de propiedades y subpropiedades emergentes combinadas sistémicamente.

Lo vamos a entender mejor con un ejemplo. Imaginemos que el ser humano es como un gran equipo de fútbol. Cada jugador (que sería como una célula en nuestro cuerpo) tiene su propio papel y habilidades. Cuando todos los jugadores trabajan juntos en el campo (que sería como nuestro cuerpo), pueden hacer cosas increíbles, como marcar goles o ganar partidos. Esto es similar a cómo todas nuestras células y sistemas trabajan juntos para hacer funcionar nuestro cuerpo. Así como un equipo de fútbol tiene muchas tácticas y estrategias diferentes (que serían como las propiedades y subpropiedades), nuestro cuerpo también tiene muchas formas diferentes de hacer las cosas para mantenernos sanos y vivos.

El primer paso para que pueda darse un ser humano es que su capacidad cerebral y su sistema nervioso estén mínima y operativamente desarrollados y conectados por completo, formando una sola unidad funcional.

Vamos a centrar nuestra atención en este viaje interior averiguando un poco más de ese órgano vital que parece ser el centro de control, es decir, **el cerebro,** pues es el que gobierna las tres dimensiones que nos interesa conocer para determinar cómo beneficiarnos de nuestras sensaciones, emociones y cogniciones.

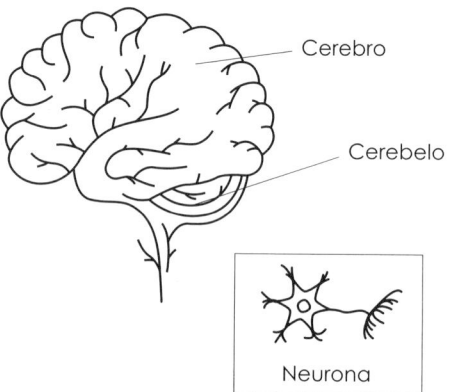

Cerebro

Cerebelo

Neurona

El cerebro humano consta de aproximadamente 128 000 millones de células nerviosas, también conocidas como **neuronas,** teniendo en cuenta las presentes en el **cerebelo.** El cerebelo es una parte esencial del cerebro que, entre otras funciones, nos permite usar sensaciones táctiles o visuales para coordinar nuestras acciones físicas.

El cerebro actúa como nuestro **centro de control.** Este órgano tiene la responsabilidad de regular todo lo que ocurre en nuestro cuerpo. Dirige los movimientos musculares, la producción de hormonas, la formación de sentimientos, ideas y emociones, nuestra imaginación, nuestra consciencia, la memorización, el aprendizaje, la conservación de recuerdos... En resumen, todo. En este relativamente pequeño órgano es donde reside todo lo que somos.

La psicóloga **Lisa Feldman Barrett,** en su obra *Siete lecciones y media sobre el cerebro,* detalla que la evolución de los cerebros humanos no se produjo simplemente a partir de los cerebros de los reptiles desarrollando partes adicionales para albergar la emoción y la racionalidad. Los investigadores han encontrado recientemente que los cerebros de todos los mamíferos se construyen siguiendo un único patrón de construcción, y esto ha revolucionado la ciencia de las emociones al revelar que la idea del cerebro trino y su batalla épica entre la emoción, el instinto y la racionalidad es un mito moderno.

Feldman Barrett plantea que las reacciones psicofisiológicas no son universales, sino que se forman mediante sistemas centrales que interactúan en el cerebro gracias al **aprendizaje.** De nuevo nos hacemos conscientes de que el aprendizaje está presente en todo nuestro desarrollo.

Los **genes** tienen un papel fundamental en la formación de las conexiones cerebrales de un bebé y nos brindan la oportunidad de moldear el cerebro del recién nacido dentro del marco de nuestra cultura.

Nuestras **conexiones cerebrales** se traducen en aprendizajes. Porque el cableado del cerebro responde tanto a las instrucciones del entorno físico como a las del entorno social, incluyendo, por supuesto, las interacciones con los cuidadores. En resumen, el cerebro responde a todo lo que está presente en la vida de un individuo. La popular analogía de que los bebés son como esponjitas es por eso muy acertada, ya que los niños muy pequeños absorben toda la información de su entorno.

La complejidad de ese cableado navega en tres dimensiones: la sensorial, la emocional y la cognitiva. Veámoslas una por una.

LA DIMENSIÓN SENSORIAL

Descartes estableció una verdad indubitable de la propia existencia con esta famosa sentencia: «Pienso, luego existo». Pero surge la siguiente pregunta: ¿cómo puede un ser humano de poca edad, como un bebé o un niño que aún no ha desarrollado el lenguaje, saber que existe? La respuesta radica en la información que nuestro organismo nos proporciona **a través de los sentidos.** Si reconocemos que nos tocan o nos miran, sabemos que existimos.

Cuando los demás responden a nuestras «llamadas de atención» con caricias y besos, algo tan agradable para nuestros sentidos que queremos que dure, este reconocimiento del otro nos está diciendo que existimos. De alguna manera, todo está bien; el bebé se siente acogido, lo que es bueno y significa que va a sobrevivir.

Sin embargo, ¿qué sucede si esas «llamadas de atención» provocan respuestas desagradables en aquellos que nos rodean, como gritos, golpes o incluso la ausencia de respuesta, que a veces duele tanto como un golpe? ¿Cómo interpretamos eso si además no podemos hablar con nosotros mismos porque aún no sabemos cómo hacerlo?

Anna Jean Ayres, una terapeuta ocupacional y psicóloga educativa estadounidense, proponía la **teoría de la integración sensorial,** con la que explicaba cómo las sensaciones, como el tacto, el movimiento, la vista y el sonido, influyen en el comportamiento humano.

Cada persona interpreta la información sensorial de forma distinta, lo cual puede influir en su implicación en las actividades del día a día. Un procesamiento sensorial adecuado puede fomentar la madurez, el crecimiento neurológico y la habilidad para adaptarse. Esto, a su vez, puede potenciar su rendimiento en las tareas cotidianas.

Por lo tanto, ya sabemos que una buena relación con nuestro mundo sensorial nos va posibilitar, entre otras cosas, nada más y nada menos que **adaptarnos al medio.**

Las sensaciones que experimentamos responden a un cableado, porque, según **Feldman Barrett,** la idea básica es que el cerebro construye representaciones internas basadas en experiencias previas y las utiliza para anticipar eventos. Selecciona las acciones más adecuadas para manejar situaciones venideras y prever sus resultados.

Lo que Feldman Barrett sugiere es que nuestro cerebro utiliza la información de experiencias pasadas para hacer predicciones de lo que podría suceder a continuación. Estas **predicciones** nos ayudan a prepararnos y a tomar decisiones sobre cómo actuar en situaciones futuras. Es una forma de aprender de nuestras experiencias y adaptarnos a nuestro entorno.

Imagina que estás en la cocina y tocas una sartén caliente. Inmediatamente sientes dolor y retiras la mano. Esta es una experiencia sensorial que tu cerebro registra. La próxima vez que veas una sartén en la cocina tu cerebro recordará la experiencia pasada y predecirá que podría estar caliente. Esta predicción te ayuda a prepararte para la situación y tomar la decisión de no tocar la sartén directamente, evitando así una posible quemadura. De esta manera, tu cerebro ha utilizado una **experiencia sensorial pasada** para anticipar un evento futuro y seleccionar la acción más adecuada para manejar la situación.

La percepción de nuestra realidad crea una interacción entre las señales que envía el mundo y nuestro cerebro. Aprender a identificar lo que nuestro cuerpo nos comunica en respuesta a nuestras experiencias sensoriales es crucial para nuestra supervivencia. Y esta comunicación es posible gracias a la gestión del **cableado cerebral.** Entender esto nos brinda más posibilidades de éxito, ya que podemos adaptar nuestras respuestas para satisfacer nuestras necesidades.

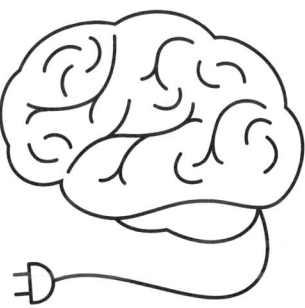

LA DIMENSIÓN EMOCIONAL

Las emociones son la forma en que el cerebro descifra las señales sensoriales y las variaciones en el cuerpo y construye un relato sobre qué ha provocado esas alteraciones y cuál debería ser nuestra respuesta.

Lo vemos con un ejemplo. Imagina que vas caminando por un bosque oscuro y de repente escuchas un ruido fuerte detrás de ti. Inmediatamente sientes miedo y tu corazón empieza a latir más rápido. En este caso, el ruido es la señal sensorial y el aumento de la frecuencia cardíaca es el cambio en tu cuerpo. Tu cerebro interpreta estas señales y decide que el ruido podría ser una amenaza, por lo que la emoción de miedo te impulsa a huir o buscar un lugar seguro. Así, tu cerebro ha creado una historia sobre qué ha causado esos cambios (el ruido) y qué se debe hacer al respecto (huir o buscar seguridad).

Los científicos han luchado por encontrar un único conjunto de marcadores físicos que correspondan de forma única a cada estado emocional, lo que lleva al misterio de cómo experimentamos las emociones sin indicadores físicos claros.

Pero Feldman Barrett apunta que nuestra vivencia de las emociones no surge de la respuesta a estímulos, sino de las **anticipaciones** de nuestro cerebro sobre las sensaciones, basadas en acciones motoras preparadas.

Tomemos el ejemplo de realizar una presentación importante ante un auditorio. Antes de subir al escenario, quizá sientas mariposas en el estómago y tu corazón se acelere. En este caso, no estás **reaccionando a un estímulo** externo, sino que tu cerebro está anticipando las sensaciones que experimentarás cuando estés en el escenario llevando a cabo la presentación. Esta anticipación se manifiesta en forma de emociones, como el nerviosismo o la ansiedad.

Eso significa que nuestras emociones son en gran medida el producto de nuestras propias anticipaciones y preparaciones para eventos futuros, más que simplemente reacciones a lo que está sucediendo en el entorno inmediato. Esta perspectiva puede tener implicaciones importantes para cómo entendemos y manejamos nuestras emociones. Por ejemplo, puede sugerir que, al cambiar nuestras anticipaciones o preparaciones para un evento, podríamos **modificar nuestras respuestas** emocionales a ese evento.

Las teorías de **Lisa Feldman Barrett** desafían la visión tradicional de las emociones. Según sostiene esta psicóloga, las emociones no son innatas ni respuestas automáticas, sino **construcciones de nuestro cerebro.** Nuestras experiencias y percepciones pueden moldear cómo experimentamos las emociones. Además, sostiene que nuestras emociones están profundamente **vinculadas con nuestra cognición,** lo que implica que la forma en que pensamos y percibimos el mundo puede influir en cómo experimentamos las emociones.

Estas teorías de Feldman Barrett ofrecen una perspectiva fresca y significativa sobre la mente humana al subrayar la interrelación entre nuestras emociones, percepciones y experiencias.

En resumen, las dimensiones sensoriales, emocionales y cognitivas están **interconectadas** y forman una especie de **«cableado» en nuestro cerebro** a medida que aprendemos e interactuamos con el mundo. De esta interacción depende la calidad de nuestra vida en este mundo terrenal.

LA DIMENSIÓN COGNITIVA

Acabamos de comprobar que la evolución del cerebro trasciende lo puramente sensorial y emocional. Para dar sentido a todo lo que experimentamos, hemos sido dotados de una dimensión cognitiva.

La dimensión cognitiva abarca una **variedad de habilidades** que incluyen la atención, la percepción, la memoria, el lenguaje, la resolución de problemas, la inteligencia y la planificación. Estas habilidades, que son distintivas y complejas, implican diversas funciones del cerebro.

Ya en los años setenta el psicólogo **Jean Piaget** propuso una teoría según la cual el conocimiento no es algo que simplemente se tiene, sino que se adquiere gradualmente, y que la cognición es fundamental para resolver problemas y adoptar decisiones en la vida diaria.

Lo que hace posible la interacción del individuo con su medio es que, aunque los factores genéticos pueden desempeñar un papel, nuestra interacción con el mundo y cómo lo percibimos se basa en gran medida en nuestras **experiencias personales.** Estas experiencias se almacenan en redes de memoria, que forman la base de nuestras percepciones, actitudes y comportamientos, y conectan eventos similares.

Nosotros adquirimos conciencia del mundo exterior gracias a nuestra memoria funcional, que nos llega a través de los sentidos: vista, olfato, tacto, oído y gusto. Esto se vincula automáticamente con una serie de redes de memoria en nuestro cerebro que nos ayudan a entender lo que estamos percibiendo.

La encargada de reflejar todos los procesos cognitivos que ocurren en el cerebro es **la mente.** La mente y el cerebro guardan una estrecha relación, pero no son lo mismo. La primera diferencia es que puedes tocar un cerebro, pero no una mente.

La «mente», pues, es un término abstracto que se refiere a la totalidad de habilidades intelectuales, cognitivas y psicológicas que constituyen nuestra consciencia. No representa una entidad física, sino un conjunto de capacidades que incluyen la memoria, la imaginación, la inteligencia, el pensamiento y la percepción.

Por supuesto que, si hablamos de pensamiento, hablamos del **lenguaje.** El mismo Miguel de Unamuno decía: «La lengua no es la envoltura del pensamiento, sino el pensamiento mismo».

Según **Steven Hayes,** psicólogo y autor de la **terapia de aceptación y compromiso,** los pensamientos actúan como unas gafas a través de las cuales observamos nuestro entorno. Todos tendemos a usar ciertas gafas específicas y permitimos que sean las que guíen nuestra interpretación de las vivencias hasta el punto de que pueden influir en cómo nos percibimos a nosotros mismos.

El **lenguaje** tiene un papel crucial en los procesos cognitivos, ya que permite la representación y manipulación de ideas y conceptos. A través del lenguaje somos capaces de formar pensamientos abstractos, resolver problemas complejos y comunicarnos eficazmente con los demás y con nosotros mismos.

En relación con la mente, el lenguaje es una herramienta que nos permite organizar y estructurar nuestros pensamientos. **Mariano Sigman,** investigador en neurociencia, habla en su libro *El poder de las palabras* de que es posible cambiar nuestras vidas desde una narrativa sana hacia nosotros mismos.

En resumen, nuestra mejor adaptación al entorno implica una interacción entre cómo el mundo exterior nos impacta sensorial y emocionalmente y cómo nos percibimos y nos comunicamos en función de lo que absorbemos de esa realidad desde que nacemos. Esto nos afecta y determina nuestro aprendizaje. Las últimas investigaciones en diversos campos científicos, incluyendo la psicología y la neurociencia, invitan y desafían al ser humano a seguir aprendiendo para modificar aquello que le impide ser quien realmente quiere ser.

Comencemos cambiando lo que podemos y aceptando con amor lo que es imposible modificar. Que la naturaleza nos otorgue la sabiduría para discernir entre lo que podemos y lo que no podemos cambiar. Esta es una variante de la Oración de la serenidad, atribuida al teólogo estadounidense Reinhold Niebuhr, que bien puede servirnos para dar pie al grueso de este libro.

PRÁCTICAS

EJERCICIOS PRELIMINARES

Se sugiere utilizar una libreta dedicada exclusivamente a todos los ejercicios recomendados en estas páginas.

EJERCICIO PRÁCTICO. EXPLORAR EL AUTOCONCEPTO

Comenzaremos por reflexionar sobre la imagen que los demás tienen de nosotros, y también acerca de lo que creemos de nosotros mismos, nuestras fortalezas y logros.

1. ¿Qué imagen tienen de mí?

Se trata de pensar con detenimiento siguiendo los siguientes pasos:

- Escribe una **lista de los cumplidos** que has recibido a lo largo de tu vida. Por ejemplo, si alguien te ha dicho que eres muy atento, que eres bueno en lo que haces, que eres muy simpático, etc.

- A continuación, **anota las habilidades y fortalezas que crees que posees.** Por ejemplo, si eres bueno trabajando con las manos, si eres un buen oyente, si eres empático, etc.

- Finalmente, **escribe las cosas que te hacen sentir orgulloso de ti mismo,** como logros o actitudes positivas ante ciertas situaciones. Por ejemplo, viajar solo, ayudar a un amigo cuando pasó por un mal momento, terminar tus estudios, etc.

Aunque al principio puede ser difícil porque no se te ocurre gran cosa que anotar, tómate tu tiempo y ve llenando la libreta con lo que vaya surgiendo durante una semana.

2. Percibe tus referentes.

Ahora, **haz una lista de las personas o personajes** que han tenido un mayor impacto en tu vida, como padres, hermanos, abuelos, maestros, amigos o incluso algún personaje de ficción. Junto a cada uno de estos referentes escribe lo que admiras de ellos. Por ejemplo, puedes admirar la paciencia de tu abuelo, la perseverancia de tu madre, la manera en que tu profesor de Historia despertaba la curiosidad, la simpatía de tu hermana, etc.

3. Autoevaluación.

Califica del 1 al 10 cuánto de lo que admiras en los demás reconoces en ti mismo. Tómate un tiempo para reflexionar si hay alguna fortaleza o habilidad que hayas desarrollado gracias a que alguien te ayudó a hacerlo o porque viste esa habilidad en otros. Puedes anotar qué personas eran con más detalle. Además, escribe qué otras fortalezas o habilidades te gustaría desarrollar y qué querrías hacer para adquirirlas. Se trata de comenzar a comprender cuál es tu autoconcepto.

EJERCICIO PRÁCTICO. IDENTIFICA TU PROGRAMACIÓN

A veces tenemos respuestas ante determinadas situaciones que parecen automáticas. Por eso, durante una semana, se llevará a cabo un ejercicio de autoobservación y reflexión. En la libreta de trabajo se registrarán los eventos que desencadenen sensaciones de bienestar y malestar. Para cada evento, se anotará lo siguiente:

1. Repercusión fisiológica: ¿cómo afecta el evento a tu cuerpo? ¿Qué sensaciones físicas experimentas?

2. Emociones provocadas: ¿qué emociones surgen como resultado del evento?

3. Autorreflexión: ¿qué dice de ti el hecho de que te sientas de esta manera?

Se hará una distinción entre las experiencias agradables y desagradables, registrándolas por separado.

A continuación se propone **un ejemplo** de cómo podría ser el guion de tus anotaciones.

Evento desencadenante de bienestar: charlar con unos amigos.

1. Repercusión fisiológica: sensación de relajación, sonrisa en el rostro.
2. Emociones provocadas: alegría, satisfacción.
3. Autorreflexión: valoro mucho la amistad y disfruto de la compañía de los demás. Soy valorado y querido por las personas que me importan.

Evento desencadenante de malestar: una discusión en el trabajo.

1. Repercusión fisiológica: tensión en los hombros, dolor de cabeza.
2. Emociones provocadas: frustración, ira.
3. Autorreflexión: me afectan mucho los conflictos, necesito aprender a manejarlos mejor.

Este ejercicio te ayudará a entender mejor tus reacciones emocionales y a desarrollar una mayor conciencia de ti mismo. Recuerda, tómate tu tiempo y no te preocupes si al principio te resulta difícil. La autoobservación y la reflexión son habilidades que se desarrollan con la práctica.

PARTE 1

AUTOESTIMA Y CONFIANZA

LA AUTOESTIMA

¿Por qué es importante la autoestima?

El grado de autoestima que poseemos tiene un impacto significativo en todas las facetas de nuestra vida, ya sea a nivel personal, familiar, académico o social. Se ha observado una correlación positiva entre una autoestima saludable y ciertas características que están directamente vinculadas a nuestra habilidad para alcanzar nuestras metas y objetivos ideales.

Una saludable autoestima nos ofrece **grandes beneficios** en todos los aspectos de nuestra vida. Desarrollar una autoestima sana es fundamental por diferentes razones, y hay estudios científicos que demuestran que es crucial para el bienestar general, la salud mental y el logro de metas personales.

La sana autoestima aporta una serie de beneficios para nuestra salud y **calidad de vida** que se reflejan en el desarrollo de la personalidad y en una percepción satisfactoria de la existencia. Es importante porque nos motiva a actuar, a seguir adelante, a perseguir nuestros objetivos, y nos impulsa a esforzarnos ante las dificultades.

La autoestima es, junto con la personalidad, de los constructos más estudiados en psicología. El desarrollo de la personalidad implica la aceptación de la identidad del individuo. Esto permite que el sujeto reflexione sobre sí mismo y se relacione con los demás. A medida que el individuo se desarrolla, adquiere la capacidad de manejar la inseguridad.

La forma en nos vemos a nosotros mismos puede influir en nuestra **salud mental y física.** Algunos estudios han encontrado que la autoestima se asocia negativamente a neuroticismo y positivamente a la extraversión, responsabilidad, amabilidad, apertura e incluso a la estabilidad y plasticidad.

La autoestima y la salud

Existe una abundante evidencia empírica que respalda la influencia significativa de la autoestima en **la salud mental.** Una baja autoestima puede conducir a estados de **ansiedad y depresión.** Diversos estudios han demostrado que los individuos pueden sentirse deprimidos cuando no logran alcanzar sus propios ideales y experimentan ansiedad cuando no cumplen con las expectativas de los demás.

Vemos que la literatura científica acumula mucha información sobre el daño que provoca en **los adolescentes** la baja autoestima, ya que a esa edad la manifestación de la personalidad del individuo empieza a experimentarse con más fuerza. La repercusión en los jóvenes de una baja autoestima se ha relacionado con la presencia de trastornos psicológicos, y viceversa. Particularmente, la autoestima social y personal tiene una relación significativa con la salud mental de los jóvenes.

Por ejemplo, los adolescentes pueden sentir ansiedad o mostrar signos de depresión. También pueden tener problemas para concentrarse en las tareas, lo que puede llevar a la **procrastinación.** Algunos jóvenes llegan a mostrar **comportamientos agresivos o antisociales,** e incluso pueden involucrarse en acciones violentas en la escuela o en sus relaciones.

AUTOESTIMA EN JÓVENES Y NO TAN JÓVENES

Los jóvenes con **baja autoestima** son más propensos a consumir **alcohol o drogas**. Esto puede ser especialmente cierto si se sienten poco valorados en su familia o si con el consumo de estas sustancias perciben una alta autoestima en sus relaciones con sus compañeros.

La baja autoestima también puede afectar a la **salud física**. Con baja autoestima las personas pueden llegar a estar menos inclinadas a protegerse durante las relaciones sexuales. También pueden ser más propensas a desarrollar **trastornos alimentarios**, como la anorexia o la bulimia.

Es importante tener en cuenta que estos son solo algunos de los problemas que pueden estar asociados con la baja autoestima. Cada individuo es único y puede experimentar sus dificultades de manera diferente.

Lo que está claro es que los estudios recogen que la baja autoestima afecta, demostrando que, especialmente en los adolescentes, ciertos problemas suelen estar asociados a una carencia de autoaceptación, **sentimientos de inutilidad**, falta de poder, sensación de fracaso y autocrítica severa.

La falta de autoaceptación puede llevar a la insatisfacción con uno mismo, al deseo de ser diferente y de poseer habilidades que no se tienen. Este sentimiento de inferioridad e inutilidad puede provocar malestar, un profundo **sentimiento de soledad y abandono**. Además, puede surgir la creencia de que uno no tiene control sobre sí mismo ni sobre sus decisiones, lo que puede causar sufrimiento.

En el caso de los adolescentes con baja autoestima, es posible que sientan la necesidad de demostrar que tienen poder sobre algo o alguien, a menudo originada por un sentimiento de inferioridad. En algunos casos, esta urgencia puede manifestarse en **comportamientos agresivos y violentos.** En otros, su extrema sensación de debilidad puede hacerles sentirse víctimas en cualquier situación, lo que los lleva a evitar asumir cualquier tipo de responsabilidad.

Cuando se tiene una escasa sensación de poder también se padece un **pobre control emocional**, que puede verse acompañado por llanto, **arrebatos de ira y tristeza** que ocurren en exceso y sin autocontrol. Cualquier contratiempo, por pequeño que sea, puede provocar un enorme sentimiento de fracaso. Esto puede llevar a pensar que no seremos capaces de realizar las cosas correctamente o que las haremos mal. Este tipo de **pensamientos negativos** refuerzan constantemente la creencia de que no servimos para nada y que todo lo hacemos mal, un círculo vicioso del que es difícil salir.

Está claro que la baja autoestima afecta a las personas, que la canalizan a través de actitudes y comportamientos diversos. A veces, con una tendencia a **quejarse y criticar** en exceso, un deseo constante de **llamar la atención** y una necesidad intensa de triunfar. Otras siendo reservadas y poco sociables, con un **miedo exagerado** a cometer errores y una actitud de inseguridad. También es posible que quienes sufren una baja autoestima a menudo se sientan tristes, sean perfeccionistas, muestren una actitud desafiante y agresiva, y tengan una actitud derrotista. Además, pueden tener una **necesidad compulsiva de aprobación** y disculparse constantemente por comportamientos que creen que pueden desagradar a los demás.

LA AUTOESTIMA EN ADULTOS MAYORES

También se ha visto que especialmente en la población de **adultos mayores** hay una conexión entre la autoestima y la calidad de vida en términos de salud. Se sugiere que la autoestima puede actuar como **un factor protector** en este grupo de población, ya que mejora la calidad de vida relacionada con la salud. Por lo tanto, es importante fomentar la autoestima, que puede ser esencial para un envejecimiento saludable y positivo.

El psicólogo **Nathaniel Branden** (*Los seis pilares de la autoestima*, 1994) vinculaba la baja autoestima con la irracionalidad, la negación de la realidad, la rigidez, el temor a lo desconocido, la conformidad, la sumisión, el comportamiento reprimido y la hostilidad hacia los demás. Todas estas características tienen implicaciones para el desarrollo personal y la adaptación social. Por ello Branden defendía el fortalecimiento de una autoestima sana, que se asocia con características como la racionalidad, el realismo, la creatividad, la independencia, la flexibilidad, la capacidad para aceptar cambios, el deseo de reconocer errores y la disposición a colaborar.

La fuerza que nos da la autoestima

El psicólogo estadounidense **Chris Mruk** (*Autoestima. Investigación, teoría y práctica*, 2007) propone que considerar la autoestima como un elemento esencial en el desarrollo humano le otorga un profundo significado psicológico. Esto se manifiesta de dos maneras. En primer lugar, la autoestima tiene un **poder motivador** que guía nuestro comportamiento, impulsándonos a enfrentar desafíos vitales para sentirnos valorados y respetados tanto por nosotros mismos como por los demás. Si no logramos satisfacer esta necesidad, nuestros comportamien-

tos pueden desviarse hacia rutas menos saludables. En estos casos, la persona puede intentar compensar la falta de autoestima con comportamientos negativos, que van desde la neurosis común hasta diversas psicopatologías descritas en el *Manual diagnóstico y estadístico de los trastornos mentales* (DSM) de la Asociación de Psiquiatría de Estados Unidos. Esta es una de las razones por las que Mruk considera que la autoestima es extremadamente importante en la psicología. En segundo lugar, la autoestima también tiene como objetivo contribuir a un objetivo prioritario como es el **crecimiento personal y la autorrealización**.

Cuanto más fuerte es la autoestima, mejor equipado está el individuo para enfrentar los desafíos que surgen a nivel personal, familiar o laboral. A medida que aumenta la autoestima, la **comunicación** se vuelve más abierta, honesta y adecuada porque creemos que nuestros pensamientos tienen valor, al igual que los de los demás. De la misma manera, tendemos a tratar a los demás con

respeto, buena voluntad y justicia, y no los consideramos una amenaza, ya que el respeto por uno mismo es la base del respeto por los demás.

Los niveles de autoestima pueden experimentar variaciones. Por lo general, aunque no se puede descartar, si un individuo posee una autoestima alta y estable, es poco probable que llegue a tener una autoestima baja, incluso frente a adversidades. Por otro lado, si una persona tiene una autoestima baja, es común que, en ausencia de esfuerzos por cambiar, esta autoestima se mantenga constante o incluso se deteriore. La autoestima tiende a permanecer en su estado actual si no se toman medidas para alterarla.

Cuando se han comparado a personas con una autoestima alta y otras con baja autoestima se ha descubierto que, frente a un estado de ánimo desfavorable, aquellas con una autoestima más baja tenían mayor propensión a exponerse a **conductas de riesgo** para su salud que aquellas con una autoestima más elevada.

5 SEÑALES DE UNA BUENA AUTOESTIMA

1 Madurez en la toma de decisiones

2 Flexibilidad ante los cambios y tolerancia con los demás

3 Confianza en uno mismo ante desafíos y fracasos

4 Comunicación asertiva e independencia de la aprobación ajena

5 Ausencia de sentimientos de culpa y/o celos

Así, por ejemplo, las personas que tienen una autoestima baja suelen tener una percepción negativa de sí mismas cuando están en un estado de ánimo desfavorable. En cambio, aquellas con una autoestima elevada son menos propensas a alterar su autovaloración tras experimentar un estado de ánimo negativo.

Ciertamente, cuando las personas padecen de una baja autoestima, sus vidas pueden sentirse gobernadas por la irracionalidad, la negación de la realidad, la rigidez, el miedo a lo desconocido, la conformidad, la sumisión, el comportamiento reprimido y la hostilidad hacia los demás. Todas estas características tienen implicaciones para el desarrollo personal y la adaptación social.

Se ha visto incluso en relación con las elecciones de carrera que existe un vínculo entre la aspiración a una educación superior y la autoestima de una persona.

Numerosos estudios sugieren que la autoestima desempeña un papel significativo en el crecimiento de la **madurez** en la carrera, en el proceso de **toma de decisiones** que sigue y en las características de la carrera futura.

Por tanto, resulta esencial trabajar para conseguir una autoestima sólida porque la acompañan características tan positivas como la racionalidad, el realismo, la creatividad, la independencia, la flexibilidad y la capacidad para aceptar bien los cambios, así como la disposición para admitir que cometemos errores y cooperar.

Con una **autoestima saludable** uno puede tener confianza en sí mismo, ser el tipo de persona que quiere ser, aceptar desafíos personales y profesionales, entender el fracaso como parte de su proceso de crecimiento, ser tolerante, disfrutar más de los demás y de sí mismo, establecer relaciones familiares satisfactorias, ser asertivo en su comunicación y comportamiento, obtener un rendimiento académico y laboral adecuado, tener metas claras y un plan de acción para alcanzarlas, asumir riesgos y disfrutarlos, anteponer la aprobación personal a la aprobación ajena, afrontar un auditorio y expresar su opinión personal, eliminar oportunamente los sentimientos de culpa, alegrarse honestamente por los logros de las otras personas sin sentir celos ni envidia, decir sí o no cuando quiera en vez de decidir atendiendo a las presiones recibidas, y tener una mayor capacidad para dar y recibir amor. Como vemos, son tantas las implicaciones que merece la pena ponerse el objetivo de encaminarse hacia una buena autoestima.

Factores que influyen en la autoestima

La autoestima se refiere a la percepción general y la evaluación que los individuos tienen de sí mismos. Desempeña un papel vital en la formación de pensamientos, sentimientos y comportamientos individuales. El desarrollo de la autoestima está influenciado por numerosos factores, incluyendo la genética, los estilos de crianza, las relaciones entre pares, las experiencias sociales y las influencias culturales.

La genética puede predisponer a una persona a contar con una autoestima más alta o más baja, mientras que los métodos de crianza pueden influir en el modo en que los individuos se ven a sí mismos. Las interacciones con los compañeros, las experiencias sociales y las influencias culturales también tienen roles importantes en el desarrollo de la autoestima. Comprender estos factores puede ayudar a las personas y a quienes las rodean a crear entornos de apoyo que promuevan una autoestima saludable.

GENÉTICA

La genética es un factor clave que afecta al desarrollo de la autoestima. La investigación indica que existe un componente genético en la autoestima, lo que significa que los individuos pueden heredar una determinada predisposición a poseer niveles de autoestima más o menos elevados en función de sus genes. Los estudios han demostrado que los gemelos idénticos, aquellos que comparten el  100 % de su ADN, tienen niveles de autoestima más similares que los de los gemelos fraternos, que comparten solo el 50 % de su ADN. Estos hallazgos sugieren que la genética tiene un protagonismo significativo en la formación de la autoestima de un individuo y hay que tenerla en cuenta.

La genética heredada y el entorno en el que crecemos interactúan para moldear nuestra identidad, incluyendo nuestra autoestima. Las instrucciones genéticas que un niño recibe de sus padres pueden trazar un camino para su desarrollo, pero el entorno puede influir en cómo estas instrucciones se manifiestan, se adaptan o incluso se suprimen.

Por eso vamos a tener en cuenta tanto los factores genéticos como los ambientales para entender el desarrollo de la autoestima. Porque es crucial recordar que, aunque la genética **puede predisponernos** a ciertos niveles de autoestima, **no determinan** completamente nuestro sentido de valor propio. Hay más elementos involucrados, como las experiencias vitales, las relaciones y el entorno, que también desempeñan un papel fundamental.

ESTILOS DE CRIANZA

Desde la infancia hasta la vejez, la autoestima tiende a seguir un patrón. Comienza alta en la infancia, disminuye durante la adolescencia, aumenta de nuevo en la adultez temprana y luego disminuye en la vejez.

El estilo de crianza al que esté sometido el ser humano va a influir en todos los aspectos de su desarrollo, entre ellos, la autoestima. De hecho, la percepción de nosotros mismos se ve influenciada por la **atención** que recibimos durante nuestra infancia y el **enfoque educativo** de nuestros cuidadores.

La forma en que los padres o cuidadores interactúan con los niños y el tipo de ambiente que crean en casa pueden tener un impacto profundo en su autoestima. De este modo, los diferentes estilos de crianza –**democrático, permisivo y autoritario**– producen distintos efectos en la autoestima de las personas.

ESTILO DEMOCRÁTICO

Un niño que se desarrolle en un ambiente caracterizado por el calor, el apoyo, con unos límites claros y una disciplina consistente tenderá a desarrollar una autoestima saludable. Este estilo de crianza que **equilibra** las expectativas y reglas claras con el amor, el respeto y la comprensión conseguirá que el menor se sienta valorado, respetado y capaz, factores que favorecen unos niveles altos de autoestima.

Cuando los padres practican la crianza estableciendo reglas claras y consistentes para sus hijos, fomentan la **independencia** de los niños, a los que animan para que adopten sus propias decisiones dentro de los límites apropiados para su edad. Los padres que practican una **comunicación abierta** y bidireccional están dispuestos a escuchar los pensamientos y sentimientos de sus hijos. Asimismo, les dejan ver las consecuencias lógicas de los actos, en lugar de castigarlos por mal comportamiento. Veamos un ejemplo: cuando un niño no hace su tarea, una consecuencia lógica podría ser que no pueda ver su programa de televisión favorito hasta que termine su trabajo.

Pero, sobre todo, si hay un efecto positivo fundamental para la autoestima de cualquier ser humano este tiene que ver con las **primeras experiencias vitales**. Proporcionar a los niños amor y apoyo a pesar de las expectativas y reglas, celebrar sus logros, ofrecerles consuelo cuando están molestos y asegurarles que son amados incondicionalmente son las claves educativas para la construcción de una autoestima elevada.

ESTILO PERMISIVO

Cuando la crianza es permisiva, la **falta de estructura y disciplina** puede llevar a una autoestima baja. Los padres que educan con estilo permisivo a menudo actúan más como amigos que como figuras de autoridad y suelen compartir sus propios problemas y emociones con los hijos como si fueran iguales.

Así, vemos a padres que son **excesivamente indulgentes** y no establecen límites apropiados para los niños, lo que puede desarrollar en ellos un sentido de derecho y también falta de confianza para enfrentar desafíos por su cuenta. Los niños se encuentran en un ambiente con **pocas reglas o límites**. Un ejemplo muy claro de este tipo de educación es el que les permite que se acuesten a cualquier hora, incluso aunque sea muy tarde. Otro ejemplo es el que deja al niño que elija su propia dieta, incluso aunque sea desequilibrada.

Los padres que se comportan así suelen ceder ante las demandas de sus hijos para evitar conflictos y les dan libertad para tomar decisiones sin ofrecerles apenas orientación.

ESTILO AUTORITARIO

La crianza autoritaria, es decir, caracterizada por **reglas estrictas**, con una **disciplina** orientada al **castigo** y con falta de afecto, puede tener efectos negativos en la autoestima. Los niños criados bajo este estilo de educación pueden experimentar sentimientos de inferioridad y desarrollar una autoestima inestable. En este caso, los cuidadores imponen reglas y expectativas muy altas a los niños, a menudo sin tener en cuenta sus opiniones o sentimientos. Estos cuidadores estable-  cen **normas rígidas** de conducta, no manifiestan apenas afectividad y no dan muestras de cariño, no proponen opciones, solo las que aprueban ellos mismos de antemano. Suelen poner el foco en las conductas que consideran que no son normales y recriminan con dureza el mal comportamiento. Además, mantienen un enfoque de «lo digo porque sí» al tomar decisiones y requieren una **obediencia absoluta**. En resumidas cuentas, imponen normas rigurosas sin proporcionar la guía necesaria.

Vemos, por tanto, que la calidad de la relación entre padres e hijos es un factor crucial en la formación de la autoestima.

En el esquema de la página siguiente podemos ver con claridad un resumen de los tres estilos básicos.

Hay autores que hablan de un cuarto estilo, **el negligente,** que se caracteriza por unos padres o cuidadores que no ponen límites a los niños ni tampoco les dan afecto. Suele suceder en familias que dejan la crianza de los hijos a terceras personas y conlleva una carencia emocional.

DEMOCRÁTICO

Equilibrado
Comunicativo

+ AFECTO

PERMISIVO

Sin reglas ni límites
Sin figura de
autoridad

- CONTROL
+/- AFECTO

ESTILOS
DE CRIANZA

AUTORITARIO

Estricto y rígido
Castigo

+ CONTROL
- AFECTO

RELACIONES ENTRE PARES

La manera en que observamos a las personas que nos rodean nos condiciona para detectar y centrar nuestra atención en lo que no nos gusta de nosotros mismos, en nuestros fracasos y en lo que nos hace sentir inferiores. Por ejemplo, si vemos a nuestros compañeros de clase sobresalir en deportes y queremos destacar como ellos a pesar de carecer de sus mismas aptitudes físicas, es posible que nos obsesionemos con nuestra falta de habilidades deportivas en lugar de valorar nuestras propias fortalezas, por ejemplo, académicas.

A lo largo de la infancia y la adolescencia, las relaciones entre pares se vuelven cada vez más importantes en la formación de la autoestima. La **aceptación, validación y apoyo** recibidos de los compañeros influyen en gran medida en cómo los individuos se ven a sí mismos.

RELACIONES POSITIVAS ENTRE PARES

Las relaciones positivas entre pares son aquellas que impulsan la autoestima porque los individuos se sienten aceptados y valorados. Tener amigos que brinden apoyo emocional y que nos ofrezcan la oportunidad de participar en interacciones sociales positivas fomenta un sentido de pertenencia y autoestima.

- Cuando los compañeros te aceptan. El niño es **bienvenido en el grupo** de amigos, lo que contribuye a que desarrolle una autoestima elevada. Por ejemplo, si un niño es invitado a jugar en el recreo o a fiestas de cumpleaños, puede sentirse valorado y aceptado, lo que puede aumentar su autoestima.

- Que los compañeros **validen las habilidades** o logros de un niño puede reforzar su autoestima. Por ejemplo, si un niño hace un buen trabajo en un proyecto de clase y sus compañeros lo elogian, puede sentirse competente y capaz, lo que puede aumentar su autoestima.

- Tener el **apoyo emocional** de los compañeros puede ser un factor importante en la autoestima. Por ejemplo, si un niño está pasando por un momento difícil, como el divorcio de sus padres, y sus amigos le ofrecen apoyo y comprensión, puede sentirse menos solo y más capaz de manejar la situación, lo que reforzará su autoestima.

RELACIONES NEGATIVAS ENTRE PARES

Las relaciones negativas entre pares, como el **acoso escolar,** el rechazo o la **exclusión social,** pueden dañar seriamente la autoestima. La crítica constante o el ridículo de los compañeros pueden erosionar la confianza en uno mismo y producir sentimientos de inutilidad.

Es importante señalar que las relaciones entre pares no son el único determinante de la autoestima, pero tienen un peso importante en el desarrollo porque las relaciones en edades muy tempranas están también implicadas en la personalidad del individuo.

La autoestima, o cómo nos vemos a nosotros mismos, es generalmente estable a lo largo del tiempo. Sin embargo, puede fluctuar en respuesta a diferentes experiencias.

La adolescencia temprana es un período crítico para la formación de la autoestima. Durante este tiempo, los jóvenes pueden experimentar una disminución en su autoestima debido a nuevos y a veces estresantes desafíos. Esto puede llevar a acentuadas fluctuaciones en su autoestima, que tienden a disminuir a medida que avanzan hacia la adultez.

Las dificultades académicas o la pérdida de apoyo de los compañeros pueden contribuir a estas disminuciones y fluctuaciones en la autoestima. Los adolescentes con baja autoestima son más vulnerables a los impactos de los eventos cotidianos. Sin embargo, los adolescentes que experimentan fluctuaciones rápidas y breves en la autoestima pueden tener más dificultades en su comportamiento futuro, independientemente de su nivel promedio de autoestima a lo largo del tiempo.

EXPERIENCIAS SOCIALES

Las experiencias que los individuos tienen a lo largo de su vida, tanto positivas como negativas, impactan significativamente su autoestima. Los logros, los éxitos y el reconocimiento contribuyen a un sentido positivo de autoestima, mientras que los fracasos, contratiempos y críticas pueden socavarla.

Lograr objetivos personales, ya sean académicos, relacionados con la carrera o en relaciones personales, puede aumentar la autoestima. En cambio, las **dificultades o fracasos** en estas áreas pueden disminuirla. Sin embargo, es importante recordar que los fracasos también pueden ser oportunidades de aprendizaje y crecimiento.

LAS INFLUENCIAS CULTURALES

La cultura en la que se desarrollan las personas da forma a su autopercepción e impacta la formación de su autovaloración. Así, los ideales culturales relacionados con la belleza, el éxito y los logros individuales a menudo tienen efecto en nuestra autoestima.

En las culturas que valoran el **individualismo** y los logros personales, la autoestima suele estar fuertemente vinculada a los éxitos y al reconocimiento externo. Los individuos pueden sentir la necesidad de destacar en varios aspectos de la vida, lo que da lugar a una autoestima elevada cuando se cumplen las expectativas sociales y más baja cuando no se alcanzan.

Por su parte, las culturas que enfatizan el **colectivismo** y la comunidad pueden tener una visión distinta de la autoestima. La interdependencia y la colaboración pueden ser más valoradas que los logros individuales, lo que conduce a que la autoestima se derive de las relaciones sociales y las aportaciones a la comunidad.

Las **demandas y expectativas** que tengan nuestros padres, así como la cultura, el género y la raza también pueden influir en nuestra autoimagen. Por ejemplo, si nuestros padres tienen grandes expectativas para nosotros y nos presionan para que cumplamos con ciertos estándares, es posible que nos veamos a nosotros mismos como individuos que necesitan lograr mucho para ser valorados.

Estrategias para mejorar la autoestima

Existen variadas estrategias para mejorar la autoestima y sobre todo adquirir una actitud frente a nosotros mismos y lo que nos rodea. Vamos a enumerar unas cuantas que pueden orientarnos y darnos una idea de qué dirección escoger y poner nuestros pensamientos, acciones y propósitos desde la autoaceptación y concienciación de nuestras fortalezas y límites hasta lo que supone ser bondadosos y autocompasivos.

ADUEÑARNOS DE NUESTRA VIDA

Queremos decir sentirnos **responsables** de nuestra vida. Esto significa tomar las riendas de nuestras acciones y elecciones, en vez de atribuir cualquier contratiempo o problema que pueda presentarse a situaciones que casualmente siempre escapan a nuestro control o a terceros. No somos espectadores; sino los protagonistas de nuestras vidas, por tanto, ponte metas y recorre el camino siendo consciente de que eres tú quien toma las decisiones para bien o para mal.

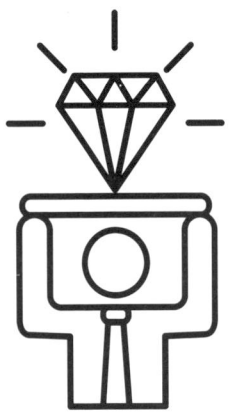

SABER QUE SOMOS SERES ÚNICOS E IRREPETIBLES

Reconocer el **valor personal.** Apreciar tu propio valor, darte cuenta de que no hay nadie más en el mundo exactamente como tú es algo tremendamente especial. Ser consciente de tu singularidad te permite ser auténtico. De este modo, puedes mantenerte fiel a ti mismo en lugar de tratar de imitar a los demás. Vivir de una manera que refleja tus verdaderos intereses e inquietudes ayuda a encontrar una mayor satisfacción y felicidad en la vida. Además, quienes admiten su propia diferencia, también admiten la de los demás, enriqueciéndose con la tolerancia.

OBSERVARNOS

Es decir, estar al tanto de nuestros propios pensamientos, ser conscientes de nuestras creencias, emociones y actitudes. Tendremos entonces la capacidad de conservar los aspectos beneficiosos y esforzarnos en modificar los puntos desfavorables. No se trata tanto de juzgarnos, sino de mirarnos de un modo objetivo en el que sean tan valiosas las debilidades como las fortalezas para crecer emocionalmente.

PRACTICAR LA GRATITUD

La gratitud puede ayudarnos a apreciar lo que tenemos y a valorar nuestras experiencias y logros. La investigación ha demostrado que la gratitud se ha asociado con una buena salud física y mental. También aumenta la empatía y reduce la agresividad y el estrés, e incluso ayuda a superar traumas y abre las puertas a nuevas relaciones. Al parecer, las personas agradecidas tienden a experimentar una mayor felicidad. Agradecer las cosas buenas que a todos nos ocurren en la vida puede convertirse en un hábito muy gratificante con efectos secundarios beneficiosos.

FORTALEZAS Y HABILIDADES: RECONOCER NUESTROS TALENTOS

Apreciar y dar valor a nuestras propias capacidades y talentos puede ser un factor clave para incrementar nuestro **amor propio**. Reconocer las propias fortalezas y debilidades como parte de la singularidad puede ayudarte a identificar áreas para el crecimiento personal. Hay quien cree que aceptar los elogios o tener una buena opinión de uno mismo es narcisista, pero no estamos hablando de tener una actitud vanidosa, sino de discernir aquello que mejor hacemos para fortalecerlo.

Por ejemplo, si eres un excelente cocinero, reconocer y valorar esta habilidad no solo te permitirá disfrutar más de la cocina, sino que también puede aumentar tu autoestima. Al reconocer tus propias fortalezas te das cuenta de tu valor único, y esto puede ayudarte a sentirte más seguro y positivo acerca de ti mismo.

IDENTIFICAR ÁREAS DE MEJORA Y ACEPTAR ERRORES

Ningún ser humano es perfecto. Reconocer nuestros errores no es un indicativo de derrota. En lugar de castigarnos por ellos, debemos verlos como **oportunidades de aprendizaje,** una ventana para el desarrollo y la superación personal. Del mismo modo que no queremos caer en la vanidad, tampoco deberíamos ser derrotistas con nosotros mismos. Cometer un error y aceptarlo implica valor personal y ayuda a mejorar en todos los sentidos.

SER REALISTAS CON NOSOTROS MISMOS

Ser conscientes de nuestra realidad es esencial para tener una percepción precisa de nosotros mismos, tanto en términos físicos como de nuestras habilidades y atributos, y de este modo mantener una buena autoestima. Veamos un ejemplo de cómo aplicar la autopercepción precisa en la vida cotidiana.

Imaginemos a una ingeniera de *software* con 10 años de experiencia. Recientemente ha estado considerando postularse para un puesto de gerente de proyectos en su empresa. Sin embargo, está preocupada porque nunca ha ocupado un puesto de liderazgo.

Por este motivo decide hacer una autoevaluación honesta de sus habilidades y atributos. Sabe que tiene una sólida experiencia técnica y es buena resolviendo problemas complejos. También es consciente de que posee facultades para comunicarse con los demás y una gran capacidad para organizar y planificar. Sin embargo, reconoce que no tiene experiencia en liderar equipos.

En lugar de dejar que su falta de experiencia en liderazgo la desanime, decide buscar oportunidades para desarrollar estas habilidades. Y, así, se inscribe en un curso de liderazgo y gestión de proyectos, y busca oportunidades para liderar pequeños proyectos o equipos en su trabajo actual.

Este ejemplo muestra que **ser realista y consciente** de nuestras capacidades puede ayudarnos a adoptar decisiones informadas y a crecer tanto personal como profesionalmente. Esta mujer no solo reconoció sus fortalezas, sino también sus áreas de mejora, y tomó medidas proactivas para abordarlas. De este modo, no solo aumentará sus posibilidades de éxito en su nuevo rol, sino que además reforzará su autoestima al ver que es capaz de enfrentar y superar nuevos desafíos.

Otro ejemplo es el caso de un estudiante que es consciente de que es bueno en matemáticas, pero no tan fuerte en ciencias. En lugar de sentirse mal por ello, acepta esta realidad y trabaja en mejorar sus habilidades científicas mientras continúa fortaleciendo sus habilidades matemáticas. Esta autoconciencia y aceptación contribuyen a una autoestima saludable.

EVITAR COMPARACIONES CONSTANTES

Debemos abstenernos de las comparaciones frecuentes con los demás, ya sean personas que conocemos o no. En su lugar, resulta más útil enfocarnos en **objetivos de mejora propia.** Por ejemplo, en vez de comparar tu desempeño profesional con el de tus colegas, podrías centrarte en mejorar tus propias habilidades y rendimiento para superar tus logros anteriores. Esto te permitirá concentrarte en tu propio crecimiento y desarrollo, lo cual resultará beneficioso para tu autoestima.

Para evitar comparaciones con los demás, podemos poner en práctica esta sencilla regla:

1. Identifica la comparación.
2. Medita sobre lo que sientes al compararte.
3. Céntrate en ti mismo, en tus otras cualidades.
4. Asume que la perfección no existe.

HÁBITOS DE VIDA SALUDABLE

Las prácticas de bienestar llevan a un modo de vida sano que puede tener un impacto positivo en nuestro amor propio. Por ejemplo, si uno se compromete a hacer **ejercicio** de forma regular, seguir una **dieta** de alimentación equilibrada y **dormir** lo suficiente, no solo se sentirá mejor físicamente, sino que también notará una mejora en su autoestima. Al cuidar su cuerpo la persona está enviando un mensaje positivo a su mente sobre su valía y capacidad para cuidarse a sí misma. Esto, a su vez, fortalece su autoestima.

DIETA SANA   EJERCICIO FÍSICO   HIGIENE DEL SUEÑO

PRACTICAR EL AUTOCUIDADO Y LA AUTORREFLEXIÓN

Ejercitar el cuidado personal y la introspección requiere destinar tiempo para nuestro propio cuidado y para reflexionar sobre nuestros sentimientos y pensamientos, lo que puede ser provechoso para nuestro amor propio.

Por ejemplo, si te tomas un tiempo cada día para meditar, hacer ejercicio, leer un libro o simplemente relajarte, estás practicando el autocuidado. **Este tiempo dedicado a ti mismo** te permite reflexionar sobre tus emociones y pensamientos, lo que puede ayudarte a entender mejor tus necesidades y deseos. Al hacerlo, puedes mejorar tu autoestima, ya que estás demostrando respeto y cuidado hacia ti mismo.

Si tienes dudas acerca de si estás prestando suficiente atención a tu autocuidado, puedes responder a estas preguntas:

- ¿Hago ejercicio físico todas las semanas?
- ¿Dedico tiempo a hacer la comida?
- ¿Me he hecho un examen médico en el último año?
- ¿He visitado a familiares y amigos en el último mes?
- ¿Cuándo fue la última vez que me dediqué una actividad de ocio a mí?

ESTABLECER METAS REALISTAS Y ALCANZABLES

Establecer metas alcanzables y sensatas es tener **objetivos claros y posibles** de lograr con los que aumentar nuestra seguridad en nosotros mismos y fortalecer nuestra autoestima.

Por ejemplo, si estás aprendiendo a tocar la guitarra, en lugar de establecer como meta la de convertirte en el mejor guitarrista del mundo, puedes optar por un objetivo más realista y alcanzable, como este: «Quiero aprender a tocar tres canciones completas en la guitarra en los próximos tres meses». Al alcanzar esta meta, te sentirás realizado, y esto puede aumentar tu autoestima.

MANTENER RELACIONES SOCIALES SANAS

Cultivar conexiones sociales positivas es fomentar relaciones sociales saludables que pueden influir de manera positiva en nuestro amor propio. Es importante vincularnos a personas que nos apoyen y nos valoren.

Rodearte de amigos y familiares que te respaldan y valoran por lo que eres puede tener un impacto positivo en la forma en la que te ves a ti mismo. Estas relaciones saludables te ayudarán a sentirte valorado y apreciado, lo cual fortalecerá tu autoestima.

REALIZAR ACTIVIDAD FÍSICA DE FORMA REGULAR

Ejercitarse de manera constante para mantener una rutina de actividad física regular contribuye a mejorar nuestra percepción de nosotros mismos y fortalece nuestra autoestima.

Por ejemplo, si te comprometes a correr o caminar 30 minutos al día no solo mejorará tu salud física, sino que también te sentirás más enérgico y positivo. Este compromiso con tu bienestar físico puede reforzar tu autoestima, ya que estás tomando medidas activas para cuidar de ti mismo.

ACEPTACIÓN Y APOYO

La autoafirmación y el respaldo personal constituyen el acto de aceptarnos y apoyarnos a nosotros mismos, que puede ser una táctica efectiva para potenciar nuestro amor propio.

De este modo, si cometes un error en el trabajo, en lugar de criticarte duramente, puedes aceptar que **todos nos equivocamos** y que esto es parte del proceso de aprendizaje. Al apoyarte a ti mismo en estos momentos difíciles, en vez de ser duro contigo mismo, puedes mejorar la autoestima. Esta autoafirmación y respaldo personal pueden ayudarte a manejar mejor los desafíos y a crecer personalmente.

LA PRÁCTICA DE LA BONDAD Y LA AUTOCOMPASIÓN

La ciencia dice que ser amable puede ayudar a vivir más y tiene una influencia muy positiva en nuestras vidas, aparte de ciertos beneficios terapéuticos: se ha encontrado incluso que reduce la presión arterial.

La **bondad** merecería un libro aparte porque son tantos los beneficios que la acompañan que es importante mencionarla.

Ser amable puede tener un impacto significativo en nuestro bienestar. Encontramos que los pequeños actos de bondad pueden resonar en nuestras vidas, actuando como una respuesta conductual de compasión y acciones altruistas.

Hay un estudio que refleja la alianza entre la bondad y la felicidad. Fue realizado por el investigador Keiko Otake y sus colegas en estudiantes universitarios japoneses y descubrieron que las **personas felices** tienden a ser más amables que las personas que no lo son. Además, vieron que la sensación de felicidad de una persona aumentaba simplemente al contar el número de actos de bondad que realizaba.

La bondad puede fomentar **la gratitud, la empatía y la compasión**, lo que a su vez conduce a una sensación de interconexión con los demás. También puede transmitir la voluntad de vivir a individuos deprimidos que se sienten aislados y diferentes, ayudándoles a superar sus dificultades.

Otro aspecto importante y crucial para alcanzar una sana autoestima es la **autocompasión.** Ser autocompasivo se ha llegado identificar con una autoestima sana.

Existe un libro que es de obligada lectura si se quiere entender el concepto de autocompasión. Se trata de *Sé amable contigo mismo. El arte de la compasión hacia uno mismo*, de la psicóloga estadounidense **Kristin Neff,** en el que se expone de manera magistral en qué consiste la autocompasión, cómo opera en nosotros y los resultados tan increíbles que se logran cuando se adquiere como un hábito de vida, pues la percepción de todo cambia. Y eso incluye también nuestra manera de percibirnos y relacionarnos con nosotros mismos y con la realidad que tenemos enfrente día a día.

Neff sostiene que, en nuestro **entorno competitivo,** muchas personas luchan con su autoimagen debido al deseo común de destacar y superar a los demás. Este anhelo frecuentemente provoca una percepción distorsionada de la realidad y una autocrítica severa cuando nos enfrentamos a nuestras propias fallas y limitaciones. Por eso propone que identifiquemos y aceptemos nuestras propias dificultades y debilidades sin autocriticarnos. En vez de clasificarnos como buenos o malos, lo que deberíamos es **acogernos con benevolencia**.

La autocompasión puede despejar la mente y el tiempo que se gasta en rumiar sobre las imperfecciones, permitiéndonos dirigir nuestros esfuerzos de manera más efectiva hacia tareas productivas. Neff subraya que todos somos dignos de compasión, particularmente cuando enfrentamos dificultades.

Si nos vinculamos con nuestro interior, donde reside la ternura, y admitimos que la imperfección es un rasgo común de la condición humana, podremos comenzar a experimentar una mayor sensación de **seguridad, aceptación y vitalidad**.

Neff también comenta que los estudios indican que la autocompasión favorece la salud emocional al proporcionarte cariño y respaldo incondicional a ti mismo, y que al aceptar simultáneamente la experiencia del instante, por más desafiante que sea, se pueden eludir comportamientos perjudiciales, como el temor, la negatividad y la sensación de soledad.

Asimismo, asegura que, cuando nos brindamos autocompasión, la autocrítica destructiva comienza a desvanecerse y resulta reemplazada por una sensación de **aceptación serena** y un sentimiento de **conexión.**

Neff explica que la autocompasión promueve estados mentales positivos, como la alegría y el optimismo, y permite valorar la hermosura y la abundancia de la vida, incluso en momentos adversos. Cuando apaciguamos nuestra mente inquieta con autocompasión, adquirimos una mayor habilidad para discernir entre **lo correcto y lo incorrecto,** lo que nos permite guiarnos mejor hacia lo que nos brindará mayor satisfacción a corto y largo plazo.

En definitiva, para tener una sana conexión con nosotros mismos debemos percibirnos honestamente, pero hacer hincapié en exponer nuestra mejor versión porque siempre tendremos que enfrentarnos y oscilar entre muchas experiencias internas hechas por la imagen que vemos de los otros. Desde aquí te invito a descubrirte practicando conductas bondadosas de autocompasión y aceptación hacia ti mismo y hacia nuestros semejantes porque no hay mayor recompensa que rozar de alguna manera un trozo de cielo aquí en la Tierra.

PRÁCTICAS

MEJORAR LA AUTOESTIMA

Incrementar la propia autoestima implica un proceso de aprendizaje para el que te podrían resultar útiles las prácticas que te propongo a continuación.

EJERCICIO PRÁCTICO. IDENTIFICAR DÓNDE Y CÓMO SE FORJÓ LA AUTOESTIMA
Reflexionar sobre la infancia es un viaje de autocompasión y autoconocimiento. Te invito a realizar un ejercicio de memoria sobre el entorno en el que creciste:

- Considera si tus cuidadores eran **cariñosos y de apoyo,** si la comunicación con ellos era fácil, si los límites que establecían eran claros, y si te sentías escuchado y amado.

- Es posible que hayas crecido en un **ambiente permisivo,** en el que no había disciplina ni límites y percibías a tus cuidadores más como amigos que como autoridad. Tal vez te dejaban tomar tus propias decisiones desde muy temprana edad, elegías lo que querías comer y consumías golosinas y refrescos sin restricciones.

- O quizá tu infancia se desarrolló en un entorno más bien **autoritario,** se depositaban grandes expectativas en ti, se te reprendía por mal comportamiento e incluso había castigos severos. Tal vez no había oportunidad de comunicar tus inquietudes porque tus cuidadores no mostraban afecto y eran distantes, y percibías una ausencia de cariño.

Escribe sobre estas experiencias y reflexiona sobre cómo crees que han influido en ti y en tu forma de relacionarte contigo mismo y con los demás. Pregúntate si crees que estás **repitiendo patrones** de alguno de tus cuidadores y cuáles son esos patrones. Decide con cuáles te quedas y cuáles te gustaría cambiar.

Si al realizar estos ejercicios te sientes abrumado por el malestar o ves que no puedes manejarlo solo, siempre es recomendable buscar la ayuda de un profesional. Actualmente, existen enfoques terapéuticos como la terapia de desensibilización y reprocesamiento por movimientos oculares (EMDR), que ha sido ampliamente investigada y presenta muy buenos resultados para tratar cualquier tipo de trauma.

EJERCICIO PRÁCTICO. DIARIO DE GRATITUD

El diario de gratitud, también conocido como «conteo de bendiciones» o «lista de gratitud», es una actividad en la que se te invita a elaborar una lista de elementos, situaciones o condiciones por las que te sientes agradecido. Puede tratarse de eventos cotidianos o de algo especial y poco frecuente que haya ocurrido.

Pasos para realizar el ejercicio:

1. **Elige un momento tranquilo** durante el día para reflexionar sobre las cosas por las que te sientes agradecido.

2. **Escribe una lista de estas cosas.** Pueden ser tan simples como una taza de café caliente por la mañana o tan significativas como el amor de tu familia.

3. **Acompaña de una explicación** sobre por qué te hace sentir agradecido cada elemento de tu lista.

4. **Repite este ejercicio** entre una y tres veces por semana, y en cada oportunidad elabora listas que contengan de tres a cinco «bendiciones».

Este ejercicio te ayudará a cultivar una actitud de gratitud y a apreciar las cosas buenas de tu vida. Recuerda, no hay respuestas correctas o incorrectas. Lo importante es que seas honesto contigo mismo y te tomes el tiempo que consideres oportuno para reflexionar sobre lo que más valoras de tu existencia.

El objetivo de este ejercicio es fomentar un sentido de gratitud en tu vida diaria. Al centrarte en las cosas positivas puedes aumentar tu bienestar general y tu satisfacción con la vida. Se trata de una práctica extraída de la psicología positiva que cuenta con muy buenos resultados.

EJERCICIO. HAZ LO QUE TE HACE FELIZ

Para mejorar tu autovaloración, comienza por identificar las actividades con las que disfrutas y en las que destacas. **Elabora un listado** de estas tareas y acciones que te agradan y en las que te sientes competente, y procura incorporarlas de manera regular en tu vida diaria. Intenta integrarlas en tu rutina en la medida de lo posible y esfuérzate por no dejarlas de lado. Aunque puedan parecer gestos menores, tienen un efecto positivo en tu estado de ánimo y contribuyen a una imagen positiva de ti mismo. Ya sea preparar una comida, dedicarte a la jardinería, leer un buen libro o simplemente disfrutar de una ducha relajante con tu música preferida de fondo, todas estas actividades son valiosas si el objetivo es cuidarte a ti mismo y recordar el placer de llevar a cabo con éxito tareas que te resultan gratificantes.

EJERCICIO. IDENTIFICACIÓN DE TUS FORTALEZAS

Este es un ejercicio útil para adquirir conciencia de nuestro lado positivo, que a menudo pasamos por alto u olvidamos mientras nos centramos en las carencias, los defectos y las imperfecciones.

1. **Preparación:** consigue un papel y un lápiz para anotar tus fortalezas. Si es posible, utiliza la misma libreta en la que hiciste los ejercicios de páginas anteriores.

2. **Ambiente:** busca un momento tranquilo y relajado para realizar este ejercicio. Enfócate en los aspectos positivos de ti mismo y de tu personalidad.

3. **Listado de fortalezas:** intenta anotar al menos cinco adjetivos o fortalezas que te describan. No seas demasiado crítico contigo mismo y permítete reconocer lo bueno que hay en ti.

4. **Reflexión:** este ejercicio te ayudará a tomar conciencia de tus fortalezas, que se pasan por alto cuando el centro de atención lo ocupan carencias y defectos.

5. **Recordatorio visual:** transcribe tu lista en una nota adhesiva y colócala en un lugar visible, como tu agenda, el escritorio, la puerta de tu habitación, etc. El objetivo es que tengas constantemente presentes tus fortalezas y lo valioso que eres.

Recuerda, este ejercicio trata sobre todo de autoconocimiento y autocompasión.

EJERCICIO. REFLEXIÓN SOBRE TUS LOGROS

Esta práctica incide en la conciencia y aceptación de los éxitos propios para impulsar la autoestima.

1. **Preparación:** para mejorar tu autoestima, es importante no solo ser consciente de tus fortalezas, sino también reconocer tus logros y éxitos.

2. **Enfoque en logros:** dedica un momento a reflexionar sobre tus logros pasados. Piensa en un éxito del que te sientas particularmente orgulloso o en una acción que te haya hecho sentir bien contigo mismo.

3. **Registro de logros:** anota estos éxitos. No importa cuán grandes o pequeños sean los logros; todos cuentan.

4. **Reflexión:** a menudo olvidamos nuestros logros y nos centramos en nuestras fallas. Este ejercicio te ayudará a recordar los pequeños avances y las grandes victorias que has conseguido a lo largo del tiempo.

5. **Revisión regular:** revisa esta lista con asiduidad para recordarte a ti mismo lo lejos que has llegado y lo que eres capaz de alcanzar. A menudo tendemos a olvidarnos de nuestros éxitos, pero es positivo recordar todos los pequeños avances que hemos hecho a lo largo del tiempo y las pequeñas grandes victorias que nos han hecho ser lo que somos hoy.

EJERCICIOS. DESARROLLA TU YO COMPASIVO

Este ejercicio está basado en la terapia centrada en la compasión y tiene como objetivo ayudarte a ser más consciente de tus propias emociones, necesidades y sufrimiento.

1. **Conciencia de uno mismo:** tómate un momento para conectar con tus emociones y necesidades actuales. Hazte preguntas de este estilo: «¿Estoy sintiendo estrés o ansiedad? ¿Necesito un momento de tranquilidad o un descanso?».

2. **Compasión hacia uno mismo:** una vez que hayas identificado tus emociones y necesidades, practica la autocompasión. Esto puede implicar

decirte a ti mismo palabras de aliento, recordarte que todos atravesamos momentos difíciles o incluso darte un abrazo físico. Por ejemplo, podrías decirte a ti mismo: «Está bien sentirse así, todos tenemos días difíciles. Me merezco amabilidad y comprensión».

3. **Acción compasiva:** finalmente, piensa en una acción compasiva que puedas realizar para satisfacer tus necesidades. Podría ser algo como otorgarte un descanso para leer un libro, llamar a un amigo para charlar o dedicar tiempo a una actividad que disfrutes, como pintar o hacer ejercicio. Por ejemplo, si te sientes estresado, podrías hacer una caminata al aire libre para despejar tu mente.

Tómate tu tiempo para esta práctica y sé amable contigo mismo.

LA CONFIANZA

Solo hay una pequeña parte del universo de la que sabrás con certeza que puede ser mejorada, y esa parte eres tú.
ALDOUS HUXLEY

Descartes, famoso por su enfoque de la duda metódica, que implica cuestionar todo hasta encontrar una verdad indudable, también enfatizó la importancia de luchar contra la indecisión en la vida cotidiana. El filósofo francés sugiere que la indecisión o la incapacidad para tomar una decisión –que percibe como una característica de «mentes débiles e inseguras»– se puede superar adquiriendo «fuerza y firmeza de espíritu». En otras palabras, al desarrollar la confianza en nuestras propias habilidades y juicio, podemos adoptar decisiones con más seguridad y determinación, pues la confianza en uno mismo funciona como un **antídoto contra la indecisión** y es una herramienta esencial para el crecimiento personal y el desarrollo.

Esta propuesta de Descartes sigue aún vigente y es apoyada desde la psicología. No hay duda de que la confianza es un elemento vital en nuestras vidas. La confianza nos da la fuerza para enfrentar desafíos, asumir riesgos y perseguir nuestros objetivos con determinación. Es la seguridad en nuestras capacidades y la certeza de que podemos alcanzar lo que nos proponemos.

De hecho, el psicólogo **David DeSteno,** autor del libro *La verdad sobre la confianza* (2015), asegura que la confianza es tan importante que determina cuestiones decisivas en la vida; por ejemplo, cómo amamos y cómo aprendemos, por qué triunfamos y por qué fracasamos, qué compramos y qué dejamos atrás. Sin embargo, quizá lo más importante e incómodo sea que la confianza define nuestra relación con nosotros mismos: la calidad de la mirada interior y la maraña de dignidad, ansiedad, incertidumbre y convicción con la que nos sostenemos. Por lo tanto, apunta a que los asuntos sobre la confianza consumen una gran parte de nuestras capacidades mentales e impactan, ya sea directa o indirectamente, en casi todos los aspectos de nuestra vida diaria.

DeSteno reconoce también que nuestras mentes nunca se desarrollaron en un vacío social, sino que los humanos evolucionaron viviendo en grupos sociales, y eso significa que las mentes de nuestros antepasados fueron esculpidas por los retos que planteaba vivir con otras personas de las que dependían. El principal de esos retos era la necesidad de resolver de forma correcta los dilemas de confianza, puesto que la supervivencia propia y la del grupo dependían de ello. Y es precisamente por esa herencia prehistórica por lo que la mente humana trata constantemente de determinar **la fiabilidad** de los demás, sopesando al mismo tiempo la necesidad de ser digna de confianza.

La confianza no solo implica tener fe en nuestras habilidades, sino también en las posibilidades de los otros, puesto que gracias a la cooperación hemos llegado hasta donde estamos. Los seres humanos hemos encontrado la eficiencia trabajando juntos, pero al mismo tiempo, hemos intentado aprovecharnos de los otros para obtener mejor beneficio aún. Y como todos tenemos intereses, es difícil determinar en quién confiar. Sin embargo, la **confianza mutua** es esencial para establecer relaciones fuertes y significativas porque es lo que nos va a permitir colaborar en equipo, buscar ayuda cuando la necesitamos y ofrecer apoyo a los demás.

¿Por qué es importante desarrollar la confianza en uno mismo?

La convicción de que alguien cumplirá con lo que promete es un componente esencial de las interacciones sociales y un **pilar para la colaboración.** Es vital para las relaciones amorosas, las amistades, las interacciones entre desconocidos y los grupos sociales a gran escala, y la ausencia de confianza en estos contextos puede tener repercusiones serias. De hecho, es probable que la sociedad en su totalidad no funcionaría correctamente sin la presencia de confianza.

La confianza nos permite establecer conexiones profundas, experimentar el amor y la amistad de manera plena, y crecer tanto personal como profesionalmente. A pesar de los posibles contratiempos y desilusiones, la confianza es el fundamento de cualquier **interacción social.** Las personas que tienen confianza mutua pueden colaborar de manera más eficiente, ya sea en el hogar, en el trabajo o en cualquier otro contexto. Además, están dispuestas a compartir detalles personales, lo que puede disminuir la probabilidad de ansiedad y depresión y fomentar un sentido de identidad sólido.

Este rol de la confianza a nivel social también se manifiesta en el **plano individual** al desempeñar un papel crucial en la salud mental del individuo. Si nos sentimos inseguros para enfrentar los desafíos que puedan surgir después de comenzar a movernos hacia donde habíamos planeado es porque no confiamos en nosotros mismos ni en nuestro potencial, y cuando el ser humano se ve con falta de confianza puede llegar a caer en la incertidumbre, la ansiedad y la depresión.

Vamos a adentrarnos en averiguar algo más sobre esta ausencia de confianza en nosotros mismos. Según la propuesta de la psicóloga **Barbara Markway,** el primer paso para impulsar la confianza en uno mismo es entender las causas por las que carecemos de ella.

Markway expone que la **autoconfianza** es un aspecto complejo que se ve influenciado por una gran variedad de factores que interactúan de manera única en cada individuo en particular. Estos factores incluyen nuestra genética, la cultura en la que vivimos, experiencias de la infancia y otras circunstancias de la vida. Aunque no podemos cambiar nuestras experiencias pasadas, podemos trabajar para modificar nuestros pensamientos y expectativas con el fin de mejorar nuestra confianza.

El peso genético de la confianza

Como ya hemos visto anteriormente, desde el momento de nuestro nacimiento contamos con ciertos elementos que moldean nuestra autoconfianza y que ya están integrados en nuestros cerebros. Estos factores no se mencionan para abrumar, sino para recordarnos que no debemos culparnos a nosotros mismos por nuestra autoimagen. Diversos estudios han demostrado que nuestra genética puede afectar la manera en que ciertos químicos que impulsan la confianza interactúan con nuestro cerebro. Algunas variaciones genéticas pueden **inhibir la serotonina,** un neurotransmisor asociado con la felicidad, **y la oxitocina,** conocida como la «hormona del abrazo». Se estima que entre el 25 y el 50 % de las características de la personalidad relacionadas con la confianza son hereditarias.

Es importante pararse en este punto que hace referencia al aspecto biológico de la confianza porque la llamada **«hormona de la felicidad»,** es decir, la oxitocina, es precisamente esa sustancia química de nuestro cuerpo que nos impulsa a asumir riesgos y a tener confianza en nosotros mismos, incluso cuando no somos conscientes de los posibles peligros o consecuencias negativas que pueden surgir de ciertas relaciones. Algunos pueden ver este efecto como un aspecto «oscuro» de la oxitocina, pero lo cierto es que es lo que le da un matiz interesante. Esta hormona es el catalizador que impulsa muchos de nuestros comportamientos sociales positivos, como la empatía, la confianza, la amistad, la generosidad y el altruismo, ya que es quien regula la **interacción social** y el estrés social.

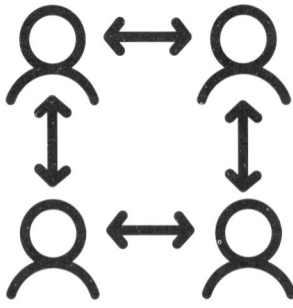

La oxitocina no solo fortalece nuestras conexiones con los demás, sino que también promueve los procesos psicológicos y emocionales que nos permiten establecer una mejor conexión con nuestro propio ser en la búsqueda de nuestra armonía interna. Hay evidencias sobre los diversos comportamientos, como los abrazos, los mimos y el sexo, que pueden aumentar los niveles de oxitocina.

El comportamiento impacta en la confianza

Nuestro comportamiento afecta a nuestro cerebro. De ahí que también nuestro **temperamento** pueda influir en nuestro comportamiento. Si somos naturalmente cautelosos y acostumbramos a mantenernos en alerta, especialmente en situaciones desconocidas, es probable que tengamos una tendencia a la **«inhibición del comportamiento».** Cuando nos enfrentamos a una situación, nos detenemos y evaluamos si todo está como esperábamos. Si algo parece extraño, es probable que nos alejemos de la situación. Sin embargo, la inhibición del comportamiento no es necesariamente mala. Necesitamos personas en el mundo que no se lancen impulsivamente a cualquier situación. Una persona cautelosa y reservada puede no tener mucha autoconfianza, pero, una vez que se comprenda a sí misma y se dé cuenta de las herramientas que tiene, será capaz de trabajar con su temperamento y no luchar contra él.

Además, hay ciertas **experiencias individuales** que pueden hacer que nos sintamos completamente inseguros o incluso sin valor. Eso incluye traumas, como el abuso físico, emocional o sexual, que pueden afectar significativamente nuestra autoestima. En el caso de que uno se encuentre constantemente reviviendo recuerdos de abuso o se sienta atormentado o avergonzado por experiencias pasadas, sería aconsejable buscar la ayuda de un profesional de la salud mental.

Asimismo, volvemos a subrayar que el **estilo de crianza** va a determinar cómo puede llegar afectar nuestra manera de relacionarnos con nosotros y con los otros mucho tiempo después de la infancia. Por ejemplo, si crecimos con unos padres que constantemente nos criticaban, nos comparaban con nuestros hermanos o nos decían que nunca alcanzaríamos nuestras metas, es probable que sus mensajes aún resuenen en nosotros. Las batallas de un padre con problemas de salud mental y adicciones también pueden afectar nuestra percepción de nosotros mismos y de nuestro entorno.

Por su parte, **las experiencias de humillación, acoso y agresión** también pueden dejar una marca en nuestra confianza. Por ejemplo, ser intimidados durante la niñez puede afectar nuestra confianza en nuestro aspecto físico, las habilidades intelectuales y atléticas y otras áreas de nuestras vidas. Las experiencias humillantes como adultos, incluyendo el acoso en el lugar de trabajo o un grupo cercano o familiar que nos falta al respeto y nos menosprecia, también pueden hacer que tengamos menos voluntad para defendernos o perseguir metas ambiciosas.

Finalmente, consideramos que el género, la raza y la orientación sexual también pueden influir en nuestra autoconfianza. Numerosos estudios muestran que las mujeres son socializadas para preocuparse por cómo las perciben los demás y, por lo tanto, tienden a asumir menos riesgos. Asimismo, los antecedentes culturales y raciales y la orientación sexual pueden marcar una diferencia. Si experimentamos **discriminación,** es probable que interioricemos algunos mensajes negativos y falsos sobre nosotros mismos.

Ahora bien, aunque es importante tener presentes todos estos factores, hay un mensaje que debe grabarse en ti y quedarte claro; y es que a través de la práctica y la experiencia podemos ganar más confianza en nosotros mismos y en los demás, porque esta es **una habilidad que es posible desarrollar con el tiempo.**

El autoconocimiento, elemento fundamental de la confianza

Identificar nuestra historia pasada nos puede ayudar porque hay un elemento fundamental de la confianza, el autoconocimiento, que nos permite experimentar y reflexionar incluso sobre las emociones no deseadas y saber de dónde vienen, de quién copiamos esas creencias erróneas de nosotros mismos o por qué se instalaron allí.

Conocernos invita a tener fe en nosotros mismos, a dotarnos de una percepción interna y realista de nuestras habilidades, lo que nos va a permitir algo tan esencial como manejar desafíos emocionales y lograr cumplir con las metas que nos planteamos en la vida.

Un nivel adecuado de **seguridad en nosotros mismos** va a proporcionarnos la posibilidad de disfrutar de una buena salud mental, conseguir el éxito, tomar decisiones acertadas para nuestras vidas y **adquirir resiliencia,** que es algo tan importante como estar preparado para saber gestionar con serenidad cuando vengan momentos vitales complicados de afrontar, como una pérdida, una enfermedad o cualquier motivo o situación que nos pueda desestabilizar. Tomemos nota de lo que dice la canción: «Soy como el junco que se dobla, pero siempre sigue en pie», es decir, mantenerse equilibrado en la medida de lo posible.

Además, es importante destacar que la confianza en uno mismo no es un lujo, sino una **necesidad vital.** No solo fortalece nuestra capacidad para enfrentar desafíos y superar obstáculos, sino que también mejora nuestra salud mental y emocional. Al tener confianza en nuestras propias habilidades, somos capaces de adoptar decisiones informadas y positivas que nos benefician a nosotros mismos y a los demás. Es un recurso valioso que todos deberíamos cultivar y valorar.

A veces no nos damos cuenta de que la mente tiene una notable habilidad para identificar aspectos negativos y una inclinación a perjudicarnos al recordarnos continuamente nuestras limitaciones, lo que evita que apreciemos todo nuestro potencial. Así, por ejemplo, si batallamos con la autoconfianza, podríamos estar constantemente diciéndonos a nosotros mismos que no somos suficientemente competentes, en lugar de enfocarnos en nuestras habilidades y en cómo podemos encarar nuestras áreas de mejora. Es crucial recordar que **todos poseemos un potencial sin límites** y que tenemos la capacidad de crecer y progresar en todos los aspectos de nuestras vidas.

Cuando mostramos confianza en nosotros mismos, podemos ganar credibilidad y causar una primera impresión positiva en otras personas, manejar la presión y enfrentar desafíos personales y profesionales. En cambio, la falta de confianza puede conducir a la incertidumbre, la ansiedad y la depresión. Hay estudios que asocian la desconfianza generalizada o la ausencia de confianza con la depresión, trastornos de adaptación (problemas para manejar ciertos tipos de estrés), ansiedad, temor al rechazo, problemas de vinculación afectiva, estrés postraumático y esquizofrenia.

La **inseguridad emocional** se origina en la duda constante hacia uno mismo, hacia nuestras propias habilidades, sentimientos y comportamientos. Es un estado de incertidumbre constante que paraliza y que, además, busca la validación de los demás.

Veamos dos ejemplos que muestran cómo la confianza en uno mismo puede afectar nuestras interacciones y experiencias en situaciones personales y profesionales. Pensemos primero en una persona que se postula para un pues-

to de trabajo que tiene una gran confianza en sí misma, y esto se refleja en su lenguaje corporal, su tono de voz y la forma en que se presenta durante la entrevista. Su confianza le va a permitir manejar la presión de la entrevista, responder a las preguntas de manera efectiva y dejar una fuerte primera impresión en el entrevistador. Como resultado, es probable que sea considerada para el puesto.

Ahora imaginemos a otra persona que también aspira a un puesto de trabajo, pero que carece de esa confianza en sí misma: se siente insegura acerca de sus habilidades y capacidades, lo que puede llevarle a la duda constante y la incertidumbre. Esta falta de confianza puede manifestarse en su lenguaje corporal y en la forma en que responde a las preguntas que se le plantean durante la entrevista. Como resultado, puede tener dificultades para manejar la presión y es perfectamente posible que no cause una fuerte primera impresión en el entrevistador. Es posible que esta persona busque constantemente la validación de los demás, lo que puede conducirla a la ansiedad y la depresión.

Por tanto, hay muchos **aspectos positivos** que invitan a tomarse en serio el cultivo de la confianza en uno mismo y tratar de inculcarla en los menores porque se sabe que los niños que tienen confianza en ellos mismos hacen elecciones bien fundamentadas y optimistas. A su vez, a los jóvenes la confianza les ayuda a resistir la presión de sus compañeros y a rechazar comportamientos arriesgados, incluyendo el consumo de sustancias.

La confianza en uno mismo es esencial para el bienestar, la motivación, la fijación de metas y el rendimiento en cualquier área. Permite enfrentar la presión y manejar desafíos personales y profesionales, y motiva a seguir adelante, ya que proporciona esperanza, seguridad y nos acerca a **relaciones saludables.**

Cuanto más confiamos en nosotros mismos, mayor es nuestra tendencia a las amistades saludables. Además, la confianza mejora nuestra **toma de decisiones,** que influye en muchos aspectos importantes de la vida, como el aprendizaje y algo tan destacable como la elección de una pareja con la que compartir la vida y asentar un proyecto positivo en común. En definitiva, cultivando la confianza en nosotros mismos y en los demás somos menos propensos a tener problemas de salud mental.

Aunque no siempre es factible «curar» completamente los problemas de confianza, definitivamente lo que sí se se puede hacer es mitigar los efectos de su carencia. Practicar de manera consciente la autocompasión y la vulnerabilidad puede servir de asistente a una persona para disminuir su inclinación innata a desconfiar de los demás y para construir (o reconstruir) relaciones saludables en el futuro.

Aprender a confiar en nosotros mismos

Por algún misterioso motivo de la naturaleza el ser humano se desarrolla gracias a que enfrente tiene otros seres semejantes con los que interactúa. Es imposible pasar por alto que formamos parte de esto que llamamos «humanidad». **Sin el otro nada tiene sentido.**

Indudablemente los otros nos ayudan de modo consciente o inconsciente a moldearnos como seres humanos. Ya hemos visto por ejemplo la repercusión que suponen nuestros referentes en la niñez y adolescencia y no menos en la adultez. Esto se debe a que nos vemos a nosotros mismos **reflejados en los demás,** como si fueran un espejo. Este «espejo» puede incitarnos a imitar actitudes y comportamientos que creemos que nos llevarán a conseguir la felicidad que anhelamos o a huir de aquello porque nos conecta con nuestros miedos o con el dolor.

A través del **proceso de observación, imitación y evitación,** nos vamos forjando a nosotros mismos a lo largo de los años. La confianza adquirida tiene mucho que ver con este proceso de observación, imitación y evitación. La única forma de saber si estas actitudes y comportamientos que observamos realmente nos harán felices es arriesgarnos y probarlos. Por ejemplo, a medida que imitamos los comportamientos positivos y evitamos los negativos, estamos obteniendo la recompensa que supone el conocimiento que deja esa experiencia en nosotros.

OBSERVACIÓN + IMITACIÓN + EVITACIÓN = CONOCIMIENTO Y EXPERIENCIA

En última instancia, no deja de ser desafiante y a veces puede ser doloroso mostrarse vulnerable, pero arriesgarse a vivir la experiencia es lo que nos dará información segura y veraz sobre nuestras limitaciones, posibilidades o habilidades. Al fin y al cabo, en esto consiste la confianza, en lograr una percepción realista de nuestras habilidades y tener fe en ellas, estar convencidos de que podemos superar los obstáculos del camino y alcanzar nuestros sueños, y sobre todo estar dispuestos a actuar a partir de esa creencia. Poseer confianza significa sentir seguridad.

La confianza no se entiende sin **el riesgo,** son conceptos que están intrínsecamente relacionados. En la toma de decisiones a menudo debemos sopesar los riesgos y beneficios potenciales que comportarán nuestras elecciones. Cuanto más confiamos en nuestra capacidad para manejar una situación o lograr un resultado deseado, más dispuestos estamos a asumir riesgos.

El riesgo ha acompañado al ser humano desde el principio y es el responsable de nuestro aprendizaje. De hecho, y a pesar de que la sociedad contemporánea a menudo demoniza **el error,** equivocarse es precisamente lo que **nos permite aprender y crecer.**

Supongamos que una persona decide aprender inglés. Al principio, se enfrenta a desafíos, como la complejidad de la gramática y la pronunciación. Sin embargo, si confía y está dispuesta a arriesgarse a cometer errores durante el proceso de aprendizaje, pondrá su voluntad y todas sus capacidades para aprender. A pesar de las dificultades iniciales, su motivación no disminuye. En lugar de desanimarse por los errores,  los ve como oportunidades para mejorar. Sigue practicando y tratando de comunicarse a pesar de todas las dificultades que surgen.

Esta confianza se traduce en su capacidad para aprender y crecer a partir de los errores y, por lo tanto, es lo que le permite asumir riesgos. De este modo, no teme poner en práctica lo que ha aprendido, incluso si eso significa errar porque entiende que los fallos son una parte natural del mismo proceso de aprendizaje.

A medida que continúa practicando y aprendiendo de sus aciertos y errores, mejora gradualmente su habilidad en la lengua inglesa. Con el tiempo, gana la capacidad de comunicarse con personas que hablan inglés e incluso se sentirá segura cuando viaje a países en los que con este idioma pueda realizar cualquier gestión. Este es un logro significativo que solo ha sido posible porque estaba dispuesta a tomar riesgos y confiaba en su propia capacidad para aprender.

Realmente aprender es una capacidad innata del ser humano. Jamás dejamos de recibir constante información de todo lo que nos rodea. Quizá sea un arte hacer de ello un aprendizaje, pero no nos queda otro remedio para sobrevivir.

Confiar en los otros

Relacionarnos con los demás implica estar dispuestos a asumir riesgos emocionales, para lo que debemos abrirnos y ser vulnerables. Debemos presuponer que la otra persona tiene buenas intenciones y arriesgarnos a que nos dañen, ya que es la única manera de relacionarse con los demás. Quien teme demasiado al dolor que puede producir una traición puede aislarse para no sufrir.

Por supuesto que es valioso arriesgarse y depositar confianza en las relaciones con los demás, entre otros motivos, porque en nuestras interacciones sociales la confianza nos permite establecer conexiones significativas con otras personas, como vamos a ver en el siguiente apartado.

LA CONFIANZA EN LOS AMIGOS Y LA PAREJA

Cuando confiamos en nuestros amigos, estamos dispuestos a **compartir** nuestras **experiencias, pensamientos y sentimientos** con ellos. Esto puede llevar a una **mayor comprensión y empatía** mutua y fortalecer nuestra amistad. Aunque existe el riesgo de ser traicionado o mal entendido, las recompensas de una amistad sólida y de apoyo suelen superar estos riesgos.

También en el amor la confianza es crucial. Nos permite **ser vulnerables** con nuestra pareja, lo que puede llevar a una **mayor intimidad emocional**. Aunque existe el riesgo de ser herido, la capacidad de compartir nuestro yo auténtico con otra persona y ser amado por lo que somos es una experiencia profundamente gratificante.

En las relaciones de pareja, de amistad o familiares la confianza puede ser cultivada a través de la mutua consideración, con una **comunicación franca y sincera**, participando en un intercambio equitativo de **dar y recibir**, y exponiendo progresivamente una mayor vulnerabilidad ante los demás. Mantener las promesas de forma constante también contribuye a la construcción de confianza a lo largo del tiempo.

LA CONFIANZA EN EL TRABAJO

En el trabajo, la confianza puede facilitar la colaboración y la comunicación efectiva. Cuando confiamos en nuestros colegas y superiores, estamos más dispuestos a compartir nuestras ideas y aportar a los proyectos del equipo. Aunque existe el riesgo de ser criticado o mal interpretado, la confianza puede conducir a un **mayor crecimiento personal y profesional.**

Fomentar la confianza en determinadas situaciones para restaurarla cuando se haya perdido resulta fundamental para mantener un bienestar emocional y relaciones fuertes y saludables. A una escala más grande, potenciar la confianza entre los miembros de un grupo puede contribuir a que los entornos laborales, las organizaciones y las sociedades operen de manera eficiente al promover la armonía social y establecer las condiciones para un **mejor espacio de convivencia.**

Aunque el fortalecimiento de la confianza no siempre es sencillo y demanda un compromiso considerable por parte de todos los implicados, es factible en la mayoría de los casos. Avanzar con cautela cuando sea necesario, comunicarse de manera sincera y cumplir con las promesas son aspectos esenciales para construir confianza, ya sea entre amigos, dentro de una organización o entre naciones.

LA TRAICIÓN Y LAS INSEGURIDADES

A veces nos preguntamos si es factible restaurar la confianza después de una traición. La respuesta es que sí, pero resulta todo un desafío. A aquellos individuos que se han visto traicionados y luchan por recuperar la confianza, pero no se encuentran con las fuerzas suficientes y ven deteriorarse aspectos de su vida de manera preocupante, lo primero que se les aconseja es acudir a un profesional de la salud.

Por otro lado, a aquellas personas que, a pesar de la herida de la traición, quieren y se sienten fuertes para **asumir «riesgos calculados»** con aquellos en quienes están considerando depositar su confianza se les anima a que lo hagan poco a poco, compartiendo algo de información personal para observar cómo es recibida y cómo se sienten antes de incrementar gradualmente su compromiso.

La falta de confianza causa una herida que puede conducir a la incertidumbre, la ansiedad y la depresión. **La inseguridad emocional** se origina en la duda constante hacia uno mismo, hacia nuestras propias habilidades, sentimientos y comportamientos. Es un estado de incertidumbre constante que paraliza por la búsqueda de la validación de los demás.

Si se orientan nuestras conductas hacia esta búsqueda y se apartan nuestros valores y propósitos para **anteponer la validación de los demás,** podemos perdernos creyéndonos quienes no somos. Ganamos siendo auténticos, asociándonos con nuestros ideales y teniendo fe en la posibilidad de realizar nuestros sueños.

Quizá deberíamos aprender que cuando mostramos confianza en nosotros mismos ganamos credibilidad, lo que puede causar una intensa y positiva primera impresión en los demás. Asimismo, esa confianza es una herramienta que nos ayude a manejar la presión y un arma para enfrentar desafíos personales y profesionales.

Te invito a plantearte la siguiente reflexión. Estamos de acuerdo sobre lo que supone la presencia del otro en nuestras vidas y no pasamos por alto que nosotros también somos un espejo para los demás. Si nos mostramos en nuestra mejor versión, ¿qué reflejo veremos al otro lado? Es decir, ¿cómo percibiremos a los demás?

La relación entre la confianza y la autoestima

A menudo, se confunden los términos «autoconfianza» y «autoestima», de los que se piensa que son sinónimos. Pero, aunque se trata de ideas relacionadas, representan dos conceptos distintos con diferentes implicaciones.

Cuando hablamos de autoconfianza nos referimos a la valoración que hacemos de las propias habilidades y nos centramos en las creencias que tenemos sobre nuestra capacidad para lograr el éxito en un **contexto específico.** Por su parte, la autoestima es en cambio la percepción general del propio valor y se refiere a cómo nos valoramos a nosotros mismos.

Para entender mejor esta diferencia, consideremos el caso de un chef que es excepcionalmente bueno en su trabajo. Naturalmente, no tiene ninguna duda de su habilidad para crear platos deliciosos y sabe que cuenta con unas dotes culinarias que no todas las personas poseen. Gracias a esto realiza su trabajo a la perfección y confía plenamente en sí mismo y su desempeño cuando está en la cocina.

Sin embargo, esta misma persona tiene una baja autoestima. Cuando llega a casa después de un largo día de trabajo, piensa: «No tengo una vida social activa, ni logro encontrar tiempo para mis *hobbies*. Soy un desgraciado». Como puedes ver, aunque confía en sí mismo y sabe que es un excelente chef, no se siente satisfecho consigo mismo. Independientemente de si esta valoración es correcta o no, la **imagen global** que tiene de sí no es buena.

Dependiendo de la confianza que tengamos en nosotros mismos, tenderemos a la valoración de las propias habilidades, y esto nos hará creer si tenemos o no capacidad para resolver las situaciones que se nos presentan. En cambio, la autoestima es la percepción general del propio valor como persona y se refiere a cuánto se valora sí mismo un individuo.

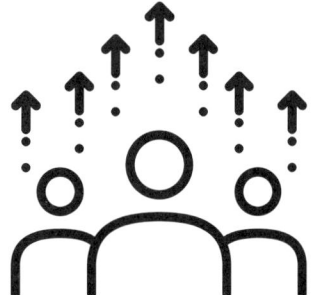

Lo que los estudios respaldan es que un nivel adecuado de confianza puede potenciar nuestra autoestima, disminuir el estrés y fomentar el bienestar general, y que la confianza es un pilar esencial en nuestra vida personal y profesional. Nos va a permitir lograr nuestras metas, establecer relaciones fuertes y mantener una buena salud mental.

La confianza es aquel elemento que nos encamina al autoconocimiento, porque gracias a ella nos probamos, nos arriesgamos para ver qué sucede. La confianza vendría a ser esa vocecita que te asegura que hagas lo que hagas vas a obtener éxito, porque incluso el error te va a proporcionar un aprendizaje para mejorarte. Si uno sabe quién es, sabe también de lo que es capaz.

Si el amor que volcamos en las personas más cercanas, a las que más queremos, lo entregásemos también a nuestra propia persona, la recompensa no estaría nada mal. A veces esperamos que vengan de fuera para amarnos, que alguien nos despierte con un beso. ¿Por qué dejar que sea otro el que abra mi posibilidad de amar?

PRÁCTICAS

EJERCICIOS PARA GANAR CONFIANZA

EJERCICIO. MI MEJOR YO POSIBLE

El ejercicio «Mi mejor yo posible» es una intervención psicológica diseñada dentro del campo de la psicología positiva que cuenta con buenos resultados para fomentar el optimismo y el afecto positivo. El objetivo es estimular a meditar sobre lo que verdaderamente tiene importancia en tu vida.

Visualizar el futuro te puede facilitar la identificación de necesidades auténticas, descubrir metas personales y llenarte de optimismo, explorando dichas posibilidades. Como decía Peter Drucker, conocido como «el precursor de la gestión moderna», el futuro se construye en el presente, día tras día, en el aquí y ahora, a través de nuestras ideas, aspiraciones, proyecciones, estrategias y acciones. Drucker enfatizaba lo importante que era tener una mentalidad dirigida hacia el futuro y que cada individuo tenía la responsabilidad de contribuir a él. Sostenía que, frente a la incertidumbre, el futuro se debe construir, que no debemos asumir que el mañana será similar al hoy.

1. **Visualización del futuro:** imagina un futuro cercano, dentro de cinco años, lleno de positividad.

2. **Áreas clave de la vida:** visualiza cómo sería tu vida en todas las áreas clave. Esto incluye tu vida personal, social, profesional y de ocio.

3. **Mejor escenario posible:** imagina que todo sucede de la mejor manera posible. En este escenario, estás poniendo en juego tu mejor versión.

4. **Reconocimiento de capacidad:** al final del ejercicio, deberías poder reconocer que eres capaz de lograr todo lo que te propones.

Aquí te muestro un ejemplo:

- En el **área personal**, en cinco años me veo viviendo en una casa cómoda y acogedora que he decorado a mi gusto. He adoptado un perro y disfruto de largos paseos con él. Me he mantenido en forma y saludable, y he incorporado la meditación a mi rutina diaria para conservar mi bienestar mental.

- En el **área social,** he sido capaz de fortalecer mis relaciones actuales y he trabado nuevas amistades. Regularmente organizo cenas o comidas en mi casa y participo en actividades comunitarias. También he aprendido a comunicarme de manera más efectiva, lo que ha mejorado todas mis relaciones.

- En el **área profesional**, trabajo como profesor de Literatura, algo que me apasiona, que tiene que ver con lo que estoy estudiando y para lo que utilizo mis habilidades al máximo. He recibido reconocimientos por mi trabajo y he tenido la oportunidad de liderar varios proyectos exitosos. Continúo aprendiendo y creciendo en conocimiento.

- En el **ocio,** me visualizo viajando a varios lugares que siempre he tenido la ilusión de visitar. También he desarrollado nuevos *hobbies*, como la pintura o el senderismo, que me permiten relajarme y disfrutar de mi tiempo libre, relacionándose con más gente.

Recuerda, con este ejercicio no se trata de soñar despierto, sino de visualizar **un futuro realista y positivo** basado en tus metas y aspiraciones. Al visualizar tu mejor yo posible puedes motivarte para tomar las medidas necesarias con el fin de hacer realidad ese futuro.

EJERCICIO PRÁCTICO. LAS TRES COSAS BUENAS

El ejercicio «Las tres cosas buenas» es una práctica de la **psicología positiva** desarrollada por el psicólogo estadounidense Martin Seligman (2005). Su objetivo es fomentar la gratitud y la conciencia de los aspectos positivos de la vida cotidiana, lo que puede fortalecer la resiliencia y aumentar el bienestar, la satisfacción con la vida y la felicidad.

Las instrucciones para realizar este ejercicio son sencillas:

1. **Tiempo:** dedica a esta práctica un momento cada día, preferiblemente antes de ir a dormir.

2. Reflexión: piensa en tres cosas que te hayan salido bien durante el día. Pueden ser grandes o pequeñas, desde un objetivo importante hasta disfrutar de una buena comida.

3. Registro: escribe estas tres cosas en un diario o en cualquier lugar donde puedas revisarlas más tarde. Puedes emplear la libreta de la que hablamos al principio del libro.

4. Explicación: junto a cada cosa buena escribe una explicación causal de por qué sucedió. Esto puede ayudarte a identificar y apreciar los factores positivos en tu vida.

5. Repetición: repite esta práctica cada día durante al menos una semana.

Este ejercicio puede ayudarte a centrarte en las experiencias positivas, a apreciar los actos amables de amigos y familiares, y a reforzar tus relaciones. Al practicarlo regularmente, puedes desarrollar una mayor conciencia de lo que te hace feliz y aprender a apreciarlo.

A continuación veamos un ejemplo de cómo podrías hacer el ejercicio «Las tres cosas buenas»:

1. Primera cosa buena: hoy he tenido una reunión muy productiva con mi equipo en el trabajo. Logramos resolver un problema que nos había estado molestando durante semanas.

- **Por qué ha sucedido**: creo que ha sido posible porque todos en el equipo han estado dispuestos a escuchar las ideas de los demás y a trabajar juntos para encontrar una solución.

2. Segunda cosa buena: me he encontrado con un viejo amigo mientras hacía las compras. Fue agradable ponerme al día con él y recordar viejos tiempos.

- **Por qué ha sucedido**: porque decidí ir a la tienda en un momento diferente al habitual. Ha sido una agradable sorpresa.

3. Tercera cosa buena: he cocinado mi plato favorito para la cena y ha salido delicioso.

- **Por qué ha sucedido**: porque me he tomado mi tiempo para preparar la comida y he seguido la receta al pie de la letra.

Recuerda, las cosas buenas pueden ser grandes o pequeñas, y no tienen que ser extraordinarias. Lo importante es reconocer las cosas positivas que suceden en tu vida cotidiana.

OTROS EJERCICIOS. LA PERSUASIÓN VERBAL

La **persuasión verbal** es un componente esencial para reforzar la confianza en uno mismo. Por lo tanto, es importante mantener siempre una mentalidad positiva, incluso si te encuentras en una etapa en la que sientes que las cosas no están yendo según lo planeado, debes hacerlo. En lugar de concentrarte en los obstáculos, canaliza tu energía hacia la búsqueda de soluciones y la realización de cambios positivos.

La falta de confianza en uno mismo a menudo se vincula con pensamientos de derrota y negatividad que se interponen en tu camino hacia tus objetivos. Si continuamente te subestimas, lo único que conseguirás es hacer realidad tus propios temores. Por lo tanto, incluso en los momentos difíciles, impúlsate a ti mismo.

Aquí te dejo algunos ejercicios que puedes hacer para aumentar tu confianza:

1. **Mensajes positivos:** envíate mensajes alentadores para seguir adelante. Pueden ser recordatorios diarios de tus fortalezas y logros.

2. **No te subestimes:** no permitas que tus pensamientos negativos te dominen. Recuerda que eres tu mayor crítico, pero puedes ser tu mayor defensor.

3. **Haz que cada día cuente:** en lugar de simplemente contar los días, haz que cada día sea significativo. Establece metas diarias y celebra tus logros por pequeños que sean.

Recuerda, la confianza no se construye de la noche a la mañana; es un proceso que requiere tiempo y paciencia.

Veamos algunos ejemplos de cómo podrías aplicar los ejercicios para **aumentar tu confianza**:

1. **Visualización positiva:** imagina que estás haciendo una presentación en el trabajo. Te sientes seguro, tu voz es clara y todos en la sala se muestran interesados en lo que estás diciendo.

2. **Autoafirmaciones:** algunas afirmaciones que podrías usar son: «Soy capaz de enfrentar cualquier desafío», «Soy fuerte y resiliente» o «Puedo manejar cualquier situación con calma y confianza».

3. **Establecimiento de metas:** una meta pequeña podría ser terminar un libro que has estado leyendo o llegar a tiempo al trabajo todos los días durante una semana.

4. **Cuidado personal:** esto podría ser tan simple como tomar un baño relajante, preparar una comida saludable o pasar una hora leyendo un libro que te gusta.

5. **Práctica de habilidades:** si te sientes inseguro para hablar en público, podrías unirte a un club de oratoria o practicar frente a un espejo.

6. **Rodearse de positividad:** esto podría implicar pasar tiempo con amigos que te apoyan, leer libros inspiradores o ver películas que te hagan sentir bien.

Recuerda, estos son solo ejemplos y puedes adaptar cada ejercicio a tus propias necesidades y circunstancias.

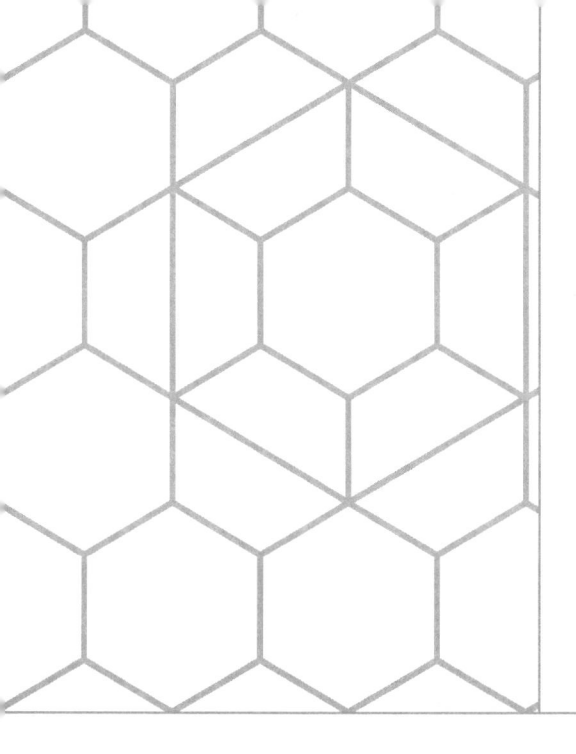

PARTE 2

REGULACIÓN EMOCIONAL Y COGNITIVA

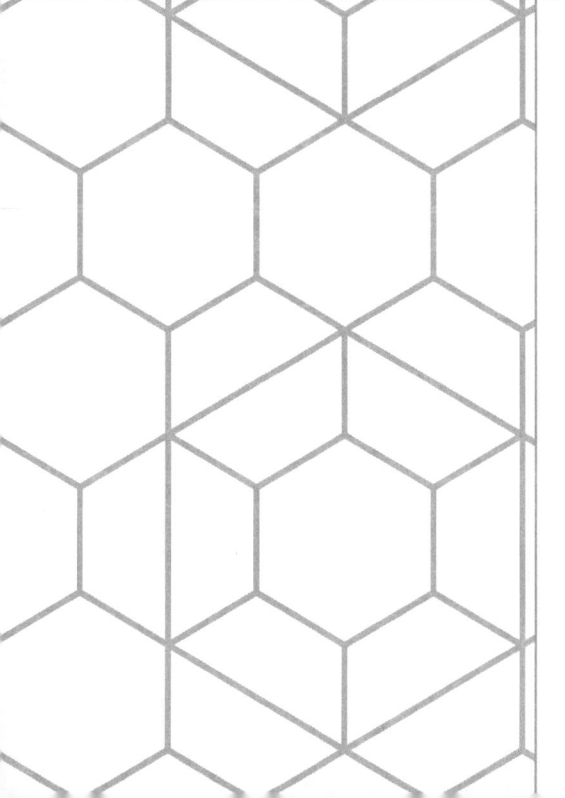

LAS EMOCIONES

El miedo es un conocimiento incompleto.
Agatha Christie

Las emociones son un elemento esencial de nuestra existencia que definen lo que somos. Son cruciales para nuestro bienestar físico y mental, y dan forma a nuestras experiencias, interacciones y relaciones. Como seres humanos, tenemos la capacidad de experimentar una amplia gama de emociones, desde la alegría y la tristeza hasta la ira, el miedo y el amor. Nuestras emociones nos facilitan comunicarnos y conectarnos profundamente con los demás, permitiéndonos compartir nuestras ideas y experiencias. Además, nos brindan la capacidad de empatizar y sentir compasión, lo que nos permite comprender las experiencias de los demás. Esta **capacidad para conectar y entender a los demás** desde un punto de vista emocional es un aspecto fundamental de nuestra naturaleza.

Las emociones se aprenden

Al explorar la importancia de las emociones y las sensaciones corporales, nos adentramos en un fascinante viaje de autoconocimiento que nos puede ayudar a alcanzar el crecimiento personal. Entender el mecanismo de las emociones puede ser la clave para alcanzar una auténtica **inteligencia emocional**, permitiéndonos manejar las emociones de forma eficaz. Este entendimiento sobre la dinámica de las emociones y los sentimientos puede convertirse en una valiosa fuente de sabiduría que oriente nuestras decisiones y acciones.

Al explorar la importancia de las emociones y percepciones físicas, emprendemos un viaje revelador de autodescubrimiento que impulsa nuestro desarrollo personal. Comprender el mecanismo de las emociones nos permitirá gestionar nuestras emociones de manera efectiva.

Ya vimos anteriormente que, según **Feldman Barrett,** el desarrollo de nuestros cerebros no se basa únicamente en la programación genética, sino que también se nutre de **la herencia cultural y el aprendizaje temprano,** lo que nos facilita interaccionar con el medio en el que nos encontramos y relacionarnos con nuestros semejantes.

Feldman Barrett dice que las emociones no son experiencias aisladas, sino **categorías comprensivas** que engloban diversas características sensoriales y motoras, las cuales están moldeadas por nuestras experiencias culturales y de desarrollo.

El conocimiento actual que manejamos es que las emociones son la interpretación que nuestro cerebro hace de las señales sensoriales y los cambios en el cuerpo, creando una narrativa sobre qué ha provocado esos cambios y qué acciones deben emprenderse al respecto. Es decir, nuestra percepción de la realidad no se fundamenta únicamente en el mundo externo o en nuestros pensamientos internos, sino en la interacción entre las señales del mundo y nuestro cerebro, subrayando la importancia de la empatía y la comprensión de diferentes perspectivas.

Por tanto, nuestro cerebro, basándose en **experiencias pasadas,** construye categorías de **futuros posibles** y resultados, reduciendo constantemente la incertidumbre. Nuestra vivencia de las emociones no surge de la reacción a estímulos, sino de las predicciones sensoriales de nuestro cerebro basadas en movimientos motores preparados.

Pongamos un ejemplo sencillo que ilustre lo que estamos explicando. Retomemos el bosque oscuro del que hablamos en páginas anteriores y el repentino ruido que suena detrás de ti. Tu cerebro interpreta rápidamente como miedo las señales sensoriales (el sonido) y los cambios en tu cuerpo (el aumento del ritmo cardíaco, la tensión muscular). Entonces crea una narrativa: «Hay algo peligroso detrás de mí», y sugiere una acción: «Debo correr».

Le debemos mucho a la aportación que han hecho los últimos estudios en neurociencia para mejorar nuestra comprensión del cerebro humano, revelando cómo nuestras **emociones, pensamientos y comportamientos están interconectados** y cómo podemos aplicar estos conocimientos para mejorar nuestra salud mental y bienestar general.

De momento las investigaciones actuales orquestadas desde la neurociencia han dejado de buscar un conjunto único de indicadores físicos que correspondan de manera exclusiva a cada estado emocional, poniendo así en duda la teoría de la universalidad de las emociones.

Estas nuevas tesis, como veremos más adelante, tienen un impacto importante, empezando porque lo que se ha descubierto es que las emociones se aprenden, no son meras reacciones automáticas provocadas por los estímulos externos.

Feldman Barrett y otros neurocientíficos actuales ponen en duda la creencia de la universalidad de las emociones que Darwin enfatizó en su teoría de la evolución y que en 1970 pareció indudable cuando los psicólogos Paul Ekman y Carroll Ellis Izard creyeron haber descubierto seis emociones básicas: ira, asco, miedo, alegría, tristeza y sorpresa. Estas emociones básicas representan patrones individuales de comportamiento expresivo, cada uno asociado a una activación fisiológica específica y a una experiencia cognitiva subjetiva o sentimiento específico.

Una crítica significativa al **modelo de Ekman** es que resulta ser demasiado simplista al abordar en profundidad la complejidad y diversidad de las emociones humanas. De hecho, las investigaciones recientes indican la existencia de hasta 27 subtipos de emociones, lo que sugiere que la gama de emociones humanas podría ser mucho más amplia y variada de lo que Ekman inicialmente propuso.

Ekman estableció una relación entre una emoción específica y una expresión facial correspondiente, que es reconocida universalmente. Sin embargo, parece que no existen suficientes evidencias científicas para afirmar con certeza que cada emoción esté asociada a una **expresión facial específica.**

Lo que sí se ha observado es que las emociones pueden fluctuar en intensidad y tonalidad dependiendo del contexto cultural y personal de cada individuo. Esto implica que **la experiencia emocional puede ser más subjetiva y dependiente del contexto** de lo que permite el modelo de Ekman.

La audaz y debatida propuesta de Feldman Barrett, basada en una multitud de estudios que ha recopilado (conocidos en jerga científica como metaanálisis), expone que, al parecer, frente al mismo estímulo –por ejemplo, algo que podría ser irritante o frustrante–, puede que no todo el mundo reaccione de la misma manera, porque las manifestaciones físicas de lo que llamamos «emociones» –ira, miedo o alegría, entre otras– varían, es decir, pueden dar lugar a diferentes movimientos faciales, ritmo cardíaco, acústica vocal, actividad neural, etc. Se trata de una tesis interesante y novedosa que cree posible que se deban al **entorno o contexto,** lo que quiere decir que se aprenden.

¿Cómo hace el cerebro para construir emociones?

Acabamos de conocer lo que la ciencia ha demostrado: que el desarrollo de las conexiones que hace el cerebro de un bebé no solo está influenciado por el entorno físico, sino también por el entorno social, incluyendo los cuidadores y otras personas.

A medida que la información del mundo exterior llega al cerebro del recién nacido, ciertas neuronas se activan con mayor frecuencia que otras, lo que produce cambios graduales en el cerebro, un fenómeno conocido como **plasticidad**. Estos cambios preparan el cerebro del bebé para adquirir una creciente complejidad a través de dos procesos que Feldman Barrett ha denominado «ajuste» y «poda».

El proceso de ajuste se refiere al fortalecimiento de las conexiones neuronales que, si están bien ajustadas, son más eficaces en la transmisión y procesamiento de información y como resultado es más probable que se vuelvan a utilizar en el futuro, en comparación con las que no están bien ajustadas, que tienden a desaparecer, con lo que se lleva a cabo un **proceso de poda.**

Consideremos el siguiente ejemplo. Una familia decide trasladarse a otro país por motivos laborales y lleva consigo a su hijo de 10 años. Para el niño, aprender un nuevo idioma puede ser un desafío al principio. Sus conexiones neuronales relacionadas con este nuevo idioma seguramente no estarán bien ajustadas, lo que puede hacer que el aprendizaje sea lento y difícil. Sin embargo, a medida que el niño practica y utiliza el nuevo idioma con mayor frecuencia, estas conexiones neuronales se fortalecen y se ajustan mejor, lo que hace que el procesamiento de la información sea más eficiente. Como resultado, es más probable que estas conexiones se activen en el futuro, facilitando el uso y la comprensión del idioma.

Ahora supongamos que la familia al año siguiente vuelve a su país de origen y el niño no sigue practicando el idioma. Entonces las conexiones que se usan con menos frecuencia se van debilitando hasta que eventualmente desaparecen y olvidaría el idioma aprendido. Esto sería un proceso de poda: lo que no se refuerza se pierde.

El proceso de ajuste y poda ocurre **de forma continua** y frecuentemente de manera **simultánea**, influenciado tanto por el entorno físico y social que rodea el cerebro del bebé como por el desarrollo y la actividad de su propio cuerpo.

Las experiencias pasadas incluyen no solo lo que ocurrió en nuestro entorno, sino también lo que sucedió dentro de nuestro cuerpo. Por ejemplo, si nuestro corazón latía rápidamente o si respirábamos con dificultad. El cerebro se pregunta constantemente: «La última vez que estuve en una situación similar, ¿qué hice?». La respuesta no tiene que ser perfecta, solo necesita ser lo suficientemente cercana como para proporcionar un plan de acción que nos ayude a sobrevivir y prosperar. Esto explica el modo en que el cerebro planifica nuestras acciones futuras.

El cerebro descifra los datos sensoriales para determinar cómo actuar utilizando no solo la información inmediata, sino también recurriendo a **la memoria**. Acude a experiencias pasadas y aprendizajes de diversas fuentes para reconstruir fragmentos de esas experiencias y formar recuerdos. Estos recuerdos ayudan al cerebro a interpretar los datos sensoriales y a planificar la acción apropiada.

Nuestro cerebro **fusiona información** tanto del mundo exterior como del interior de nuestra cabeza para procesar todo lo que percibimos: lo que vemos, oímos, olemos, saboreamos y sentimos.

Es decir, nuestro cerebro tiene un papel activo en la formación de nuestras experiencias. Por ejemplo, cuando leemos un libro, no solo procesa las palabras de cada página, sino que también utiliza nuestras experiencias pasadas y conocimientos previos para dar sentido a la historia y crear una experiencia de lectura única y personalizada.

En palabras de Feldman Barrett, «el cerebro también construye lo que sentimos en nuestro propio cuerpo». Sensaciones como el dolor, la ansiedad y otras percepciones internas son el resultado de una interacción entre lo que ocurre en el cerebro y lo que realmente sucede en ciertas partes del cuerpo, como los pulmones, el corazón, los intestinos y los músculos. Además, el cerebro utiliza información de nuestras experiencias pasadas para interpretar el significado de estas sensaciones.

Por ejemplo, si alguna vez te has quemado al tocar una estufa caliente, tu cerebro recordará esa experiencia. La próxima vez que te acerques a una estufa caliente, tu cerebro podría provocar una sensación de miedo o ansiedad antes de que toques la estufa como una forma de protegerte de la posibilidad de quemarte de nuevo. Esta es una forma en que el cerebro utiliza las experiencias pasadas para interpretar las sensaciones actuales y predecir futuras acciones.

Las variaciones que ocurren de un momento a otro dentro de nuestro cuerpo son detectadas por el cerebro antes de recibir la información pertinente de los órganos, hormonas y sistemas corporales. Aunque no percibimos nuestros sentidos de esta manera, es así como nuestro cerebro se orienta en el mundo y gestiona nuestro cuerpo.

Feldman Barrett sostiene que **Ivan Pávlov,** un destacado fisiólogo del siglo XIX conocido por su hallazgo del condicionamiento pavloviano o clásico, descubrió –aunque él mismo no se percató de ello– el mecanismo mediante el cual **los cerebros hacen predicciones.** Pávlov recibió el Premio Nobel por este hallazgo. Llegó a él a través de un experimento con sus perros, a los que entrenó para que salivaran al escuchar un sonido específico. Pávlov hacía sonar un ruido justo antes de alimentar a los animales y, con el tiempo, los perros comenzaron a salivar cada vez que escuchaban el sonido incluso si no se les presentaba comida.

En general, el cerebro tiene múltiples estrategias para manejar situaciones y genera un conjunto de predicciones y cálculos de probabilidades para cada una de ellas. Finalmente, en cada instante, hay una predicción que prevalece sobre las demás. A menudo, es la predicción que mejor se alinea con los datos sensoriales entrantes, pero no siempre la predicción dominante se traduce en nuestra acción y percepción sensorial.

Para entenderlo con un ejemplo, volvamos una vez más al bosque oscuro del que hablábamos antes, en donde de repente escuchas un ruido fuerte detrás de ti. Tu cerebro comienza a buscar en tus experiencias pasadas algo que le posibilite interpretar esta situación. Si en el pasado has tenido experiencias negativas con bosques oscuros o ruidos fuertes, tu cerebro podría interpretar este sonido como una amenaza y construir la emoción del miedo. Por lo tanto, sientes tu corazón latir más rápido, tus músculos se tensan y te preparas para huir o luchar.

Sin embargo, si tus experiencias pasadas con bosques y ruidos son en su mayoría positivas (por ejemplo, si solías jugar en el bosque cuando eras niño), tu cerebro podría interpretar el ruido como algo emocionante y construir la emoción de la anticipación o la sorpresa.

En ambos casos, el cerebro está utilizando tus **experiencias pasadas** y la **información sensorial** del presente para construir una emoción que nos ayuda a responder a la situación.

Esta una nueva perspectiva en la ciencia de las emociones impulsa un entendimiento más profundo de la mente y el cerebro, desafiando la creencia común de que las emociones residen en áreas específicas del cerebro y se manifiestan y reconocen de manera universal.

Además, la evidencia sugiere que las emociones se forman instantáneamente a través de la interacción de sistemas de todo el cerebro, un proceso que se ha perfeccionado a lo largo de nuestra vida gracias al aprendizaje. Esta idea nos invita a reflexionar sobre nuestro propio mundo emocional: ¿cuáles son sus raíces?, ¿de quién y qué hemos aprendido?, ¿de quién y qué seguimos aprendiendo sobre nuestro universo emocional?

Por ejemplo, cuando expresamos una emoción y vemos rechazo en las caras de las personas con las que interactuamos, internalizamos ese rechazo. Si esta experiencia se repite, cada vez que esa emoción se active, también se activará el rechazo hacia nosotros mismos. A veces no somos conscientes de que nuestra identidad, o cómo nos percibimos a nosotros mismos, se forma a través del reflejo de nuestras primeras relaciones y se moldea mediante las interacciones con las personas importantes de nuestra vida.

Por eso es tan importante que el niño tenga una regulación externa adecuada (que luego interiorizará) tanto en los estados emocionales positivos como en los negativos.

La memoria y las emociones

Acabamos de aprender que las emociones no son simplemente respuestas a lo que ocurre a nuestro alrededor. En lugar de ser meros receptores de estímulos sensoriales, somos creadores activos de nuestras propias emociones. Nuestro cerebro, utilizando tanto los estímulos sensoriales como nuestras experiencias previas, construye significado y determina nuestras acciones. Asigna un significado a nuestras sensaciones, y, en ocasiones, ese significado se manifiesta como una emoción.

Llegados a este punto hay que señalar el papel relevante de la **neuroplasticidad cerebral,** que es la habilidad que tiene el cerebro para reorganizarse y transformarse a nivel fisiológico en respuesta a las interacciones que se producen con el entorno. Esto implica que las células cerebrales, o neuronas, tienen la capacidad de alterar la forma en que se conectan y funcionan en respuesta a información nueva o cambiante, estímulos sensoriales, etapas de crecimiento, lesiones o trastornos. Es decir, nuestro cerebro tiene la increíble capacidad de adaptarse y evolucionar a lo largo del tiempo y no deja de aprender.

Nuestra evaluación de la información, ya sea añadiendo sentimientos positivos o negativos a un estímulo, es un producto inconsciente del aprendizaje. Nuestras reacciones ante ciertos alimentos, lugares o estímulos neutros, como un tono, se forman a partir de las experiencias asociadas con ellos.

Las experiencias intensamente emocionales tienden a ser más memorables debido a que la emoción se fusiona profundamente con el recuerdo. Esto significa que la emoción fortalece la memoria y hace más fácil recordarla en el futuro.

La **memoria emocional** puede tener una influencia considerable en nuestra salud mental. Las personas que padecen de ansiedad o trastorno de estrés postraumático a menudo se encuentran atormentadas por recuerdos emocionales intensos y perturbadores. Estos recuerdos pueden ser extremadamente invasivos e interferir con la capacidad de una persona para llevar una vida normal. En ese caso, se recomienda acudir a un profesional de la salud mental.

Es imprescindible tener en cuenta que la memoria y las emociones están estrechamente vinculadas y se afectan mutuamente. Las emociones, como manifestaciones conductuales, a menudo sirven para expresar nuestros recuerdos. Cuando recordamos algo, es común que experimentemos una respuesta emocional, que puede manifestarse de diversas formas, como cambios en nuestro tono de voz o sudoración en las manos.

Por otro lado, nuestras **experiencias emocionales** tienden a grabarse de manera más profunda en nuestra memoria, lo que nos permite recordarlas con mayor claridad. Por ejemplo, imagina que, cuando eras niño, tu madre solía hornear galletas de chocolate en casa. El olor de las galletas recién horneadas llenaba todo el hogar, y siempre te hacía sentir cálido y amado. Ahora, como adulto, cada vez que hueles a galletas de chocolate puedes experimentar una sensación de calidez y felicidad. Incluso puedes sentir una sensación física, como un cosquilleo en el estómago o una sonrisa involuntaria.

Este es un ejemplo de cómo un olor, un **estímulo externo** puede desencadenar recuerdos emocionales y físicos de nuestra infancia. Nuestro cerebro ha asociado el olor de las galletas de chocolate con las emociones positivas y las sensaciones físicas que experimentábamos en nuestra infancia. El recuerdo está tan profundamente arraigado en nuestra memoria que incluso el simple olor de las galletas de chocolate puede traerlo de vuelta.

Esto demuestra la poderosa conexión entre nuestras **emociones, recuerdos y sensaciones físicas,** pero además veremos más adelante que la dimensión cognitiva representa un papel crucial en este proceso. Cuando el niño huele las galletas de chocolate, no solo experimenta una respuesta emocional, sino que también se dice a sí mismo algo positivo como esto: «Huele fenomenal. ¡Qué felicidad!». Este pensamiento positivo, aunque puede parecer insignificante, en realidad refuerza la asociación entre el olor de las galletas de chocolate y las emociones positivas.

Con el tiempo, este pensamiento positivo se convierte en una parte integral de la memoria del niño. Cada vez que le llega el aroma de unas galletas de chocolate, automáticamente recuerda este pensamiento positivo, lo que a su vez desencadena las emociones y sensaciones físicas asociadas. Definitivamente, nuestros recuerdos encierran emociones, sensaciones físicas y cogniciones que están intrínsecamente entrelazados. Parece así demostrado que la forma en que interpretamos la información emocional puede verse afectada por nuestras vivencias previas.

Existen numerosas evidencias que sugieren que los recuerdos ligados a **emociones intensas** suelen ser más nítidos, exactos y duraderos que los recuerdos de sucesos más comunes o neutros. Esto tiene una lógica evolutiva, ya que permite a los seres vivos recordar con mayor claridad los eventos significativos. Asimismo, las emociones pueden influir en la recuperación de los recuerdos, porque los recuerdos emocionales son más vivos y detallados que los no emocionales.

Las emociones desempeñan un papel fundamental en el funcionamiento del ser humano, como veremos a continuación. Las **reacciones emocionales** son más primitivas o básicas en la evolución que las cognitivas. Esto significa que pueden manifestarse a un nivel básico, como el agrado o desagrado, incluso antes de que la persona sea consciente del estímulo que le provoca dicha reacción, es decir, antes de la categorización y el reconocimiento.

Este aspecto otorga a la emoción un claro **matiz adaptativo,** ya que permite asignar importancia a estímulos o eventos que pueden amenazar o favorecer la supervivencia. Por ejemplo, el miedo a un depredador nos ayuda a evitar el peligro, mientras que la alegría al encontrar alimento nos motiva a buscar más.

Esta relevancia aumentada es la base de la manera en que la emoción facilita la memoria. Los eventos emocionalmente cargados tienden a grabarse más profundamente en nuestra memoria, lo que nos permite recordarlos con mayor claridad. En resumen, nuestras emociones no solo influyen en cómo experimentamos el mundo, sino también en cómo recordamos esas experiencias.

La función de las emociones

Los expertos sostienen que no hay emociones inherentemente buenas o malas, pero sí que pueden ser agradables o desagradables y cumplen una doble función de regulación individual y comunicación.

La psicología positiva se ha plantado para dejar de seguir dando más protagonismo a las emociones **negativas** que a las **positivas.** Lo cierto es que hasta no hace mucho la psicología se interesaba más por las emociones negativas que por las positivas.

La experta en el estudio de las emociones **Barbara Fredickson** identifica las tres razones principales por las que las emociones positivas han sido menos estudiadas:

1. Las emociones positivas son menos frecuentes que las negativas (la proporción es de una positiva por cada tres o cuatro negativas).

2. Los investigadores han utilizado **las emociones negativas** como base para sus teorías emocionales, incluso intentando explicar las emociones positivas a través de las negativas, lo que Fredickson considera un error, ya que las positivas pueden ser comprendidas desde un marco diferente.

3. Las emociones negativas están **asociadas** a trastornos y la tendencia de la psicología era tratar los problemas en lugar de prevenirlos.

Actualmente la evidencia científica demuestra que es posible, e incluso necesario, que las emociones negativas y positivas coexistan.

Se recomienda ver la película *Inside Out* (conocida en español como *Del revés*), de Pixar. Este filme ilustra de manera excepcional cómo las emociones, tanto positivas como negativas, coexisten y son fundamentales para la experiencia humana.

El enfoque está cambiando en psicología para **dar importancia a todas las emociones** independientemente del signo que tengan: se cree que es necesario naturalizarlas porque todas ellas cumplen su función.

A pesar de que las **emociones negativas** –como el miedo, la tristeza y la ira– tienen mala fama, forman parte de nuestro **sistema de defensa** frente a las amenazas externas, nos preparan para el combate    y la supervivencia, y son un legado de nuestros antepasados. Sabemos que las emociones negativas se detectan en milisegundos y provocan una reacción de rechazo.

Por su parte, las **emociones positivas** desempeñan un papel fundamental en la evolución porque contribuyen a los recursos intelectuales, físicos y sociales de las personas, haciéndolos más duraderos.

Las emociones positivas –como la alegría, el interés y el amor– pueden **fomentar la cooperación** y disminuir las actitudes y comportamientos negativos, lo que lleva a una comunicación y resolución de problemas más efectiva. Además, las emociones positivas pueden ampliar el pensamiento y la atención de las personas, lo que puede ayudar a generar soluciones creativas. También pueden contrarrestar las emociones negativas, lo que facilita que las personas perdonen y superen los conflictos pasados.

Cuando las personas experimentan sentimientos positivos, transforman su modo de pensar y actuar, se dotan de resistencia al estrés y una mayor tolerancia al dolor, e incluso aumentan la posibilidad de mejorar los patrones de comportamiento en situaciones específicas mediante la optimización de los recursos personales a nivel físico, psicológico y social. En resumidas cuentas, los estudios científicos señalan el efecto que las emociones positivas pueden tener en nosotros: potencian la salud y el bienestar, favorecen el crecimiento personal, provocan sentimientos de satisfacción con la vida, generan esperanza, **optimismo y felicidad,** e incluso se han relacionado con la longevidad y con la reducción de los niveles de angustia provocados por las emociones negativas que surgen en circunstancias traumáticas para el individuo.

La ciencia se ha encargado también de aportar información sobre la influencia de las emociones negativas en el desarrollo de comportamientos de riesgo para la salud física, como el impacto que tiene la activación emocional psicofisiológica en los sistemas orgánicos, incluyendo la inmunidad y los procesos tumorales, entre otros. Por ejemplo, se ha relacionado la ira, que es considerada una emoción negativa, con problemas cardiovasculares.

Las emociones negativas –como la ansiedad, la ira y la tristeza-depresión– llegan a provocarnos una experiencia emocional desagradable, y numerosas investigaciones las relacionan con múltiples trastornos, especialmente con los de **ansiedad y depresión.**

Demos sentido a las emociones positivas y negativas

Como ya se ha dicho, las emociones positivas pueden fomentar la cooperación y disminuir las actitudes y comportamientos negativos.

Por otro lado, el conflicto es inevitable en las interacciones humanas, lo que a menudo conduce a emociones negativas, como la ira, la frustración y el resentimiento. Aunque estas emociones se han solido considerar como contraproducentes, lo cierto es que **pueden facilitar la comunicación** y promover la comprensión. Las emociones negativas pueden proporcionar una oportunidad para que las personas expresen sus quejas y sean escuchadas.

Es esencial que todas las partes sientan que sus perspectivas están siendo reconocidas y validadas. Las emociones negativas pueden catalizar este proceso, a menudo impulsando a las personas a hablar y compartir sus pensamientos y sentimientos.

Además, las emociones negativas pueden motivar a las personas a **buscar soluciones.** Cuando las personas se sienten enojadas o frustradas por una situación, es más probable que tomen medidas para resolverla. Esto puede implicar la búsqueda de nueva información, la colaboración con otros o la adopción de una actitud más abierta al compromiso.

Aprender a regularnos emocionalmente

Ya sabemos que las emociones negativas pueden dificultar la gestión de los problemas de manera eficaz, por lo que las personas deben aprender a gestionarlas y canalizarlas de forma productiva. Existen propuestas para utilizar eficazmente las emociones negativas, porque en realidad pueden desempeñar un papel positivo, como permitir que las personas se expresen y busquen soluciones. La **escucha activa**, la **empatía** y la **asertividad** contribuirán a que las personas manifiesten sus emociones de manera constructiva.

Al aprender a manejar las emociones negativas y usarlas de manera productiva, podemos facilitar una comunicación y colaboración más efectiva con nosotros mismos y con los demás.

Este libro tiene como objetivo aprovechar al máximo el conocimiento que la psicología ofrece desde diversos enfoques y propuestas para alcanzar el bienestar. Sin embargo, al igual que en todas las familias, la psicología presenta una variedad de enfoques, cada uno con su propio modo de operar, lo cual es beneficioso.

Al final de este capítulo, se presentan una serie de ejercicios derivados y adaptados de diferentes terapias, incluyendo la psicología positiva, la terapia de aceptación y compromiso, y el método psicoterapéutico EMDR. Estos ejercicios están diseñados para ayudarnos a entender mejor nuestro mundo emocional. Algunos se centran en fomentar las emociones positivas desde el enfoque de la psicología positiva, ya que sabemos que contribuyen al bienestar y nos guían hacia la felicidad. Sin embargo, la vida no es siempre un camino de rosas y nos encontramos con muchos obstáculos. En determinados momentos, nos enfrentaremos a situaciones estresantes, como enfermedades, la pérdida de un ser querido, el desamor, etc. Es importante aprender a convivir también con las emociones que surgen de estas experiencias, aceptándolas e identificándolas para poder manejarlas. La **terapia de aceptación y compromiso** y la práctica de *mindfulness* ofrecen herramientas útiles para este propósito.

Debemos recordar que no podemos escapar de esta dimensión humana y que las emociones negativas son tan parte de nosotros como las positivas. Es crucial ayudar a las personas a no evitar las emociones negativas, sino a aprovecharlas y aprender de ellas.

La práctica de estos ejercicios va a contribuir a que desarrollemos diferentes capacidades: la **autoconciencia** para reconocer y comprender las propias emociones; la **autorregulación** para manejar esas emociones de manera efectiva; la **motivación** como el impulso de alcanzar metas; la **empatía** para comprender y sentir las emociones de los demás, y las **habilidades sociales** para comunicarnos de manera efectiva y así construir relaciones sanas.

Finalmente, es importante recordar que las dificultades son una parte inevitable de la vida. Uno de los desafíos a los que nos enfrentamos es que a veces no sabemos cuándo estamos manejando mal las situaciones. Por eso, a continuación, se ofrecen una serie de indicadores que nos ayudarán a averiguar si estamos experimentando un **desequilibrio emocional.** Si detectamos algunos de estos signos, tendremos la oportunidad de aprender a regular nuestras emociones y a reinterpretar lo que sucede dentro de nosotros.

- **Sensación de ansiedad o tensión constante** a lo largo del día y en diferentes contextos.

- **Pérdida de motivación sostenida** que afecta a diversas áreas de la vida (trabajo, estudios, relaciones de pareja, familiares, amistades, etc.).

- **Dificultades para tomar decisiones,** por sencillas que sean.

- **Procrastinación** o postergación de una actividad por miedo a afrontarla.

- **Incremento de las preocupaciones** sobre un tema específico o en general.

- **Evitación de situaciones o personas.** Por ejemplo, una persona podría evitar a otra por temor a no saber qué decir en ciertas circunstancias (generalmente en aquellas situaciones que pueden recordarle el origen del bloqueo).

- **Aumento de las emociones negativas.** Por ejemplo, es común que surjan sentimientos de envidia o celos, tristeza y desánimo. También es habitual la aparición de miedo al rechazo o sentimientos de envidia.

- **Agotamiento** físico y mental.

- **Cambios en los hábitos** de sueño y alimentación.

- **Dolores** musculares, dolores de cabeza, problemas gastrointestinales. Es decir, la aparición de síntomas psicosomáticos.

De todas maneras, después de reflexionar sobre los indicadores señalados, si uno se siente incapaz de manejar solo una determinada situación, es recomendable buscar la ayuda de un profesional de la salud mental.

En el apartado «Momento presente con atención plena», tendremos oportunidad de aprender más técnicas que nos ayuden a regularnos emocionalmente, haciéndonos conscientes de la importancia de escuchar nuestro cuerpo para estar conectados a nosotros mismos y conseguir identificar nuestras reacciones emocionales.

PRÁCTICAS

EJERCICIOS EMOCIONALES

EJERCICIO PRÁCTICO. CÓMO APRENDIMOS A REGULAR NUESTRAS EMOCIONES
Te propongo un ejercicio de introspección para entender mejor cómo aprendimos a regular nuestras emociones y comportamientos. Reflexiona sobre lo que sucedía cuando te sentías mal durante tu infancia. Considera las siguientes situaciones:

- Cuando sufrías daño físico o enfermedad.
- Cuando te sentías triste.
- Cuando estabas enfadado.
- Cuando algo no salía como esperabas.

Pregúntate a ti mismo qué hacías. Por ejemplo, ¿ibas a buscar a alguno de tus cuidadores? Si es así, ¿cómo respondían? ¿Y tú cómo reaccionabas ante lo que tus cuidadores hacían o decían (o ante su falta de respuesta)? Este ejercicio puede ayudarte a entender cómo aprendiste a regular tus emociones y comportamientos.

Vamos a realizar el mismo ejercicio, pero centrado en momentos de alegría y cuando sucedían cosas buenas en tu infancia. Considera las siguientes situaciones:

- Cuando algo te emocionaba o te hacía feliz.
- Cuando lograbas algo que deseabas.
- Cuando compartías un momento agradable con alguien.
- Cuando recibías una sorpresa bonita.

Pregúntate a ti mismo cómo reaccionabas. ¿Compartías tu alegría con tus cuidadores? Si es así, ¿cómo respondían? ¿Cómo reaccionabas tú ante lo que tus cuidadores hacían o decían (o ante su falta de respuesta)? Este ejercicio puede ayudarte a entender cómo aprendiste a expresar y compartir tu alegría.

EJERCICIO PRÁCTICO. IDENTIFICAMOS EMOCIONES

Este ejercicio te ayudará a observar y describir tus emociones, lo cual es fundamental para la regulación emocional. Sigue estos pasos:

1. **Selecciona una emoción reciente o actual.** Si la emoción fue desencadenada por otra emoción previa, realiza este ejercicio para ambas emociones.

2. **Responde a las siguientes preguntas** por escrito:

   • **Nombre de la emoción:** ¿cómo la describirías?
   • **Intensidad (0-10):** ¿cómo de intensa es esta emoción?
   • **Acontecimiento que la provocó:** ¿quién o qué desencadenó esta emoción? ¿Cuándo y dónde comenzó?
   • **Interpretaciones:** ¿cuáles son tus creencias, valoraciones y pensamientos sobre la situación?
   • **Cambios corporales y sensaciones:** ¿qué sientes en tu cuerpo?
   • **Lenguaje corporal:** ¿cuáles son tus expresiones faciales, gestos y postura?
   • **Impulsos:** ¿qué sientes que quieres hacer o decir?
   • **Acciones:** ¿qué dijiste o hiciste en esa situación? Sé específico.
   • **Efectos secundarios:** ¿qué efectos tuvo la emoción en ti (estado mental, otras emociones, pensamientos, recuerdos, sensaciones corporales, etc.)?
   • **Función de la emoción:** ¿qué función crees que tiene esta emoción para ti?

A continuación te ofrezco un ejemplo práctico de cómo se podría resolver el ejercicio:

• **Nombre de la emoción:** tristeza.
• **Intensidad (0-10):** 7.
• **Acontecimiento que provocó la emoción:** una discusión con un amigo ayer en el parque.
• **Interpretaciones:** creí que mi amigo no valoraba mis opiniones.
• **Cambios corporales y sensaciones:** sentí un nudo en el estómago y tensión en los hombros.
• **Lenguaje corporal:** mis hombros estaban caídos y evitaba el contacto visual.
• **Impulsos:** quería alejarme de la situación y estar solo.
• **Acciones:** me despedí abruptamente y me fui a casa.

- **Efectos secundarios:** me sentí agotado y pasé el resto del día pensando en la discusión.
- **Función de la emoción:** la tristeza me hizo darme cuenta de que valoro mucho mis relaciones y que necesito comunicarme mejor cuando siento que no se me respeta.

Recuerda, se trata solo de un ejemplo. Tus respuestas pueden variar dependiendo de tus experiencias y emociones personales.

No olvides que este ejercicio es una herramienta para ayudarte a entender mejor tus emociones y cómo las manejas.

EJERCICIO PRÁCTICO. TÉCNICA DEL HAZ DE LUZ (PARA MOMENTOS DE MALESTAR)
Este ejercicio de visualización guiada es una buena opción para ayudarte a manejar tanto el dolor físico como el emocional, porque puede impulsarte a cambiar temporalmente cómo te sientes. Tu mismo puedes decidir si esta técnica es suficiente para tu situación o si necesitas buscar ayuda adicional.

1. **Preparación:** encuentra un lugar cómodo en tu hogar u oficina. Después de realizar el ejercicio, tómate un tiempo para relajarte. Haz tres inspiraciones profundas y a continuación presta atención a como fluye tu respiración sin forzarla. Por ejemplo, cómo entra y cómo sale por las fosas nasales observando como lo haría un científico hasta que te encuentres conectado y preparado para hacer el ejercicio.

2. **Identificación:** pon el foco de atención en observar si estás experimentando dolor o malestar y concéntrate en las sensaciones corporales desagradables que puedes estar sintiendo. Hazte la siguiente pregunta respecto al dolor que puedas sentir o las sensaciones desagradables: «Si tuviera _____, ¿cuál sería? _____».

Completa el primer espacio en blanco con la palabra «forma» y escribe la respuesta en el segundo espacio. Haz lo mismo con las siguientes palabras: «tamaño», «color», «temperatura», «textura» y «sonido (agudo o grave)».

Detente un instante en las frases que has elaborado para observar las características que has otorgado al dolor o a la sensación desagradable.

3. **Visualización:** piensa en tu color favorito o en uno que asocies con la sanación. Imagina que una luz de este color entra por la parte superior de tu cabeza y se dirige por tu interior a la forma con la que has identificado el dolor o sensación. Considera que la fuente de esta luz es el cosmos, por lo que tienes un suministro infinito. La luz resuena y vibra dentro y alrededor de esa forma.

4. **Observación:** mientras la luz vibra, ¿qué le ocurre a la forma, a su tamaño o a su color?

Recuerda, puedes grabar tu voz guiando el ejercicio si tienes problemas para recordarlo. Esta técnica puede ser útil para ciertos tipos de dolor y también como un rápido potenciador de energía.

EJERCICIO PRÁCTICO. DESAUTOMATIZAR LAS RESPUESTAS

El objetivo de este ejercicio es ayudarte a responder de manera más consciente y empática en situaciones emocionales, en lugar de hacerlo de forma automática. Aquí te dejo una versión detallada del ejercicio:

1. **Escenario:** imagina una situación en la que estás interactuando con un amigo que parece estar molesto. Observa su expresión facial, su tono de voz, su lenguaje corporal.

2. **Interpretación inicial:** es posible que tu primera reacción sea asumir que está enfadado contigo. Esta es una respuesta automática basada en la interpretación inicial de las señales que estás percibiendo.

3. **Pausa y reflexión:** antes de reaccionar a esta interpretación inicial, haz una pausa. Recuerda que hay muchas razones por las que alguien podría parecer molesto.

4. **Considera otras interpretaciones.** Hazte las siguientes preguntas:

    - ¿Podría estar estresado por el trabajo?
    - ¿Podría estar preocupado por un problema personal?
    - ¿Podría estar cansado o enfermo?

5. **Respuesta consciente:** al considerar estas posibilidades, puedes evitar una reacción precipitada basada en suposiciones. En lugar de eso,

eres capaz de manejar la situación de una manera empática y efectiva. Por ejemplo, podrías preguntarle a tu amigo si está bien o si hay algo de lo que quiera hablar.

Recuerda, el objetivo de este ejercicio es practicar la desautomatización de tus respuestas emocionales. Con la práctica, podrás aplicar esta habilidad en situaciones de la vida real, lo que te permitirá manejar las interacciones emocionales de una forma más consciente y efectiva.

EJERCICIO. RESPIRACIÓN 4-7-8 PARA REGULAR EL SISTEMA NERVIOSO

La respiración 4-7-8 es una práctica antigua que revitaliza y reajusta el sistema nervioso central. Implica una inhalación corta seguida de una exhalación que dura el doble, lo que tiene un impacto directo en el sistema nervioso periférico (SNP). Cuando el SNP se activa, por decirlo de alguna manera, se frena el estrés.

Esta práctica está muy recomendada para personas que sufren ansiedad, ira o pánico. Pero para ver resultados hay que incorporarla a nuestra vida como el cepillado de los dientes: mínimo dos veces al día.

Este sencillo método llena tu circulación con oxígeno y elimina el dióxido de carbono de tus pulmones. El acto de contar ofrece a tu cerebro un punto de anclaje mientras tu cuerpo comienza a entrar en un estado de relajación.

Al practicar regularmente la técnica de respiración rejuvenecedora 4-7-8, con el tiempo se experimenta una actitud más tranquila y menos impulsiva.

Instrucciones:

- Inspirar por la nariz mientras se cuenta hasta 4.
- Mantener la respiración contando hasta 7.
- Espirar por la boca como si se expulsase el aire por una pajita mientras contamos hasta 8.
- Al instante repetir el ciclo dos veces más.
- Se recomienda hacer una serie de tres ciclos por la mañana y otra por la tarde.

SOY LO QUE ME CREO

La suprema felicidad de la vida es saber
que eres amado por ti mismo o, más exactamente,
a pesar de ti mismo.
Víctor Hugo

A pesar de que frecuentemente utilizamos los términos «cerebro» y «mente» como sinónimos, en realidad se refieren a entidades interrelacionadas pero distintas. El **cerebro** es un órgano que controla todas nuestras funciones esenciales, mientras que la **mente** es privada, no posee una forma o estructura definida, no puede ser tocada ni vista.

Hacer esta distinción es importante porque algunas personas dan por hecho que son sus mentes, es decir, que son lo que piensan. Esto tiene una gran repercusión y supone una limitación experiencial. Por lo tanto, debemos saber que **no somos lo que pensamos**.

La mente es parte esencial del organismo, al igual que el resto de sistemas de los que estamos compuestos, como el sistema esquelético, el sistema muscular, el sistema circulatorio, el sistema respiratorio, etc. Por lo tanto, no sería correcto confundir y creernos que somos solo una parte de nosotros.

Vamos a explorar brevemente este concepto que denominamos «mente», un tema que ha sido objeto de estudio especulativo desde hace más de 2000 años, cuando la filosofía era la disciplina encargada de investigar su funcionamiento.

Actualmente hay muchas disciplinas involucradas en el estudio de la mente, incluyendo la ciencia de la computación, la inteligencia artificial, la lingüística, la neurociencia, la filosofía y la psicología, entre otras. Pero, aunque cada disciplina tiene su propia interpretación, todas ellas están unidas por la idea central de que la mente es un **procesador de información.** Esto significa que la mente recibe, almacena, recupera, transforma y transmite información.

Los diferentes enfoques (en los que no vamos a entrar) entienden la arquitectura de la mente como un procesador de información increíblemente complejo que crea **patrones y representaciones** a partir de los datos que recibe. Además, se cree que estos procesos cognitivos son estados representacionales y semánticos que ocurren dentro de las limitaciones físicas de nuestro cerebro.

También se sabe que estos patrones pueden ser ajustados o modificados a través de diversas técnicas y estrategias.

Cierto es que nuestro cerebro y nuestra mente están integrados en nuestro entorno, no somos entidades aisladas, **somos seres sociales.** Poseemos una cognición social que influye en nuestro aprendizaje y memoria, y nos facilita la percepción, el procesamiento y la evaluación de estímulos, permitiéndonos representar nuestro entorno y actuar de acuerdo con ello.

Hoy en día, existe un consenso entre psicólogos y neurocientíficos de que la mente es moldeable. Veremos más adelante que se puede entrenar la mente para lograr una mayor flexibilidad mental. Nos referimos a la capacidad de adaptar nuestra forma de pensar y de responder a diferentes situaciones. Este proceso implica cambios en las conexiones neuronales de nuestro cerebro. En otras palabras, la manera en que nuestras neuronas se comunican entre sí puede ser modificada. Esto significa que nuestro cerebro, el órgano físico responsable de nuestros pensamientos y emociones, puede cambiar y adaptarse en respuesta a nuestras experiencias y aprendizajes.

Esto es lo que se conoce como **neuroplasticidad** cerebral, la posibilidad de cambiar y adaptarse, lo que es una parte fundamental de nuestra capacidad para aprender y crecer.

Sin embargo, descubriremos que, para lograr una mayor flexibilidad mental, es crucial evitar que nuestra mente quede atrapada en patrones de pensamiento preestablecidos.

La madre Teresa de Calcuta decía: «¡Ya está aquí la loca de la casa!» para referirse a la mente cuando se presenta como una mala consejera y nos asusta anticipando posibles escenarios que no necesariamente son reales y que tan siquiera van a suceder. A continuación veremos el motivo de por qué sucede esto, por qué tendemos a veces a dar más peso a los aspectos negativos que a los positivos.

Sesgo de negatividad

Se sabe que, tanto en animales como en humanos, hay una tendencia generalizada a dar más importancia a lo negativo que a lo positivo, y esta inclinación se basa tanto en **predisposiciones** innatas como en la experiencia de cada persona.

Uno los estudios más reveladores que ha llevado a cabo la Universidad de Pensilvania evidencia que los instintos que en el pasado nos ayudaron a sobrevivir hoy en día no son tan eficaces. Nuestro entorno actual es considerablemente menos peligroso que en épocas anteriores, pero aun así nuestro cerebro sigue reaccionando de la misma manera frente a muchas situaciones que interpreta como amenazas, aunque no sean realmente peligrosas.

Este estudio presentó cómo el cerebro procesa la información negativa en comparación con la información positiva o neutra. Y observó que el cerebro muestra una **mayor respuesta** (es decir, un «potencial» más grande) a la información negativa que a la positiva. Los sucesos negativos provocan un incremento en la actividad eléctrica del cerebro mayor que la información positiva o neutra. Esto se conoce como «sesgo de negatividad», y sugiere que nuestro cerebro está programado para prestar más atención y dar más peso a las experiencias negativas.

Esta tendencia de prestar más atención y dar más relevancia a los aspectos negativos de una situación, evento o individuo puede tener un impacto en muchas áreas de nuestra vida, desde cómo recordamos los acontecimientos hasta el modo en que tomamos decisiones.

Al parecer, este sesgo lo componen **cuatro fundamentos,** que vendrían a ser los siguientes:

- **Tenemos un interés elevado en lo negativo**. Los sucesos negativos tienden a captar nuestra atención más que los positivos, incluso cuando ambos tienen la misma intensidad emocional. Esto quiere decir que las cosas negativas suelen tener un impacto más fuerte en nosotros que las positivas. Por ejemplo, es posible que recordemos más fácilmente un insulto que un cumplido.

- **La proximidad de un evento negativo intensifica nuestra preocupación**, es decir, hay **un crecimiento acelerado de la negatividad:** nos afecta más una cosa negativa cuando está a punto de suceder. Por ejemplo, es posible que nos preocupemos más por un examen el día antes de que tenga lugar que una semana antes.

- **La dominancia de lo negativo**. Cuando ocurren cosas positivas y negativas al mismo tiempo, tendemos a centrarnos más en lo negativo. Por ejemplo, si recibes una crítica y un elogio al mismo tiempo, es posible que te centres más en la crítica.

- **Diversidad de lo negativo**. Los elementos negativos suelen ser más variados, generan conceptos más complejos y desencadenan una gama más amplia de respuestas que los positivos. Por ejemplo, imagina que estás planeando un viaje a la playa con tus amigos. Si el pronóstico del tiempo es soleado (un elemento positivo), probablemente te sientas feliz y emocionado, y empieces a planificar actividades al aire libre. Sin embargo, si el pronóstico del tiempo es lluvioso (un elemento negativo), tu cerebro empezará a generar una variedad de respuestas y escenarios más complejos. Podrías preocuparte por cómo afectará el mal tiempo a tus planes, pensar en actividades alternativas para hacer en interiores, considerar la posibilidad de reprogramar el viaje o incluso empezar a inquietarte por problemas de seguridad en la carretera debido a la lluvia. En este caso, el elemento negativo (el pronóstico de lluvia) genera una gama más amplia de respuestas y activa un conjunto de pensamientos y emociones más variado y complejo que el elemento positivo (el pronóstico de sol).

Por último, **las cosas negativas tienden a ser más «contagiosas»** que las positivas. Por ejemplo, si una persona está de mal humor, es posible que afecte a las personas que hay a su alrededor y las haga sentir mal también.

De alguna manera esta tendencia del cerebro a concentrarse en las supuestas amenazas de nuestro entorno y a retener los sucesos adversos es un componente esencial para nuestra supervivencia como especie.

Hay más estudios que apoyan la idea de nuestra **adherencia innata a lo negativo** que advierten que la atención se dirige automáticamente hacia los estímulos indeseables frente a los deseables, y que esto repercute incluso en la realización de otras tareas.

Actualmente, toda la evidencia empírica apunta en esa dirección. Parece ser que estamos programados para prestar más atención a la información negativa o amenazante de nuestro entorno que a la positiva o neutra.

Sin embargo, es verdad que en uno de esos estudios no se encontraron evidencias de que las personas intenten evitar situaciones negativas. A menudo, cuando decimos que estamos «programados», puede sonar como si estuviéramos predeterminados, pero estamos lejos de esa realidad. A lo largo de la historia, los seres humanos se han reinventado gracias a nuestro cerebro, que es un órgano misterioso y asombroso que cuenta con la capacidad de reprogramarse. Aunque este proceso puede llevar tiempo, estamos aprendiendo cada vez más sobre su increíble **poder y plasticidad**, es decir, **su capacidad para transformarse**.

Para que sucedan cambios en nosotros, tenemos que dar por verdadera, porque lo es, la siguiente frase: «Querer es poder». Solo tomarla en serio nos da la fuerza necesaria para realizar esos cambios.

Pero la transformación no ocurre simplemente por desearla, sino que requiere esfuerzo y trabajo. Nuestro cerebro responde automáticamente a una variedad de **estímulos,** ya sean emocionales, cognitivos o físicos, que pueden provenir tanto de nuestro interior como del mundo exterior. Para cambiar, necesitamos ser conscientes de estos estímulos y trabajar activamente para responder de la manera más **saludable y positiva** posible. Necesitamos trabajar en modificar nuestras respuestas, porque la mayoría de las veces son automáticas e inconscientes. Esto significa aprender a cambiar la forma en que reaccionamos a esos estímulos.

Debemos ser conscientes de que tanto lo que nos decimos a nosotros mismos (estímulos internos) como lo que los demás nos dicen (estímulos externos) puede afectar a cómo nos sentimos y cómo actuamos.

Cuando hablamos de los estímulos cognitivos internos nos referimos a **nuestro diálogo interno y nuestras creencias,** las ideas que nos formamos sobre nosotros mismos y que nos afectan de alguna manera. Por ejemplo, si constantemente te dices a ti mismo que eres incapaz, eso se convierte en una creencia arraigada que puede afectarte negativamente. Por el contrario, hablarte a ti mismo de manera positiva y alentadora puede tener un impacto positivo en tu bienestar y autoestima.

También debemos considerar los estímulos externos, **las creencias que nos transmiten los otros,** que son las palabras, actitudes y creencias que provienen de las personas de nuestro alrededor. Estos estímulos pueden tener un gran impacto en cómo nos sentimos y actuamos.

Por ejemplo, cuando alguien nos habla, no solo escuchamos sus palabras, sino también cómo las dice. **El tono de voz, la elección de las palabras y la actitud general** transmiten una variedad de mensajes. Si estas interacciones son amables y alentadoras, pueden hacernos sentir bien y aumentar nuestra confianza. Sin embargo, también podemos enfrentarnos a **críticas y quejas,** que a veces son difíciles de manejar. Estos comentarios negativos pueden hacernos sentir mal y afectar nuestra autoestima y nuestro estado de ánimo.

Es importante recordar que, aunque no podemos controlar lo que los demás dicen o hacen, sí es factible aprender a manejar cómo respondemos a estos estímulos externos, a esas palabras, a esa situación.

Ya sabemos que gran parte de nuestras experiencias y observaciones desde la niñez hasta la adultez se almacenan en nuestro cerebro, lo que nos permite responder adecuadamente a diversas situaciones. No obstante, este aprendizaje esencial a menudo se origina a partir de cada incidente negativo que procesamos.

Sabemos que nuestro cerebro está configurado para centrarse en lo negativo debido a que su objetivo principal es ayudarnos a adaptarnos a un entorno que se vuelve cada vez más complejo. También que este **instinto de supervivencia,** que heredamos de nuestros antepasados, es una respuesta a los numerosos desafíos a los que se enfrentaron. Pero a lo largo de la historia dichos desafíos han ido cambiando y en la actualidad son distintos.

Asimismo, debemos tener presente que no solo nuestros ancestros nos han dejado huella genética, sino que también cargamos con la herencia de los hábitos y las maneras de los humanos actuales, ya sean nuestros padres, cuidadores, hermanos, amigos, etc. De ellos aprendimos e instalamos comportamientos, creencias que a menudo transmitieron sin que nos diésemos cuenta, que pueden ser tanto positivos como negativos. Todos, hasta nuestros padres, estuvieron influenciados por el entorno en el que crecieron, y eso es lo que transmitieron.

Entender por qué actuamos de la manera en que lo hacemos da sentido a nuestras acciones y puede ser liberador. Además, es el mecanismo que puede motivarnos e inspirarnos para hacer cambios positivos en nuestras vidas. Es fascinante pensar que la forma en que está configurado nuestro cerebro es así para garantizarnos la supervivencia, porque aparentemente no parece que su prioridad sea la felicidad. Sin embargo, este mismo diseño nos permite proponernos el reto de lograr un estado de bienestar y que experimentar la felicidad esté a nuestro alcance.

Por lo tanto, ya sabemos que la mente hace el trabajo de identificar más dificultades que soluciones, recordar con mayor intensidad los eventos traumáticos que los momentos placenteros, y centrarse más en los riesgos que en las posibilidades. Ahora bien, también sabemos que **encontrar la felicidad** supone todo un reto, pero veamos que no todo es tan oscuro como aparenta a primera vista.

Hay una teoría que sostiene que nuestro cerebro anhela la estabilidad y, por tanto, intenta minimizar la incertidumbre tanto como sea posible. Este deseo de control puede dar lugar a la persistencia de ciertos comportamientos o patrones de pensamiento, incluso aunque puedan ser perjudiciales para su adaptación al entorno, lo que provoca una rigidez mental, una rigidez cognitiva.

Todos experimentamos diferentes **grados de flexibilidad y rigidez mental,** lo cual tiene un impacto significativo en nuestras vidas. Un ejemplo común de rigidez mental es el de las personas que siempre creen tener la razón y se resisten a cambiar de opinión. Estas personas se aferran a sus creencias, incluso cuando pueden ser perjudiciales para ellas. Prefieren permanecer en una zona de confort mental, evitando explorar nuevas perspectivas. Esto limita su capacidad para adaptarse y cambiar, a pesar de que la verdad puede ser subjetiva y todos somos propensos a equivocarnos.

Quedarse atrapados en un ciclo de pensamientos rígidos, sin la capacidad de ver otras perspectivas y con **pensamientos obsesivos,** nos puede conducir a un estado emocional muy negativo tanto como a estados de depresión o ansiedad.

En realidad, el deseo de la mente de protegernos de un dolor futuro acaba derivando en una producción de pensamientos que desarrollan las llamadas **«creencias limitantes»,** que son una percepción sobre uno mismo que se refleja en nuestro estado de ánimo y que, de alguna manera, nos restringe. Todos experimentamos este fenómeno de albergar creencias que nos limitan. Sin embargo, si logramos reconocerlas, podemos tomar medidas proactivas para superarlas.

La relevancia de la flexibilidad psicológica

Nuestro cerebro posee una **habilidad crucial** conocida como «flexibilidad mental». Esta habilidad nos permite adaptar nuestros procesos cognitivos y comportamientos de manera eficiente ante situaciones novedosas, inesperadas o inestables. Se podría argumentar que esta capacidad es la esencia misma del cerebro, ya que nuestros cerebros han evolucionado en respuesta a la necesidad de adaptarse a situaciones cambiantes para sobrevivir.

La flexibilidad mental está íntimamente ligada a la **resiliencia,** un término psicológico que se refiere a la habilidad de enfrentar adversidades mediante pensamientos y comportamientos adaptativos. Esto implica adoptar una perspectiva amplia, considerando todas las alternativas disponibles, y emprender acciones que nos acerquen a nuestros objetivos.

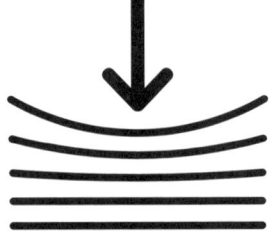

Estas acciones nos permiten superar situaciones difíciles y, en muchos casos, salir fortalecidos para enfrentar futuros desafíos.

La flexibilidad mental actúa como un escudo protector para nuestra salud mental al permitirnos adaptarnos y prosperar en un mundo en constante cambio.

La buena noticia entonces es que **es posible desactivar nuestra tendencia a centrarnos en lo negativo.** Podemos convencer a nuestro cerebro de que deje de centrarse en cada amenaza real o imaginaria. Después de todo, a menudo nos encontramos generando pensamientos catastróficos sobre cosas que aún no han sucedido, lo que alimenta nuestra ansiedad y estrés.

Sucede que, cuando nos encontramos en un mundo en el que las necesidades fundamentales de supervivencia están satisfechas, el cerebro puede sentirse confundido y desorientado, porque la misión prioritaria de buscar alimento y subsistir ya no conlleva aquella energía que sí tuvieron que invertir nuestros ancestros. Entonces el cerebro se acomoda en una zona de confort relativo de la que es muy difícil salir. El desafío radica en que, aunque las necesidades básicas de supervivencia se encuentran atendidas, las necesidades de **realización personal y satisfacción** no lo están, lo que puede generar un gran problema.

Jonathan Benito, investigador en neurociencia y autor de un libro *Redefine imposible*, destaca que no vivimos a la altura de las capacidades con las que nacemos, sino de las creencias que forjamos. Según su visión, nuestro cerebro posee un **potencial sin límites** y tiene la capacidad de autotransformarse, evolucionar y adaptarse mediante la generación de nuevas neuronas (neurogénesis) y la reconfiguración de las existentes.

Gracias a la **neuroplasticidad** de nuestro cerebro, nuestras estructuras cerebrales pueden cambiar, ya sea intencionalmente o no, con cada experiencia que vivimos. Esto conlleva la aparición de nuevos comportamientos, que otros se refuercen e incluso que algunos desaparezcan.

Nuestro cerebro, que es el medio a través del cual nuestra mente se manifiesta, posee una notable **capacidad de adaptación** en áreas relacionadas con el aprendizaje y la memoria. Esto nos brinda la habilidad de aprender, desaprender y reaprender. Dependiendo del método de aprendizaje que empleemos, podemos consolidar un nuevo conocimiento.

De hecho, desarrollar la **habilidad de ser consciente** de cómo te relacionas contigo mismo y cómo te hablas a ti mismo te permite detener comportamientos y actitudes negativas. Esto es posible gracias a la flexibilidad mental, que te permite adaptarte y cambiar tu forma de pensar. Esta adaptabilidad mental tiene un impacto significativo en el bienestar emocional, ya que te permite elegir cambiar una actitud negativa por otra mucho más amable.

Desde la infancia, reproducimos lo aprendido constantemente, de manera que lo llegamos hacer de modo automático, y eso también incluye nuestros pensamientos y comportamientos. Por ejemplo, imagina que siempre has sido muy crítico contigo mismo. Cada vez que cometes un error, te dices cosas como: «No soy lo suficientemente bueno» o «Todo lo estropeo».

Sin embargo, sí te das cuenta de que esta autocrítica constante afecta a tu autoestima y a tu felicidad. Entonces, decides que quieres modificar esta conducta y empiezas a trabajar en **«desaprender»** esa autocrítica. Aquí es donde la flexibilidad mental entra en juego al permitirte cambiar tu forma de pensar y reaccionar.

Desde aquí te hace la siguiente invitación: cada vez que te encuentras pensando de manera negativa sobre ti mismo, te permitas hacer una pausa y te recuerdes que todos cometemos errores y que está bien no ser perfecto. Puede ser una manera de conseguir «desaprender» una conducta negativa.

A continuación, es necesario empezar a **«reaprender»** una nueva conducta. Puedes probar lo siguiente: cada vez que cometas un error, en lugar de criticarte, te dirás: «Está bien cometer errores, puedo aprender de esto» o «Estoy haciendo las cosas lo mejor que puedo y eso es suficiente». Con el tiempo, esta nueva conducta se vuelve más natural y puedes empezar a notar una mejora en tu autoestima y tu felicidad.

Por consiguiente, la flexibilidad mental te permite desarrollar nuevas formas de pensar y comportarte que son más beneficiosas para tu bienestar emocional.

Lo que cambia una buena narrativa

Mariano Sigman, neurocientífico, sostiene que los seres humanos mantienen la capacidad de aprendizaje durante toda su vida, al igual que un bebé. Sin embargo, la diferencia entre ellos radica en la motivación para aprender algo nuevo. Sigman señala que esta **motivación** tiende a disminuir con el paso del tiempo. A medida que envejecemos, construimos creencias erróneas sobre nosotros mismos y terminamos convirtiéndolas en inamovibles, lo que puede limitar nuestro aprendizaje.

Las narrativas se crean en los lados prefrontales del cerebro y las generamos sin saber que el impacto que nos provocan es como el de auténticas sentencias: «Yo soy así» o «Yo no puedo».

Un ejemplo de esto podría ser una persona que cree que nunca sabrá tocar un instrumento musical a pesar de que su capacidad para aprender sigue intacta. Del mismo modo, también hay quien piensa que no pude manejar su frustración o no sabe cómo superar su tristeza. Derribar estas creencias es necesario para enfrentar retos superables en la vida.

Tenemos la **capacidad de transformar** nuestra existencia mental y emocional, incluso en aspectos que parecen estar firmemente arraigados en nosotros. Pero para lograr esa transformación, como ya hemos comentado anteriormente, no es suficiente con desearla. Es necesario aprender a tomar decisiones acertadas en áreas en las que normalmente actuamos en modo automático. Por ejemplo, si solemos hacer **juicios «rápidos»** sobre las personas, tanto si nos parecen confiables como si las vemos divertidas o estúpidas, también emitimos consideraciones precipitadas sobre nosotros mismos. Esta manera de funcionar es como un hábito de nuestra mente, y el reto que tenemos por delante es cambiar ese hábito. Mariano Sigman, en su libro *El poder de las palabras*, propone modificar esa costumbre desde las buenas conversaciones.

Aprender a conversar con nosotros mismos es clave en el proceso de cambio. Pongamos un ejemplo sobre cómo puede afectarnos la manera en que nos dirigimos a nosotros mismos. Consideremos por ejemplo el caso de dos mujeres que necesitan un coche para ir a trabajar, ya que su lugar de trabajo está lejos de sus domicilios y no tienen otra forma de llegar. Un día ambas tienen el

mismo accidente de tráfico porque estaban distraídas con su teléfono móvil. Como resultado, sus coches quedan totalmente destrozados y ellas sufren algunos rasguños, pero sobreviven.

Una de las mujeres, a raíz del accidente, decide que no volverá a conducir, lo que conlleva la pérdida de su trabajo. Sin embargo, sí que sigue utilizando su teléfono móvil. La otra mujer, en cambio, decide continuar conduciendo y no pierde su trabajo. También sigue utilizando su teléfono móvil, pero no mientras conduce.

¿Por qué una decide dejar de conducir por completo y la otra no? La respuesta radica en la narrativa, es decir, en cómo cada una **interpreta** lo sucedido. La primera mujer se dice a sí misma: «Soy un desastre, soy un peligro, podría haber matado a alguien, no voy a conducir nunca más». Y la segunda mujer piensa: «Menos mal que tengo experiencia y he sabido mantener la calma. Casi me mato. Gracias a Dios estoy viva. Esto no me volverá a pasar porque no voy a usar el teléfono móvil mientras conduzco».

Es evidente que la respuesta de una de las mujeres no es funcional, ya que va a perder su trabajo y se ha «ordenado» a sí misma no volver a conducir, con todas las implicaciones que esto conlleva. En cierto modo, elige quedarse con el teléfono móvil y renunciar al coche.

La otra mujer, sin embargo, toma una decisión mucho más práctica para su vida diaria. No renuncia ni al coche ni al teléfono móvil, simplemente **aprende de su error** y se «ordena» a sí misma no volver a mirar el móvil mientras conduce. Esta decisión es acertada, ya que no pierde su trabajo. De alguna manera, se ha vuelto más sabia, ha reconocido el peligro y ha obtenido un aprendizaje importante.

¿En qué radica la diferencia? En lo que cada una se ha contado a sí misma sobre lo sucedido, la narrativa que ha surgido de sus mentes. Una ha aprendido la lección, la otra no se ha dado cuenta de la oportunidad que le ofrecía la experiencia para aprender de sus errores.

Las creencias que tenemos sobre nosotros mismos pueden darnos superpoderes o convertirse en nuestra propia kriptonita. Asimismo, las creencias que tenemos sobre el mundo afectan a cómo nos relacionamos con él. Estas creencias pueden abrirnos puertas y ventanas, darnos la oportunidad de ampliar nuestro conocimiento. Sin embargo, también pueden cerrarnos el paso y mantenernos atrapados en la ignorancia.

La palabra como un superpoder

El poeta Manolo Chinato escribía: «Menos mal que con los rifles no se matan las palabras». Qué alivio tan grande es eso, porque nuestras palabras son las que dan forma a nuestras ideas. Esto es de suma importancia, ya que entendemos que nuestras ideas, buenas o malas, no pueden ser destruidas por nada ni nadie externo a nosotros. Nosotros somos los creadores de nuestras creencias.

Esto invita a la reflexión y a hacerse la siguiente pregunta: ¿significa esto que, si utilizamos las palabras correctas y el lenguaje adecuado, podemos cambiar nuestras ideas y creencias para mejorar y vivir mejor? La respuesta es un rotundo sí. Nuestras palabras tienen el **poder de transformar** nuestras vidas para mejor y desgraciadamente también para peor. Este superpoder está en nuestras manos, y somos nosotros los que debemos tomar la decisión de utilizarlo. Nadie más puede hacerlo por nosotros. Es una elección personal y consciente que cada uno de nosotros debe hacer.

Sabemos que es posible llevar a cabo una **transformación interna.** Ya lo dicen los científicos: nuestras ideas y emociones más arraigadas son susceptibles de cambio. Sigman, además, destaca el papel crucial de la conversación como un medio poderoso para inducir esta transformación en nuestra vida.

Sucede que a veces el enemigo se filtra dentro y no utiliza rifles, sino que su estrategia de destrucción consiste en introducir creencias negativas sobre nosotros mismos.

Francine Shapiro, la creadora del abordaje EMDR, descubrió que las cogniciones negativas son percepciones o creencias negativas sobre uno mismo, los demás y el mundo, y se forman después de un evento traumático. Esta psicóloga estadounidense desarrolló el proceso adaptativo de la información (PAI), un modelo que explica que la base de la patología clínica radica en los recuerdos almacenados de modo disfuncional. Esas cogniciones negativas aparecen cuando un acontecimiento impacta de manera emocional y no se puede procesar como el resto de información. Ejemplos comunes de estas cogniciones incluyen creencias como las siguientes: «Soy totalmente incompetente», «Nadie confía en mí» y «Ningún lugar es seguro». Estas cogniciones a menudo se reflejan en reacciones emocionales comunes al trauma, como la vergüenza y la culpa.

Lo que hace excepcional el abordaje de Shapiro es que se apoya en un principio que consiste en la existencia de un **sistema innato** en todas las personas fisiológicamente orientado a elaborar las informaciones con el objetivo de la **autocuración.** Es decir, nuestro sistema nervioso está dotado de un mecanismo de autosanación.

A menudo, de manera inconsciente, **nos saboteamos** a nosotros mismos con palabras y pensamientos negativos, lo que provoca estados de desesperanza, desilusión, tristeza, angustia y miedo. Sin embargo, este patrón puede cambiar si conscientemente nos hablamos con cariño y nos decimos palabras de ánimo.

Por ejemplo, hay individuos que se critican duramente cuando cometen un error y se dicen a sí mismos: «Soy un imbécil, no puedo hacer nada bien». En cambio, pueden ser muy alentadores con las personas a las que quieren, como su mejor amigo o su hermana, a quienes les dicen: «Tú vales», «Verás cómo la próxima vez te saldrá mejor», etc.

Por lo tanto, te invito a que, desde este mismo momento, te trates a ti mismo con la misma tolerancia, cariño y ternura con la que tratarías a un ser querido. Esto implica volcar todas las buenas intenciones, conectar con nuestras emociones y evitar juzgarnos a nosotros mismos. De esta manera, podemos cambiar la narrativa interna y fomentar una actitud más positiva y saludable hacia nosotros mismos.

Aprendiendo a pensar

Para motivarnos a hacer frente a los nuevos retos nos puede servir tener presente que, aunque nuestro cerebro tiene una tendencia natural hacia el sesgo de negatividad, con el tiempo también somos capaces de aprender y cambiar nuestras respuestas.

Nos guste o no, es necesario **detectar riesgos** en nuestra vida cotidiana para prepararnos y desarrollar mecanismos de acción adecuados para adaptarnos a lo que nos llega.

El secreto radica en **encontrar un equilibrio.** No debemos vivir con la mirada puesta únicamente en el miedo, en lo que podría o no podría suceder. Lo ideal es cultivar un poco más esa atención que también se centra en lo positivo y disfrutar de ello. Es importante identificar pensamientos que no son útiles y no dejarnos arrastrar por ellos, sino transformarlos en ideas más saludables.

Para empezar, tendremos que aprender a diferenciar entre hechos y creencias. Un **hecho** es una afirmación que puede ser probada objetivamente, es decir, es verdadera independientemente de lo que las personas piensen o sientan al respecto. Los hechos son observables y verificables. Por ejemplo, que el agua hierve a 100 °C al nivel del mar es un hecho porque puede ser comprobado mediante experimentación.

Una **creencia,** por su parte, es una afirmación que se sostiene como verdadera desde la base de la fe, la confianza o la percepción personal, pero no necesariamente puede ser probada de forma objetiva. Las creencias pueden variar de persona a persona y estar influenciadas por factores culturales, personales o emocionales. Por ejemplo, que el chocolate es el mejor postre del mundo es una creencia, ya que se trata de una opinión subjetiva que puede variar de una persona a otra.

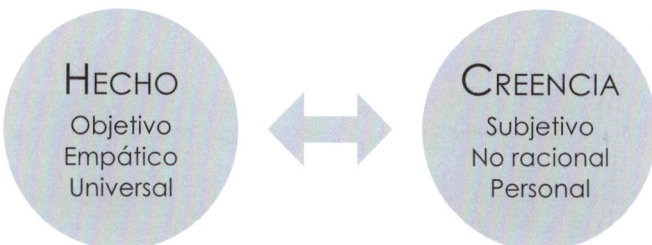

HECHO
Objetivo
Empático
Universal

CREENCIA
Subjetivo
No racional
Personal

Es importante notar que mientras los hechos son universales y no cambian con las opiniones personales, las creencias pueden ser desafiadas y cambiar con nuevas experiencias o información.

Las creencias limitantes

Las creencias limitantes suelen surgir en la infancia y se desarrollan y adaptan a lo largo de nuestra vida en **respuesta a las experiencias** que vivimos. Es posible que una experiencia negativa del pasado sea la raíz de tus miedos actuales o que simplemente tengas miedo de lo desconocido. Estas creencias limitantes pueden obstaculizar la formación de nuevas creencias más positivas.

Es muy beneficioso entender el origen de tus creencias limitantes, ya que esto te permite comprender el proceso mental subyacente y comenzar a controlarlo. Saber por qué crees que no se te da bien algo, por ejemplo, te ayuda a enontrar la raíz del problema y a ver las cosas de otra manera.

Además de los ejercicios que se proponen a continuación en las prácticas del capítulo, también hay una serie de recomendaciones que sirven para mejorar nuestra flexibilidad mental.

Te recomendaría considerar la lectura como un ejercicio para la mente, similar al del ejercicio físico que beneficia al cuerpo. Al leer, enriquecemos nuestro vocabulario, lo que facilita nuestra comunicación con los demás y con nosotros mismos, nos ayuda a poner palabras a los sentimientos.

Además, te animaría a escucharte a ti mismo y a los demás no solo con los sentidos, sino también con sentimientos y compasión. Utiliza todo lo positivo para establecer una conexión más profunda con los demás y contigo mismo.

- **Mantén una mente abierta y presta atención a tus pensamientos.** Aplica un enfoque creativo para resolver problemas cotidianos y trata de ver las cosas desde diferentes ángulos. No te límites a una sola opción.

- **Actúa con intención y proactividad.** Cuestiona las cosas y atrévete a actuar. En lugar de simplemente reaccionar a las situaciones, prepárate para ellas y considera todas las opciones posibles.

- **Participa en debates.** Ello te servirá para exponerte a diferentes puntos de vista y abrir tu mente a nuevas ideas.

- **Rompe la rutina siempre que puedas.** Haz algo nuevo cada día: aprende un idioma, inscríbete en un curso… Mantén viva tu curiosidad por aprender.

- **Fomenta tu creatividad.** Intenta pensar más allá de lo convencional y dedica tiempo a imaginar nuevas formas de ver las cosas.

- **Mantén un estilo de vida activo**. El ejercicio físico ayuda a oxigenar el cerebro y libera neuroquímicos beneficiosos, como las endorfinas y la serotonina, lo que favorece la flexibilidad cognitiva.

- **Reconoce cualquier actitud que pueda indicar rigidez cognitiva.** Todos podemos ser mentalmente rígidos en algún momento. Por ejemplo, cuando insistimos en que algo debe hacerse de una manera específica y consideramos que cualquier otra forma está mal.

PRÁCTICAS

EJERCICIOS PARA CREER EN TI MISMO

EJERCICIO PRÁCTICO. IDENTIFICACIÓN DE CREENCIAS LIMITANTES
Objetivo: identificar y reconocer tus creencias limitantes.

Instrucciones:

- Reflexiona durante un momento sobre tus **pensamientos recurrentes** a lo largo del día. Anota en tu libreta si la mayoría de ellos te conectan con el miedo, con los límites o con la esperanza y la voluntad.

- Piensa en una **oportunidad** que se te haya presentado recientemente. ¿Qué fue lo primero que vino a tu mente? Anota tus pensamientos iniciales.

- Reflexiona sobre **cómo te sientes** por dentro cuando estás cerca de alcanzar un objetivo. ¿Sientes emoción, miedo, ansiedad? Anota tus sentimientos.

- **Considera tu entorno.** ¿Te apoya o frustra en la consecución de tus metas y sueños? Anota ejemplos específicos.

Una vez que hayas respondido a estas preguntas, revisa tus respuestas. ¿Ves algún patrón de pensamiento limitante? ¿Hay alguna creencia que te esté frenando? Identificar estas creencias es el primer paso para superarlas.

EJERCICIO PRÁCTICO. NOS ENFRENTAMOS A NUESTROS MIEDOS
Es importante que, para conseguir hacer cambios, identifiquemos nuestros miedos y los desafiemos. Esto tiene un efecto profundamente transformador porque nos permite cambiar nuestra perspectiva frente a los miedos

que nos limitan. Primero se debe aprender a reconocer nuestros miedos, esos pensamientos ansiosos que a menudo se disfrazan de realidades ineludibles. La clave está en darse cuenta de que son simplemente creencias que hemos construido en nuestra mente, no hechos concretos. Sigue las instrucciones siguientes:

1. **Diario de miedos:** durante una semana, lleva un diario donde anotes cada vez que sientas miedo o ansiedad. Escribe qué estabas haciendo, pensando o sintiendo en ese momento. Esto te ayudará a identificar tus temores.

2. **Desafío de realidad:** una vez que hayas identificado un miedo, pregúntate a ti mismo: ¿hay alguna evidencia real que respalde este miedo? ¿Es un hecho o una creencia? Anota tus respuestas.

3. **Reevaluación positiva:** después de desafiar la validez de tus miedos, intenta reevaluar la situación de una manera más positiva. Por ejemplo, si tienes miedo de hablar en público porque crees que la gente se burlará de ti, podrías reevaluarlo pensando: «La gente está aquí para escuchar lo que tengo que decir, no para juzgarme».

4. **Exposición gradual:** elige uno de tus miedos y proponte enfrentarlo de manera gradual. Por ejemplo, si tienes miedo a las alturas, podrías empezar por subir a un lugar un poco alto, luego a uno más alto, y así sucesivamente hasta que te sientas cómodo en espacios elevados.

5. **Meditación y relajación:** practica técnicas de relajación y meditación para ayudarte a manejar la ansiedad que pueden provocar tus miedos. Pueden ayudarte a mantener la calma y a pensar con más claridad cuando te enfrentes a esos temores.

Recuerda, estos ejercicios pueden ser desafiantes y es normal sentirse incómodo al principio. Sin embargo, con la práctica y la paciencia, puedes aprender a manejar tus miedos de manera más efectiva. Si en algún momento te sientes abrumado, no dudes en buscar el apoyo de un profesional de la salud mental.

EJERCICIO PRÁCTICO. IDENTIFICA TU PROGRAMACIÓN

El ejercicio «Identifica tu programación» se basa en la idea de que no es posible cambiar nuestro pasado, pero podemos aprender a aceptarlo y entender cómo ha influido en nuestra forma de pensar y actuar en el presente. Sigue las instrucciones que te propongo a continuación:

1. **Recuerda un evento significativo:** piensa en un evento de tu infancia que haya sido emocionalmente difícil para ti. Puede ser cualquier cosa que te haya marcado de alguna manera. Una vez que lo tengas en mente, escribe sobre él en tu libreta destinada a los ejercicios. Descríbelo con todo detalle, cómo te sentiste, qué pensaste, cómo reaccionaste.

2. **Identificación de la programación:** ahora reflexiona sobre cómo este evento ha influido en tu forma de pensar y actuar. ¿Qué conclusiones sacaste sobre cómo funciona el mundo a raíz de este evento? ¿Qué creencias formaste sobre ti mismo? ¿Formulaste alguna regla de vida basada en esta experiencia? Escribe todas las conclusiones, creencias y reglas que puedas identificar.

3. **Repetición del ejercicio:** repite los pasos 1 y 2 con al menos un evento más de tu vida. Esto te ayudará a identificar patrones y a entender cómo diferentes eventos han contribuido a tu programación actual.

4. **Reflexión y discusión:** revisa lo que has escrito y reflexiona sobre ello. ¿Ves algún patrón? ¿Hay alguna creencia o regla que te esté limitando en el presente? ¿Cómo podrías cambiarla? Anota tus reflexiones para volver sobre ellas cuando lo necesites.

Por ejemplo, si de niño tu madre te decía que eras malo cuando te enfadabas, es posible que hayas desarrollado la creencia de que la ira es mala y que te hace ser una mala persona. Esta creencia puede estar influyendo en cómo manejas la ira en el presente, quizá evitándola o reprimiéndola. Al identificar esta creencia, puedes empezar a cuestionarla y a desarrollar una relación más saludable con tus emociones.

EJERCICIO PRÁCTICO. LAS REGLAS DEL JUEGO

El ejercicio «Las reglas del juego» te invita a reflexionar sobre las reglas o creencias fundamentales que guían tu vida. Aunque estas reglas pueden parecer absolutas, en realidad son interpretaciones subjetivas que hemos adoptado a lo largo de nuestra existencia. Sigue las instrucciones:

1. **Reglas sobre las relaciones con los demás:** reflexiona sobre las creencias que tienes acerca de cómo deberían ser tus relaciones con los

demás. ¿Qué papel tienen en ellas la confianza, la lealtad y la competencia? ¿Hay algún refrán, dicho o expresión que suelas usar como guía en tus relaciones? Por ejemplo, puede que creas en la regla que dice así: «Trata a los demás como te gustaría ser tratado».

2. **Reglas sobre sentirse mal:** piensa en las creencias que tienes acerca de experimentar emociones negativas. ¿Cómo sueles reaccionar cuando te sientes mal? ¿Hay alguna regla que sigas en estos casos? Por ejemplo, puede que creas lo siguiente: «Lo que no te mata te hace más fuerte».

3. **Reglas sobre superar obstáculos en la vida:** reflexiona sobre tus creencias acerca de cómo enfrentar y superar los desafíos en la vida. ¿Hay alguna regla que sigas cuando te enfrentas a un obstáculo? Por ejemplo, puede que creas: «Donde hay voluntad, hay un camino».

4. **Reglas sobre la «justicia» en la vida:** piensa en las creencias que tienes sobre lo que es justo e injusto en la vida. ¿Hay alguna regla que sigas en relación con la justicia? Por ejemplo, puede que pienses: «Cada uno recoge lo que siembra».

5. **Reglas sobre tu relación contigo mismo:** reflexiona sobre tus creencias en torno a cómo deberías tratarte a ti mismo. ¿Hay alguna regla que sigas? Por ejemplo, puede que pienses que debes ser tu crítico más duro.

Una vez que hayas identificado tus reglas en cada una de estas áreas, reflexiona sobre cómo influyen en tu vida. ¿Te ayudan a tener la vida que quieres? ¿O te limitan de alguna manera? Recuerda, estas reglas no son verdades absolutas, son interpretaciones que puedes cuestionar y cambiar si no te sirven.

EJERCICIO PRÁCTICO. LA AUTOCRÍTICA

Para hacer este ejercicio, dibuja en un papel una tabla parecida a la que te sugiero a continuación. En una columna pondrás como título «Crítica negativa» y debajo, una serie de preguntas para responder: ¿quién te hizo una crítica? ¿Qué te dijo? ¿Con qué tono acompañó la crítica? ¿Qué emociones sentiste? ¿Qué sentimientos te provocó? ¿Te motivó para aprender? ¿Aprendiste? En el encabezamiento de la otra columna escribirás «Crítica positiva» y debajo repetirás las cuestiones de la primera columna.

CRÍTICA NEGATIVA	CRÍTICA POSITIVA
¿Quién te hizo una crítica? El profesor de 6.º de Primaria.	**¿Quién te hizo una crítica?** Mi última jefa.
¿Qué te dijo? «No vas a llegar nunca a nada», «No haces nada bien».	**¿Qué te dijo?** «Lo puedes hacer mejor, siempre lo consigues hacer bien».
¿Con qué tono acompañó la crítica? Tono alto, enfadado, con desprecio.	**¿Con qué tono acompañó la crítica?** Amable, cariñoso.
¿Qué emociones sentiste? Rabia, tristeza.	**¿Qué emociones sentiste?** Sorpresa.
¿Qué sentimientos te provocó? Frustración.	**¿Qué sentimientos te provocó?** Alivio, una especie de alegría.
¿Te motivó para aprender? No.	**¿Te motivó para aprender?** Sí.
¿Aprendiste? No.	**¿Aprendiste?** Sí.

Este ejercicio da pistas sobre lo que suele suceder cuando recibimos críticas externas que van acompañadas de un determinado tono de voz. Dependiendo de si la crítica es negativa o positiva, nuestras emociones, sentimientos y motivaciones serán en consecuencia de una manera u otra. Ahora vamos a ir un poquito más lejos, volvemos a los enunciados de la tabla, pero vamos a sustituir la palabra «crítica» por «autocrítica».

Te invito a que recuerdes alguna circunstancia reciente en la que las cosas no salieron como esperabas y reflexiones sobre lo ocurrido. Plantéate las siguientes preguntas:

1. ¿Qué te dijiste a ti mismo después de lo sucedido?
2. ¿Con qué tono te hablaste a ti mismo? ¿Fue amable, crítico, neutral?
3. ¿Qué emociones experimentaste? ¿Frustración, tristeza, ira?
4. ¿Cómo te sentiste después de escucharte a ti mismo? ¿Motivado para aprender y crecer, o más bien derrotado?
5. ¿Esta experiencia te motivó para aprender y mejorar?

Estas preguntas te ayudarán a identificar cómo te hablas a ti mismo y qué sucede cuando te tratas bien o mal. Saca tus propias conclusiones.

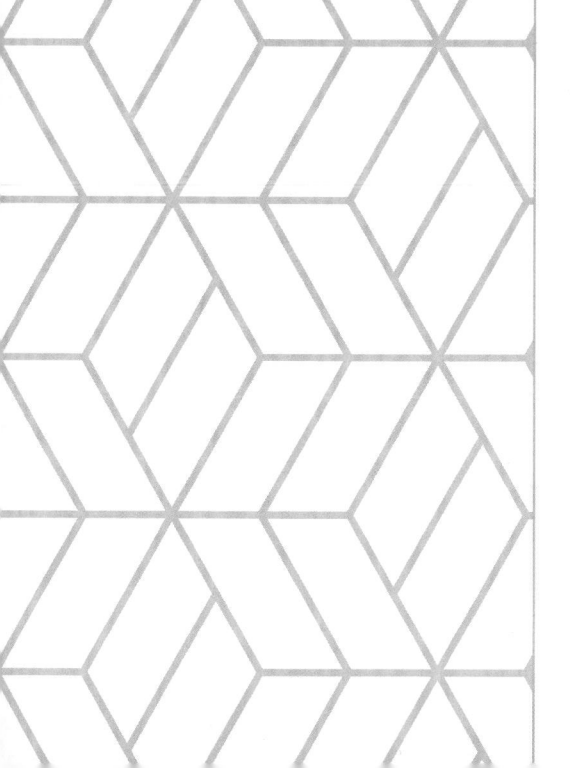

PARTE 3

CAMINANDO HACIA LA AUTONOMÍA

MOMENTO PRESENTE
CON ATENCIÓN PLENA

Cualquier vida, no importa lo compleja que sea, está hecha de un solo momento. El momento que un hombre descubre, de una vez y para siempre, quién es.
Jorge Luis Borges

La atención plena *(mindfulness)*

El *mindfulness*, o la práctica de la atención plena, tiene raíces que se remontan a hace siglos y se han arraigado en diversas tradiciones y culturas alrededor del mundo. Aunque parece algo actual, en realidad su origen se encuentra en las enseñanzas de Buda, hace más de 2 500 años en la antigua India. La palabra *mindfulness* es más reciente y su popularización en Occidente ocurrió en la década de 1970 gracias, por una parte, entre otros, al trabajo del estadounidense Jon Kabat-Zinn, que fue uno de sus principales impulsores, y por otra, al monje budista vietnamita Thich Nhat Hanh.

Jon Kabat-Zinn es un médico que estudió meditación budista en la India durante los años sesenta. Al regresar a Estados Unidos, fundó un programa de reducción del estrés basado en las técnicas de la meditación budista, al que llamó *mindfulness*. Los resultados positivos de este enfoque atrajeron la atención de otros científicos, quienes comenzaron a investigar y estudiar el *mindfulness*.

Thich Nhat Hanh, líder espiritual global, poeta y activista por la paz, es conocido por sus profundas enseñanzas y sus populares libros sobre la paz y la práctica de la **plena conciencia**. Exiliado de Vietnam durante casi 40 años, estudió en Estados Unidos y en Francia. En este último país fundó un lugar de meditación, Plum Village, y estuvo enseñando y escribiendo sobre el arte de vivir despiertos y en paz. Thich Nhat-Hanh fue uno de los primeros maestros en llevar las enseñanzas del budismo y la plena conciencia a Occidente.

Este monje budista, en el libro *The miracle of being awake* (1976), utilizó el término **mindfulness** como una fórmula para traducir al inglés de la palabra pali *sati* (el pali es una lengua indoeuropea que se hablaba en la región donde surgió el budismo, el actual Nepal, y es con la que Buda transmitió sus enseñanzas). Actualmente, *mindfulness* se traduce como **atención plena** o **conciencia plena**, que es la actividad constante de observar intencionalmente. Esto implica mantener **una atención lúcida y ecuánime**, dejar la conciencia desnuda e imparcial, sin evitar las ideas ni rechazarlas. No intentamos suprimirlas ni controlarlas, sino que nos centramos en dirigir nuestra atención.

El significado primario de *sati* es '**recordar**' o '**no olvidar**'. En la práctica, se refiere a mantener la atención en el objeto de meditación y recuperarla cuando nos distraemos. **Recordamos volver diligentemente a esta atención cada vez que nos distraemos**. Además de ser una consciencia no conceptual, *sati* también implica una metaatención, vigilando si nuestra atención está en el objeto de meditación. La práctica de la atención plena desarrolla una consciencia serena, lúcida y ecuánime con comprensión clara de lo que ocurre. De esta manera se observan todos los fenómenos en el campo de la consciencia con una **atención pura y sostenida**.

La **atención plena** se ha definido de diversas maneras. Según Kabat-Zinn (2003), es el proceso de observar conscientemente el cuerpo y la mente, permitiendo que nuestras experiencias se desplieguen momento a momento y **aceptándolas** tal como son. Esta observación no implica rechazar ideas ni intentar controlarlas; solo se centra en la dirección de nuestra atención. La atención plena no busca ir a ningún lugar especial ni experimentar algo extraordinario; más bien, nos permite estar plenamente **presentes** en nuestras propias experiencias, momento tras momento. Sencillamente, se trataría de prestar atención intencional al momento presente **sin juzgar**.

Thich Nhat Hanh habla en *The miracle of being awake* sobre la práctica de la atención mental en el **budismo zen,** enseñada por el maestro Doc The. Cuenta que la práctica implica ser consciente de cada acción y pensamiento en la vida cotidiana, ya sea caminando, sentado, comiendo, trabajando, etc. El propósito es **mantener una conciencia constante y directa del cuerpo, la respiración, los movimientos, los pensamientos y los sentimientos.** Aunque puede parecer desafiante equilibrar esta práctica con las responsabilidades diarias, se sugiere que considerar el tiempo dedicado a otros como propio puede ayudar a crear **tiempo ilimitado.** La atención mental se presenta como una forma de experimentar la alegría y la maravilla en cada momento de la vida.

La atención plena es, en esencia, un **estado de conciencia.** Aunque la capacidad de estar consciente y prestar atención a los eventos y experiencias actuales son aspectos inherentes al ser humano, estas características pueden fluctuar significativamente. Pueden oscilar desde estados de alta claridad y sensibilidad hasta estados más bajos, como el pensamiento o la acción rutinarios, automáticos o sin sentido. Esto indica que los individuos pueden variar en la frecuencia con la que ejercen la atención y la conciencia debido a su capacidad, disciplina o predisposición inherentes.

Es cierto que los seres humanos operamos como si nos guiara un **piloto automático,** sin ser conscientes de la experiencia del momento a momento. Sin embargo, tenemos la capacidad de desarrollar gradualmente la habilidad de mantener la atención en el cuerpo, las sensaciones y los procesos mentales. La conciencia de la experiencia en el momento presente puede enriquecer nuestra vida y darle un sentido más vital, especialmente cuando la vivimos de manera más intensa porque la atención plena reemplaza a la reactividad inconsciente.

Por tanto, la conciencia de la atención plena (*mindfulness*) se define como prestar atención, deliberadamente, en el momento presente, **sin en-**

juiciamientos. Esto es fundamental para experimentar el momento presente, que es el único que tenemos **para percibir, aprender, crecer o cambiar.**

Apenas somos conscientes

Hasta el momento hemos aprendido algo más sobre nuestra propia naturaleza y funcionamiento. Vamos a hacer un pequeño repaso, a modo de resumen, sirviéndonos de la misma metáfora que utiliza el místico Anthony de Mello para explicar que la mente opera según un «programa» preestablecido, que funciona con una serie de **suposiciones** sobre cómo debería ser el mundo, cómo deberías ser tú y qué deberías desear.

Esto es así porque ya desde nuestros principios el niño es un ser eminentemente programable. A medida que interactúa con su entorno significativo, ya sea en la familia, la escuela o al entrar en contacto con la cultura, la sociedad, la religión y los medios de comunicación, va construyendo un impresionante **almacén de creencias y mensajes internos.** Algunos son saludables, mientras que otros pueden ser perjudiciales. Estas creencias y mensajes programan sus respuestas ante diversas situaciones y personas a lo largo de su vida. A menudo, esta programación es tan intensa y está tan bien grabada en su mente que no se da cuenta de que está siendo dirigido por ella.

Como todos los seres humanos, a lo largo del tiempo tú también has adquirido tu propia programación. Sin embargo, este «programa» no es de tu autoría. Tus deseos, necesidades, valores, gustos y actitudes han sido moldeados por tus padres, sociedad, cultura, religión y experiencias pasadas. Este «programa» te acompaña a todas partes, independientemente de tu edad o destino, y funciona en cada momento del día, insistiendo en que sus demandas deben ser satisfechas por la vida, las personas y tú mismo. Si se cumplen estas demandas, el «programa» te permitirá vivir en paz y felicidad. De lo contrario, generará emociones negativas que te causarán sufrimiento.

Por ejemplo, cuando no cumples con **las expectativas de tu «programa»,** te atormenta con frustración, ira y amargura. O cuando las cosas están fuera de tu control o el futuro es incierto, tu «programa» insiste en que experimentes ansiedad, tensión y preocupación. Entonces, gastas mucha energía enfrentando estas emociones negativas y, a menudo, aún más energía tratando de cambiar el mundo a tu alrededor para satisfacer las demandas de tu «programa». Todo ello conduce a una paz precaria, ya que cualquier pequeño contratiempo (un tren retrasado, un grabador que no funciona, una carta que no llega) puede desencadenar preocupación nuevamente.

Por lo tanto, vives una existencia desafiante, siempre a merced de las cosas y las personas, tratando desesperadamente de que se ajusten a las demandas de tu «programa» para poder disfrutar de la única paz que conoces: un respiro temporal de tus **emociones negativas,** cortesía de tu «programa».

¿Hay una solución a esto? Por supuesto que sí. Es posible que no puedas cambiar tu «programa» de inmediato o quizá nunca lo consigas. Hay enfoques, como la **terapia de aceptación y compromiso,** que proponen no evitar la experiencia, aunque resulte desagradable, que es lo que normalmente se trata de esquivar. Por eso, te invito a que experimentes y observes cómo tu «programa» entra en funcionamiento e insiste en que evites dicha situación o trates de modificarla. Si resistes y te niegas a cambiar la situación, observarás que el «programa» se empeña en que experimentes emociones negativas. Se obstina en que sigas considerando esa situación (o persona) desagradable y lo harás hasta que te des cuenta de que no es la situación la que origina las emociones negativas; es tu «programa» el que insiste en que reacciones con emociones negativas.

Verás esto más claramente si comprendes que hay personas que, con un «programa» diferente, reaccionan con calma e incluso con alegría frente a la misma situación. Así que es importante no detenerse hasta comprender esta realidad: la única razón por la que no reaccionamos de la misma manera es porque nuestro «programa» insiste obstinadamente en que la realidad debe modificarse para ajustarse a sus demandas. Observar todo esto desde una **perspectiva externa** te puede proporcionar un increíble cambio.

Albert Ellis, uno de los psicólogos pioneros en el campo del cognitivismo, desarrolló la **terapia racional emotiva conductual (TREC)** en 1962. Esta terapia se centra en desafiar las creencias irracionales que contribuyen a las miserias emocionales del ser humano. Ellis identificó creencias fundamentales responsables del 90 % de nuestro sufrimiento. Vamos a englobarlas en tres:

1. **Creencia del «debo»:** implica pensar que debemos ser amados y apreciados por todos, actuar de manera ejemplar y tener éxito en todo lo que intentamos. Si no cumplimos con estas expectativas, nos sentimos terriblemente mal.

2. Creencia del «tú debes»: esta creencia nos lleva a esperar que los demás se comporten amable y justamente con nosotros. Si no lo hacen, los juzgamos como malas personas y la situación para nosotros se torna insatisfactoria. Por esa razón muchas veces no aceptamos a los otros e intentamos cambiar su conducta.

3. Creencia de que la vida debe facilitarnos todo: pensamos que la vida debería proporcionarnos todo lo que deseamos sin hacer ningún esfuerzo ni sentir ninguna incomodidad. Si no es así, consideramos que la vida no merece la pena. Esta creencia es la responsablde de que muchas personas se sientan desgraciadas y no encuentren salida.

A través de la TREC, Ellis buscó desafiar estas creencias irracionales y reemplazarlas por pensamientos más realistas y funcionales que nos permitan vivir de manera más plena y sabia.

Por tanto, es posible **desprogramarse, desaprender** lo aprendido y enfrentar valientemente los mensajes disfuncionales y las creencias falsas. Al hacerlo, se abre la posibilidad de sustituirlas por otras más realistas y funcionales, lo que te permite disfrutar plenamente de la vida.

Darte cuenta de los automatismos que implica estar a merced del «programa» es un gran paso para realizar el cambio que necesitas y acercarte a otro modo de pensar.

Una vez que hayas comprendido esto y, en consecuencia, tu «programa» deje de generar emociones negativas, puedes emprender cualquier acción que consideres conveniente. Por ejemplo, puedes evitar la situación o a la persona en cuestión, puedes intentar cambiarla o puedes aceptarla tal como es. La elección es tuya.

En resumidas cuentas, la base del cambio se sostiene en la práctica de **observar y prestar atención** a cómo reaccionamos ante los eventos externos e internos. Tomar conciencia de todo ello nos permite detener los automatismos que no son funcionales. Al reprogramarnos según nuestros valores e ilusiones, conseguimos disfrutar de nuestra experiencia como seres humanos. El resultado es no vivir enganchados a lo que nos hace sufrir, sino llenar nuestra vida de plenitud.

Entrenar el foco de atención para domesticar la mente

Entrenar nuestro foco de atención es fundamental para dirigir nuestra mente hacia lo que realmente nos beneficia. Al hacerlo, podemos alejarla de las amenazas anticipatorias y de situaciones que aún no han ocurrido, pero a las que nuestro cuerpo reacciona como si ya estuviéramos enfrentándonos a ellas. Esto puede hacernos sentir incapaces de abordar esas situaciones y llevarnos a un estado de colapso emocional. Sin embargo, es importante recordar que el **futuro es incierto** y no está presente en este momento. Cultivar la atención plena nos ayuda a estar en el presente y a no reaccionar excesivamente ante un futuro que aún no existe.

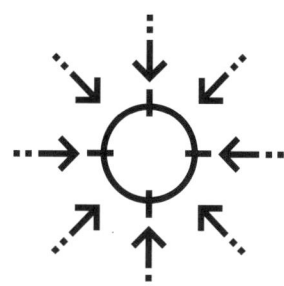

Si queremos domesticar la mente, deberíamos antes detenernos a entender algunos aspectos clave que nos van a facilitar el trabajo, pues comprenderla es fundamental para saber llevarla a nuestro terreno y sacar el mayor provecho posible. Podemos interactuar con la mente acercándonos a ella por lo que es y para qué sirve.

Vamos a ver a continuación algunas **técnicas dirigidas a prestar atención** para identificar las características y funcionalidad de la mente.

En primer lugar, la mente posee unas **características formales.** Por ejemplo, tiene **volumen.** Haz la prueba: escucha un momento a alguien hablar en la radio o en la televisión y puntúa el volumen de la voz de esa persona como 5; inmediatamente escucha tu mente y puntúala. La mente también tiene **timbre.** Por ejemplo, comprueba si el sonido de tu mente es más brillante que el de la voz de las personas que escuchas. Asimismo, la mente tiene **intensidad.** Te invito a que observes si tu mente está más alta que la voz de las personas que tienes alrededor. Por último, la mente tiene **velocidad**, y puede ser más rápida o más lenta que lo que escuchas decir a los otros.

Te propongo que intentes poner eco a tu mente y el timbre de otra persona. Sucede a veces que nos confundimos con ella, pero somos dos cosas distintas: aunque es parte de nosotros, la escuchamos cuando le **prestamos atención.**

Igualmente tiene unas **características de funcionamiento,** entre ellas, que no tiene botón de apagado, siempre está generando pensamientos, lo hace de forma automática, así como el corazón no para de bombear sangre; tiene distintos humores, no hace falta que se la provoque para pensar, ya lo hace ella por sí misma; es histórica, es decir, no podemos borrar lo que hay en ella (aunque existe el olvido), pero sí podemos introducirle nuevos contenidos.

Ahora vamos a ver **para qué sirve.** Nuestra mente es una herramienta que puede funcionar de maravilla, pero es verdad que nadie nos enseña a manejarla.

Hemos visto que tiene una tendencia innata de adherirse a lo negativo para mantenernos a salvo. De alguna manera parece ser que está diseñada para nuestra **supervivencia.** Lo cierto es que nos mantiene a salvo, porque no está hecha para pensar en positivo, sino para afrontar retos. De ahí que a menudo tendamos a abordar todo en la vida como si fueran problemas que hay que resolver. Esta actitud de **resolución de problemas** puede ser útil en ciertos contextos, como cuando debemos solucionar cuestiones matemáticas. Sin embargo, hay momentos en la vida que no se pueden tratar como problemas que se deben resolver.

Por ejemplo, si estoy disfrutando de un concierto de música clásica y me encuentro pensando en lo que debería hacer o lo que tengo que hacer después, estoy perdiendo contacto con la experiencia presente. La mayor parte de la vida consiste en experiencias, situaciones que simplemente debemos experimentar y estar presentes en ellas.

La mente busca soluciones, detecta peligros, tiende a resolver para evitar la incertidumbre, necesita dar sentido, y gracias a que describe y evalúa aquello que es bueno o malo, juzga y nos permite lidiar con el mundo, nos posibilita anticipar, resolver y analizar. Gracias a todos estos procesos nos ofrece soluciones.

Pero es importante saber cuándo hemos de estar en un modo de resolución de problemas y cuándo simplemente debemos estar contemplando y experimentando el momento. Las experiencias se aprecian mejor cuando las vivimos como tales y no como problemas que esperan resolución. Al hacerlo, nuestras experiencias se vuelven más ricas y significativas.

La mente se rige por unas cuantas reglas, y entre ellas destaca que siempre está metida en algo, **no tiene botón de apagado, ni puede borrar la información.** Entonces, ¿qué hacemos?, ¿qué podemos hacer para no dejarla irse por derroteros que no proporcionan un estado emocional agradable?

Aprender a manejar nuestra mente, que es una de las herramientas más poderosas que tenemos. Es crucial utilizarla de manera efectiva para sacarle el máximo provecho. Un ejemplo ilustrativo: cuando somos conscientes de nuestros pensamientos, estos pierden parte de su poder sobre nosotros. La mente puede darnos ideas, decirnos lo que quiera, pero no puede obligarnos. Sin embargo, sí puede influenciarnos. Es interesante notar que estamos bajo su influjo constante. A veces, intenta engancharnos utilizando anzuelos, como amenazas, frases históricas o promesas, y nos puede ser útil ser conscientes de esos procesos.

En resumen, la mente está en constante actividad y **no puede ser «desconectada»** porque una de sus funciones clave que es identificar riesgos y amenazas. También tiene la capacidad de «unir» los pensamientos con la realidad, y las valoraciones que realiza pueden llevarnos a perder la conexión con el mundo tal y como es.

Las técnicas que aquí se exponen te permitirán distanciarte de aquellos pensamientos que la mente nos propone y que en ocasiones no son de gran ayuda. Queremos que aprendas a entrenar tu mente para enfocarla a vivir en el presente.

Tomar conciencia

La conciencia es una característica esencial de nuestra experiencia mental que nos posibilita una comprensión de nosotros mismos y del mundo que nos rodea. Nos permite ser conscientes de los eventos y mantenernos vigilantes ante la realidad. Surge de la interacción de numerosos procesos psicológicos. Se fundamenta en una capacidad de **percepción** que recoge información del mundo exterior a través de nuestros sentidos, y también indirectamente mediante los **recuerdos** que tenemos almacenados en nuestra memoria. Cuando los componentes de la conciencia operan correctamente, una persona tiene una percepción y una evaluación claras de sí misma, de los demás y de su entorno, es decir, su conciencia está despierta. Así, por ejemplo, en el campo de la psiquiatría, los términos «lucidez» y «claridad» se utilizan para describir el estado normal de la conciencia.

Aquí se va a abordar la toma de conciencia como un proceso de autorreconocimiento que abarca una amplia gama de aspectos. Esto incluye la comprensión de quién eres, qué estás haciendo, dónde te encuentras actualmente, dónde aspiras estar y qué deseas lograr. El aspecto más crucial de la toma de conciencia es el **reconocimiento de tu propia existencia.** A partir de ese punto de partida puedes reflexionar sobre **cómo te gustaría existir** y qué cambios podrías hacer para alinear tu realidad actual con esta visión ideal.

Vemos que, en la actualidad, nos encontramos constantemente bombardeados por una avalancha de **estímulos** de todo tipo, como la propaganda, la publicidad, las noticias (con toda la carga negativa que acostumbran a mostrar), etc. Además, la mayoría de las personas están tan apegadas a sus teléfonos móviles que estos dispositivos parecen una extensión de su propio cuerpo de los que reciben notificaciones sin cesar.

La **globalización** y las **nuevas tecnologías** nos mantienen en un estado de constante conexión y vigilancia. Nuestra mente busca conectarse con los demás, impulsada por una necesidad de pertenencia que nos incita a formar parte de las redes sociales. Después de milenios de historia, el mundo y el ser humano finalmente se encuentran conectados. Pero parece que avanzamos sin una dirección clara: no hay precedentes para la situación actual.

Actualmente muchos de nosotros, a menudo estamos en un estado de actividad incesante, siempre haciendo algo, constantemente tratando de mantenernos al tanto de lo último, de lo que sucede en todas partes y con todas las personas, siempre conectados a la red que proporciona toda la información que creemos necesitar.

Este persistente ajetreo puede resultar caótico. Existe una tendencia obsesiva a estar **siempre ocupados** y a utilizar nuestro tiempo para ser **productivos.** Como resultado, el sistema cognitivo humano se ve desbordado. Además, esta productividad está orientada hacia objetivos externos, como lograr éxitos que nos permitan alcanzar un determinado estatus o riqueza material.

Realmente le dedicamos tanto tiempo y energía a estar conectados con el mundo exterior que nos acabamos desconectando de nuestro mundo interno. Y así, dejamos de atender otras necesidades que son fundamentales para nuestra felicidad, como dedicar tiempo a nuestros seres queridos y a nosotros mismos, y buscar momentos para el **crecimiento personal.**

No parece haber un momento para detenerse y reflexionar. Este ritmo frenético nos lleva a vivir como autómatas, repitiendo patrones y acciones en cadena sin siquiera darnos cuenta de lo que sucede durante el día.

Es evidente que esta situación nos afecta mucho. Cada vez más personas acuden a las consultas de psicólogos aquejadas de sufrimiento. Por ejemplo, está demostrado que el abuso de las pantallas se vuelve adictivo y se asocia con un impacto negativo en nuestra salud mental al provocar depresión, ansiedad, insomnio, baja autoestima, etc. Al final, este **automatismo** a veces se acompaña de divagaciones, es decir, estamos presentes, pero no completamente conscientes.

Hay investigaciones que señalan que, en este proceso mental de estar en automático, cuando la mente divaga, se aleja de la felicidad, mientras que experimentar el momento presente, lo que vendría a ser apagar el automático, acerca a un estado de felicidad.

Un estudio llevado a cabo por los psicólogos de la Universidad de Harvard Matthew Killingsworth y Daniel Gilbert, cuyos resultados se publicaron en 2010, reveló que las personas tienden a ser menos felices cuando sus mentes divagan, posiblemente debido a que nuestros pensamientos suelen inclinarse hacia la repetición de aspectos negativos o el estrés.

El estudio mostró que las personas a menudo se encuentran reflexionando sobre eventos que no están ocurriendo en su entorno inmediato, ya sean pasados, futuros o hipotéticos. A pesar de que esta capacidad de reflexión es un logro evolutivo que permite aprender, razonar y planificar, lo cierto es que al mismo tiempo puede tener un impacto emocional negativo.

Además, se descubrió que las personas experimentan **mayor felicidad** cuando están en **momentos íntimos, haciendo ejercicio o conversando,** y son menos felices cuando están descansando, trabajando o usando un ordenador en casa. El estudio concluyó que la tendencia a divagar mentalmente es un indicador esencial de la felicidad de una persona. Por lo tanto, si una mente que divaga tiende a ser menos feliz, lo que sugiere es que estar presente en el momento puede mejorar la felicidad.

El maestro de yoga y escritor Ramiro Calle cuenta esta anécdota zen: «Un discípulo pregunta al maestro sobre la verdad y este responde: "La vida de cada día". El discípulo replica: "En la vida de cada día solo se aprecia eso: la vida vulgar y corriente de cada día, pero la verdad no se ve por ningún lado". Y el maestro concluye: "Ahí está la diferencia, en que unos la ven y otros no"».

Esta anécdota ilustra de manera evidente la distinción entre dejarnos arrastrar por la rutina cotidiana y convertirnos en esclavos de la prisa. A veces, actuamos como si el tiempo fuera un recurso para consumir sin detenernos a experimentar nuestra propia presencia humana en la vida. En realidad, al vivir de esta manera, nos estamos perdiendo la riqueza y diversidad del sentido de la vida. Quizá porque la atención no está puesta en lo importante del momento que estás viviendo, en el aquí y ahora.

Cuando permites que **tu mente te lleve al pasado o al futuro** de manera incorrecta, puedes sufrir consecuencias perjudiciales para tu salud mental. Eso no significa que no puedas utilizarla de manera ventajosa si deseas «viajar» a esos momentos. Para lograrlo, primero debes estar plenamente presente en el momento actual. Al hacerlo, se grabará un aprendizaje que te será útil a lo largo de tu vida.

Permanecer en el momento presente incluye **no luchar ni juzgar** sobre lo que estamos experimentando. Por ejemplo, cuando afirmamos que algo no debería estar sucediendo, nos atrapamos en un esquema mental muy estrecho con pocas opciones. Sin embargo, cuando realmente vemos que lo que está ocurriendo no es ni bueno ni malo, sino simplemente es, se nos abren todas las posibilidades. En ese momento, podemos reaccionar ante la vida de manera sabia y amorosa.

Es importante destacar que no se trata de quedarnos pasivos diciendo: «Esto es lo que es, y ya está». Al contrario, al aceptar lo que es, se nos presentan opciones creativas y **nuevos enfoques** para relacionarnos con la situación. Estas opciones no están basadas en la separación, la negación o el deseo de controlar, sino que surgen desde el corazón humano, el amor, la solidaridad y la sabiduría.

El **pasado** también puede ser visto de esta manera. Cuando dejamos de creer que alguna parte de nuestro pasado no debería haber ocurrido, nos abrimos a una relación creativa con él. Aceptamos plenamente todo lo que ha sucedido, incluso si fue doloroso. Cada experiencia contribuyó a llevarnos al momento presente. Este ahora es el único momento en el que podemos despertar y poner fin al sufrimiento. Aquí y ahora podemos liberarnos de todas nuestras historias pasadas, presentes y futuras.

A su vez, la noción misma del **futuro** actúa como un obstáculo que nos impide conectarnos con nuestra verdadera naturaleza. Enfocarnos en el futuro desvía nuestra atención de lo que está sucediendo en el presente, en este mismo instante, además de que puede traernos sufrimiento si nos traslada a una situación amenazante que nos provoque angustia, ya que es imposible controlarla.

A continuación, podemos apreciar en la siguiente tabla el resultado de dirigir nuestra mente al pasado o al futuro de manera nada funcional y compararlo con lo que supone centrarnos en el presente.

PASADO	PRESENTE	FUTURO
Anclarnos en recuerdos negativos, rumiar, entrar en bucle.	Observar lo que sucede sin juicio.	Anticiparnos a situaciones amenazantes.
Creencias como estas: «Lo hice mal», «No supe hacerlo», «Lo he perdido todo», etc. Lamentarnos por lo que hicimos o no llegamos a hacer.	Creencias: «Qué interesante, seguro que esto me da información para situaciones futuras».	Creencias: «No voy a poder controlarlo», «Me va a salir mal», «No me van a aceptar en ese trabajo», etc.
RESULTADO Sensación desagradable. Emociones: **tristeza, frustración, desgana** = DEPRESIÓN	**RESULTADO** Asimilar el **aprendizaje y sensación de ir mejorando** = BIENESTAR	**RESULTADO** Sensación desagradable. Emociones: **angustia, miedo, desesperación** = TRASTORNO DE ANSIEDAD

Te invito a reflexionar sobre si eres consciente de cómo tu mente te lleva al pasado o al futuro y cuánto tiempo sueles perder en esto, olvidándote de estar presente en el momento actual.

Aquí y ahora

Ya hemos visto que la evidencia empírica nos cuenta que enfocar nuestra mente en el momento presente, en lo que tenemos y experimentamos aquí y ahora **reduce la agitación mental.** Por lo tanto, vamos a adentrarnos un poco más en la práctica de experimentar el momento presente.

El momento presente es un proceso que permite que todo suceda. Ya sea contemplar una obra de arte o compartir una cena con amigos, cualquier actividad es una experiencia que requiere estar en contacto con ella. Necesitamos interactuar con sus distintos aspectos y estar conectados con ella. Para apreciar o aprender de cualquier experiencia, debemos estar psicológicamente presentes. Además, para que la experiencia nos moldee, se necesita tanto la presencia física como la psicológica.

Para estar en el momento presente, hace falta una **habilidad deliberada** que implica traer el presente y dejar apartados el pasado y el futuro de modo que podamos llegar al aquí y ahora. Cuando aparece el cansancio o la frustración, es importante notar las intrusiones y prestar atención a lo que captura nuestra mente.

El momento presente no es simplemente una idea; es una habilidad. No basta con decirle a alguien que debería estar presente. Transmitir una idea, como «dos más dos son cuatro», es posible mediante palabras. Sin embargo, transmitir una habilidad concreta, como hacer malabares sin ayuda material, es más complicado. Decirle a alguien que debería estar presente es como decirle a quien se está ahogando: «¡Oye, nada!». Así no se consigue que la persona nade. Por eso es crucial que **practiquemos y ensayemos** esta habilidad.

El momento presente no se limita al *mindfulness*. Aunque el *mindfulness* incluye procesos como la aceptación y la defusión (no fusionarnos con los pensamientos, debilitar el control de los pensamientos), no es necesario reducir el momento presente a esta práctica específica. Se trata de tomar contacto con la experiencia presente para facilitar acciones alineadas con nuestros valores.

La meditación y el *mindfulness* son caminos para llegar al momento presente, pero no son los únicos. No debemos confundirlo con un método para controlar emociones o pensamientos negativos. **No se trata de eliminar malestar.** En cambio, al conectarnos con la experiencia física del momento presente, podemos reducir el estrés. A veces, aunque nuestro entorno físico esté bien, las circunstancias simbólicas en nuestra mente pueden afectarnos. El objetivo no es evitar estas situaciones, sino aprender a estar presentes a pesar de ellas y disfrutar de aquellas que reconocemos como agradables. El objetivo de desarrollar esta habilidad es enfrentar la vida con mayor claridad y autenticidad.

Esta habilidad se desarrolla al prestar atención, un proceso que nadie objeta y que todo el mundo recibe bien. Se puede prestar atención a lo que sucede tanto fuera como dentro de nosotros. Sin embargo, este prestar atención no es cualquier tipo de atención. Tiene que ser deliberado, con **un propósito.** Es una atención con foco, que se pone y se sostiene sobre algo específico de la experiencia. Es **mantenerse en contacto con la experiencia,** y también se puede modificar o cambiar.

En un sentido, siempre estamos en contacto con el presente. Pero hay que diferenciar **el foco de atención** de un animalito, que no tiene control sobre su foco. Esto sucede en los niños porque la atención **hay que entrenarla.** Si esto no existe, la atención saltará de aquí para allá, no se quedará con una cosa y se distraerá. Este tipo de contacto con el presente no nos interesa, ni tampoco la atención secuestrada por un videojuego, cuando no se puede apartar la atención de donde está, porque, aunque esté en el aquí y ahora, no puedo dirigir mi atención de ahí a otras cosas.

Lo que nos interesa es evitar la atención dispersa y la atención hiperenfocada. Lo importante es desarrollar **una atención que sea dirigida, movida, desplazada, que sea flexible**. Porque nuestros pensamientos están en el presente, pero los pensamientos pueden responder a estímulos que pueden no estar presentes. Por ejemplo, si leo una novela, puedo responder a situaciones que no están presentes, puedo responder a los sufrimientos del 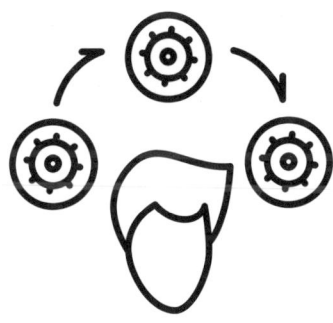 protagonista, aunque lo único que tengo es tinta sobre papel. La capacidad de responder a cosas que no están aquí mismo es tremendamente útil. El poder responder a lo que no está presente amplía nuestro rango de acción y puedo aprender de las experiencias de otras personas y resolver situaciones. Esta capacidad es buena. El problema es que tenemos mucho entrenamiento en nuestra mente y esto compite con la atención al mundo sensorial, a lo que sucede aquí y ahora. Porque **no podemos atender a dos**

cosas: si estamos en las situaciones simbólicas, los pensamientos abstractos compiten con el presente sensorial, el aquí y ahora, interactúan con nuestros pensamientos. **La fusión y evitación** son los máximos responsables de apartarnos de la experiencia, nos impiden perder el contacto con lo que está pasando en el presente.

Una de las terapias de psicología de última generación, la **terapia de aceptación y compromiso (ACT)**, utiliza algunos ejercicios de la atención plena y difiere de muchas técnicas de la terapia cognitivo-conductual (TCC) en su enfoque. Mientras que la TCC busca controlar, disminuir o eliminar pensamientos, sensaciones y emociones no deseados, la ACT considera que la búsqueda de control es el problema en sí mismo. Intentar suprimir estos aspectos puede aumentar su frecuencia y está implícito en muchos trastornos psicológicos.

La ACT promueve la **flexibilidad psicológica** y **la conciencia del momento presente.** Busca distanciarse del concepto de «yo» y verlo como contexto. Podría entenderse este concepto mejor si comprendiéramos que las cosas suceden. El lenguaje y los pensamientos pueden generar sufrimiento, por lo que se propone desmantelarlos mediante la **defusión.** Reconocer que un pensamiento es solo eso, un pensamiento, y que las sensaciones y emociones también son experiencias pasajeras.

Desde este enfoque se trata de adoptar un punto de vista que distinga a la persona de la experiencia. Es decir, soy un punto de vista con un pensamiento. Por ejemplo, soy una persona que estoy experimentando la timidez, pero esto no significa que sea tímido.

No somos nuestros sentimientos, nuestros roles, nuestros pensamientos. Somos mucho más grandes que cualquier pensamiento o sentimiento físico que tengamos. No hay emoción, por grande que sea, que sea más grande que nosotros. Nosotros seríamos el continente, el receptáculo de todas esas cosas, no somos el lugar, no somos esas historias, sino que son esas historias quienes viven en nosotros.

La clave es que **soy una persona experimentando esto aquí y ahora, no soy lo que experimento.** El problema radica en que la historia que nos contamos sobre nosotros mismos puede afectar nuestra capacidad para actuar. Si nos fusionamos con esa etiqueta, podemos comenzar a adaptar nuestras conductas en otros contextos también. Por ejemplo, podríamos preguntarnos: «¿Soy tímido siempre o solo en ciertas situaciones?».

A menudo, tratamos estas historias como si fueran etiquetas que definen quiénes somos. Sin embargo, al hacerlo, nos limitamos y nos atamos las manos. En lugar de aceptar ciegamente estas etiquetas, podríamos intentar desalentar nuevos juicios sobre nuestra identidad. Así, liberamos nuestra manera de actuar y nos abrimos a nuevas posibilidades.

Cuando conseguimos adiestrar nuestro foco de atención en el momento presente, este nos permite identificar nuestro yo (*Self*) como contexto y nos capacita para **distinguir entre continente y contenido.** Hay un nivel de contenido que cambia y se modifica y un continente que permanece estable.

Tomemos como analogía para entenderlo, por ejemplo, un teatro. El escenario donde se representan las obras puede cambiar constantemente. Un día se representa *Otelo* y al siguiente, otra obra completamente diferente. Sin embargo, el teatro en sí permanece inmutable. Nuestro objetivo no es conectarnos con una obra específica, sino con el teatro en su totalidad.

Análogamente, consideremos una casa y sus muebles. La casa en sí no cambia, pero los muebles pueden variar. Las piezas de ajedrez también son un buen ejemplo: durante una partida, las posiciones cambian, pero el tablero sigue siendo el mismo.

En nuestra vida cotidiana, etiquetamos nuestras características como si fueran rasgos fijos. Si alguien actúa de forma tímida en ciertos contextos, podríamos decir: «Es tímido». Sin embargo, esta etiqueta no captura toda la complejidad de la persona. Es más preciso decir: «En determinadas situaciones, responde de manera tímida». Esta diferencia es crucial, ya que nos permite reconocer que nuestras conductas pueden variar según el contexto.

Beneficios de entrenar nuestra atención

La evidencia científica ha comprobado los beneficios que aporta la práctica de la atención plena en nuestra salud. Su aplicación se ha extendido más allá del contexto de la práctica de la meditación. Actualmente, es una herramienta que muchos psicólogos emplean tanto en sesiones de psicoterapia como en talleres destinados a instituciones educativas o corporativas. Además, se utiliza en programas de formación para profesionales centrados en la gestión emocional.

Hoy en día sabemos que la atención plena y la conciencia tienen un papel importante en la **autorregulación** y el **bienestar.** Según varios teóricos, la atención plena permite una conciencia abierta y observadora que puede ayudar a identificar necesidades, conflictos y preocupaciones existenciales, además de ayudar a transformar aspectos de la experiencia que han sido ignorados o distorsionados en «objetos conscientes» que pueden ser integrados en el yo.

Aunque no todos los procesos de autorregulación requieren atención consciente, se argumenta que una parte sustancial del comportamiento cotidiano ocurre, como hemos visto, de forma automática o sin pensar. Este automatismo puede ahorrar tiempo y liberar la mente para tareas más importantes, pero también puede tener consecuencias problemáticas. La atención consciente puede ayudar a anular respuestas no deseadas y está relacionada con el bienestar en los ámbitos cognitivo, emocional y conductual. Veamos cuáles son sus beneficios más importantes:

1. **Ayuda a combatir la ansiedad y el estrés.** La atención plena es una herramienta valiosa para enfrentar la ansiedad y el estrés. No solo reduce los niveles de estrés y ansiedad en minutos, sino que también nos permite abordar nuestros problemas sin que la angustia nos paralice. Al adoptar un enfoque de «reinicio» cognitivo, nuestra mente se abre a más soluciones para superar los problemas que nos preocupan. Además, tiene múltiples beneficios, especialmente en la gestión de la ansiedad, que a menudo está relacionada con trastornos psicológicos, como las adicciones.

2. **Ayuda a sobrellevar el dolor.** La atención plena se utiliza en el tratamiento del dolor crónico. Gran parte del malestar asociado con estas afecciones tiene raíces psicológicas y está relacionado con cómo dirigimos nuestra atención. Practicar la atención plena puede ayudarnos a manejar el dolor de manera más efectiva. Se ha encontrado que la práctica de *mindfulness* reduce la percepción del dolor al estar conscientes de nuestras sensaciones físicas.

3. **Previene recaídas en la depresión.** Aquellas personas propensas a experimentar síntomas depresivos pueden beneficiarse de la práctica de la atención plena: les ayuda a enfocarse en lo que les motiva y les ilusiona en la vida, lo que contribuye a evitar recaídas en la depresión.

4. **Mejora la calidad del sueño.** Al reducir el estrés y la ansiedad, la práctica de *mindfulness* puede contribuir a un sueño más reparador. La rela-

jación mental y la desconexión de pensamientos intrusivos favorecen un descanso nocturno de mayor calidad.

5. **Mejora la función cognitiva: potencia la concentración, la memoria y la creatividad.** La atención plena beneficia nuestra toma de decisiones y habilidades cognitivas. Al estar presentes en el momento actual, optimizamos nuestro rendimiento mental con efectos positivos en nuestras capacidades cognitivas, y nuestra concentración, memoria y creatividad mejoran.

6. **Promueve una actitud de aceptación beneficiosa para manejar la frustración y prevenir conflictos.** La atención plena nos induce a un estado de aceptación beneficioso. Al dejar de obsesionarnos con lo que «debería ser» y centrarnos en lo que «es», reducimos el sufrimiento causado por situaciones fuera de nuestro control.

7. **Beneficios en el sistema inmune y endocrino.** La práctica de atención plena ha demostrado tener efectos beneficiosos en los sistemas inmune y endocrino. Además, puede influir positivamente en el proceso de envejecimiento.

8. **Reducción del riesgo de enfermedades crónicas.** Al reducir el estrés y mejorar la salud mental, el *mindfulness* puede tener un impacto positivo en la prevención de enfermedades crónicas. Una mente equilibrada contribuye a un cuerpo más saludable.

9. **Mejora la autoestima y la satisfacción personal.** Practicar la atención plena promueve un estado de calma y bienestar emocional, lo que a su vez contribuye a una mayor autoestima, confianza y satisfacción personal.

10. **Fomenta la inteligencia emocional, la empatía y la compasión.** Al estar más conscientes de nuestras emociones y pensamientos, desarrollamos una mayor inteligencia emocional. Además, la compasión y la autocompasión son prácticas que nos ayudan a relacionarnos con los demás y con nosotros mismos de manera más comprensiva y abierta al sufrimiento.

La práctica de la atención plena

El *mindfulness* trasciende la mera acción. Aunque demanda esfuerzo y disciplina, al final se convierte en una hermosa historia de amor. Es la invitación a experimentar cada momento como si realmente importara, porque, en realidad, lo hace más de lo que solemos pensar. Nuestra mente no es la única fuente de inteligencia; hay más dentro de nosotros. Al practicar el *mindfulness*, damos pasos significativos para conectarnos más profundamente con nosotros mismos y aprovechar nuestra capacidad de aprendizaje, crecimiento, sanación y transformación a lo largo de toda la vida.

Hay dos tipos de prácticas para realizar *mindfulness*: la formal y la informal.

La **práctica formal** se basa en la meditación y consiste en entrenar nuestra atención para ser conscientes del momento presente. A través de estas prácticas estructuradas, cultivamos la habilidad de observar nuestros pensamientos, emociones y sensaciones corporales sin juzgar. Los **aspectos clave** de la práctica formal de mindfulness son los siguientes:

- **Programas protocolizados**
  - *Mindfulness-Based Stress Reduction* (MBSR), que consta de ocho semanas de entrenamiento en atención plena.

  - *Mindfulness-Based Cognitive Therapy* (MBCT) o terapia cognitiva basada en *mindfulness*, un programa que combina los avances de la ciencia cognitiva con la práctica de *mindfulness*.

- **Posturas y espacios**
  Las prácticas formales pueden realizarse en diferentes posturas: sentados, tumbados, de pie o caminando. Las más comunes son las posturas sentada y caminante. Se recomienda reservar un tiempo específico para ejercitarlas.

- **Elementos clave**
  - Atención a la respiración. La meditación sentada a menudo se centra en la respiración. Observamos cómo el aire entra y sale de nuestro cuerpo.

- *Body Scan*. Exploramos las sensaciones corporales desde los pies hasta la cabeza, prestando atención a cada parte.

- Caminar consciente. Al caminar, nos enfocamos en las sensaciones de los pies tocando el suelo y la experiencia del movimiento.

La **práctica informal** del *mindfulness* implica aprovechar las actividades cotidianas para cultivar la atención plena. No es necesario modificar estas actividades ni utilizar instrumentos especiales. Lo único que se requiere es desactivar el «piloto automático» al que a menudo nos aferramos y prestar toda nuestra atención a lo que estemos haciendo en ese momento.

PRÁCTICAS

EJERCICIOS CON ATENCIÓN PLENA

EJERCICIOS PRÁCTICOS. ATENCIÓN PLENA EN LAS TAREAS DOMÉSTICAS

La práctica informal del *mindfulness* está al alcance de todos. Cuando te enfrentes a las tareas domésticas, en lugar de verlas como algo aburrido o hacerlas con desgana, intenta cambiar tu actitud. Considera que son útiles y necesarias. Al realizarlas, contribuyes al orden y la salud del lugar donde vives, lo que os beneficia a ti y a las personas con las que compartes el espacio. Concéntrate en hacerlo lo mejor que puedas, añade una sonrisa a tus labios y evita la prisa. Realizar las tareas a toda velocidad puede generar estrés y, en ocasiones, incluso provocar que algo se rompa o no quede bien. Comienza con estas tres actividades en las que puedes centrar tu atención.

Tender la ropa

El *mindfulness* aplicado al acto de tender la ropa nos invita a transformar esta tarea cotidiana en una experiencia consciente y significativa. A menudo, realizamos esta actividad de manera automática, sin prestar atención real al proceso. Sin embargo, al **aplicar el *mindfulness*,** podemos convertir este momento en una oportunidad para estar presentes y cultivar la atención plena. Aquí tienes una guía para practicar el *mindfulness* mientras tiendes la ropa.

1. **Preparación**
   - **Escoge un momento tranquilo.** Dedica un tiempo específico para tender la ropa en un lugar sin distracciones.

   - **Conexión con la respiración.** Antes de comenzar, respira profundamente y toma conciencia de tu respiración.

2. **Tender la ropa con atención plena**
   - **Observa las prendas.** Mientras tiendes cada prenda, obsérvala detenidamente. Nota su textura, colores y forma.

- **Siente las sensaciones.** Presta atención a cómo sientes la ropa en tus manos. ¿Es suave, áspera o ligera?

- **Conéctate con el momento presente.** En lugar de apresurarte, realiza los movimientos con calma y precisión. Siente el contacto con las prendas y el aire fresco.

3. Atención a los detalles

- **Dobla con cuidado.** Al doblar la ropa, nota la forma en que se pliega. Observa cómo se alinea y crea patrones.

- **Agradece.** Mientras cuelgas o doblas cada prenda, siéntete agradecido por tener ropa limpia y cómoda para vestir.

4. Finalización

- **Respira conscientemente.** Al terminar, respira profundamente y agradece el tiempo que has dedicado a esta tarea.

- **Sonríe.** Termina con una sonrisa, reconociendo que has estado presente y consciente durante todo el proceso.

Cepillarse los dientes

El *mindfulness* aplicado al cepillado de dientes es una práctica que nos invita a estar plenamente conscientes durante este acto cotidiano. A menudo, nos cepillamos los dientes de manera automática, sin prestar atención real al proceso. Sin embargo, al aplicar el *mindfulness*, podemos convertir este momento en una **experiencia más significativa y beneficiosa** tanto para nuestra salud bucal como para nuestra paz mental.

1. Preparación

- **Escoge un momento tranquilo.** Realiza esta práctica en tu primer cepillado del día o antes de dormir.

- **Elimina distracciones.** Visita el baño sin móvil ni música para tener unos minutos exclusivamente para ti.

2. Respiración consciente

- **Respira profundamente.** Frente al espejo, haz tres respiraciones profundas para tomar conciencia del momento presente.

3. Cepillado consciente

- **Toma el cepillo con suavidad.** Coge el cepillo sin aplicar tensión y aplica pasta dentífrica.

- **Cepíllate ordenadamente.** Puedes comenzar por la arcada superior, primero pasando por la cara exterior y luego la interior. Repite con la arcada inferior.

- **Siente las cerdas.** Mientras te cepillas, presta atención a cómo las cerdas se deslizan sobre tus dientes y encías. Analiza la textura y el sabor de la pasta.

4. Finalización

- **Enjuágate.** Luego respira despacio y profundamente por la boca, y aprecia el aliento fresco.

- **Siente el resultado.** Pasa la lengua por tus dientes para notar el frescor. Mírate en el espejo y sonríe, felicitándote por dedicarte esos minutos exclusivos.

Las comidas

Aplicar la atención plena a la hora de comer es una práctica que nos permite disfrutar plenamente de nuestra comida y estar conscientes de cada bocado. Aquí tienes algunas sugerencias para **cultivar la atención plena** durante las comidas.

1. Preparación

- **Ambiente tranquilo.** Si es posible, busca un lugar tranquilo para comer sin distracciones (como la televisión o el teléfono).

- **Respira conscientemente.** Antes de comenzar, respira profundamente para centrarte en el momento presente.

2. Observación de los alimentos

- **Visualiza los platos.** Observa los colores, texturas y formas de los alimentos en tu plato. Aprecia su belleza.

- **Agradece.** Tómate un momento para agradecer por la comida que tienes frente a ti.

3. Comer con atención plena
- **Masticación consciente**. Mastica lentamente y presta atención a las sensaciones en tu boca. Nota el sabor, la temperatura y la textura.

- **Siente la saciedad**. Escucha a tu cuerpo. ¿Estás satisfecho? No te apresures a terminar si aún no lo estás.

- **Evita distracciones**. Apaga la televisión o el teléfono. Concéntrate en cada bocado.

4. Conexión con los sentidos
- **Olfato.** Huele los alimentos antes de llevarlos a la boca. Disfruta de los aromas.

- **Tacto.** Siente la textura de los alimentos con tus dedos o cubiertos.

- **Gusto.** Saborea cada bocado. ¿Identificas los diferentes sabores?

5. Gratitud
- **Agradece al final.** Al terminar la comida, agradece nuevamente por la experiencia y la nutrición que le has proporcionado a tu cuerpo.

Te invito a explorar por ti mismo dónde y con qué otras tareas o actividades deseas ampliar esta práctica. Tú decides cuándo y cómo integrarla en tu día a día. El límite lo estableces tú mismo.

EJERCICIO PRÁCTICO. ANCLAJE AL MOMENTO PRESENTE
Aunque lo único que tenemos es el momento presente, a menudo vivimos preocupados por el pasado y el futuro. El estar completamente presentes en el «ahora» tiene el poder de despertarnos. Este ejercicio de *mindfulness* te ayudará a anclarte al momento presente y a sintonizar tus sentidos, especialmente si te sientes abrumado por inquietudes, preocupaciones o miedos. Aquí están los pasos que puedes seguir para esta práctica:

1. **Preparación.** encuentra un lugar cómodo y tranquilo para sentarte. Asegúrate de que estás en una posición relajada pero alerta.

2. **Selecciona un objeto.** elige un objeto pequeño que puedas sostener en tu mano. Puede ser cualquier cosa que te guste, como una piedra, una pluma, una joya, etc.

3. Concentra tu atención. cierra los ojos y comienza a concentrarte en tu respiración. Siente cómo el aire entra y sale de tus pulmones. Haz esto durante unos minutos.

4. Explora el objeto. abre los ojos y observa el objeto en tu mano. Nota su color, textura, peso y cualquier otra característica que tenga. Luego cierra los ojos y siente el objeto en tu mano. ¿Es pesado o ligero? ¿Es suave o áspero?

5. Conexión con el momento presente. mientras sigues sosteniendo el objeto, trae tu atención de nuevo a tu respiración. Cada vez que te encuentres distraído por pensamientos o preocupaciones, utiliza el objeto como un ancla para traerte de vuelta al momento presente.

6. Finalización. cuando te sientas listo, abre los ojos y coloca el objeto a un lado. Tómate un momento para notar cómo te sientes ahora. ¿Notas alguna diferencia en tu estado de ánimo o en tu nivel de ansiedad?

EJERCICIO PRÁCTICO. SABOREAR UNA UVA PASA

La práctica de la atención plena está estrechamente relacionada con nuestro bienestar. A menudo, pasamos por alto las pequeñas cosas que ocurren en nuestra vida cotidiana, como levantarnos, cocinar, cepillarnos los dientes, caminar o comer. Necesitamos entrenar nuestra atención para saborear verdaderamente estas experiencias.

Hoy te propongo un conocido y sencillo ejercicio de atención plena centrado en saborear una uva pasa. Para ello, necesitamos adoptar una actitud ingenua, como la de un niño que descubre los sabores por primera vez.

Pasos del ejercicio

1. Sostener
- Coge la uva pasa y sostenla en la palma de tu mano o entre los dedos índice y pulgar.

- Concéntrate en ella como si acabara de llegar de Marte y nunca antes hubieras visto un objeto similar.

2. Mirar
- Tómate tiempo para observarla detenidamente.

- Permite que tus ojos exploren cada milímetro de la uva pasa: los relieves, las protuberancias que brillan a la luz, las partes oscuras y cualquier asimetría o característica especial.

3. Tocar

- Gira la uva pasa entre tus dedos, explorando su textura.

- Si lo prefieres, cierra los ojos para amplificar tu sentido del tacto.

4. Oler

- Acerca la uva pasa a tu nariz y, con cada inhalación, absorbe cualquier olor, aroma o fragancia que surja.

- Mientras haces esto, nota cualquier sensación interesante que pueda estar ocurriendo en tu boca o estómago.

5. Llevarla a la boca

- Llévate lentamente la uva pasa a los labios, notando cómo tu mano y brazo saben exactamente dónde colocarla.

- Coloca la uva pasa en la boca sin masticar. Primero, simplemente nota cómo entra en tu boca.

6. Saborear

- Cuando sientas que es el momento adecuado, comienza a saborearla.

- Explora las sensaciones que te provoca tenerla en la boca y juega también con tu lengua.

Este ejercicio te invita a estar presente en el momento y a apreciar conscientemente la experiencia de saborear una simple uva pasa.

EJERCICIO PRÁCTICO. APRECIA LO QUE NO TIENES

El maestro espiritual Thich Nhat Hanh enseña cómo lograr la tranquilidad interna al apreciar lo que no padecemos. Un ejemplo bien emblemático que utiliza es el alivio que sentimos cuando no tenemos dolor de muelas. Si alguna vez has experimentado este dolor, sabrás que puede ser muy molesto; de hecho, cuando lo tienes, es prácticamente lo único en lo que puedes pensar. Estarías dispuesto a hacer cualquier cosa para no tenerlo.

No obstante, una vez que el dolor de muelas desaparece, rápidamente lo olvidas y te enfocas en otros asuntos o problemas.

A menudo nos enfocamos en todas las cosas que tenemos, pero no en las que no deseamos tener (estrés, enfermedades, plazos de entrega, etc.). Sin embargo, ampliar nuestra perspectiva y reconocer todas las cosas que no estamos sufriendo puede ser un ejercicio muy poderoso. Es darnos cuenta de que lo que tenemos es un regalo.

Para practicar este darse cuenta, se propone un ejercicio: **escribe una lista de 10 cosas que no estés experimentando en este momento**, pero que serían indudablemente molestas si las estuvieras viviendo. En otras palabras, elabora un listado de cosas que «podrían ser peores». Por ejemplo, puedes poner algo así: «Actualmente me siento agradecido por no estar sin hogar, no estar hospitalizado, no estar confinado, no padecer migrañas, no estar en bancarrota, no estar perdiendo audición, no estar atrapado en un ascensor, no estar en un aeropuerto atrapada por un vuelo cancelado, no tener que ir en silla de ruedas, no estar sufriendo una enfermedad grave».

EJERCICIO PRÁCTICO. RALENTIZA EL RITMO DE TUS ACTIVIDADES
Para evitar llegar al punto en el que te despiertas un día cuestionándote hacia dónde se ha dirigido tu vida, como si la ocupación constante te hubiera hecho perderla, te propongo una **práctica de paz**. Esta práctica consiste en **ralentizar el ritmo de tus actividades** y saborear tu existencia no solo en momentos especiales, sino también **cada día mientras vives.**

A veces, la vida nos arrastra en un vertiginoso trajín de una actividad a otra y nos deja la impresión de que somos una maleta que va y viene. Sin embargo, existen numerosas situaciones en las que podemos identificar los puntos de transición: son los lugares y momentos más obvios en los que nos damos cuenta de que estamos pasando de una actividad a otra. Por ejemplo, al cruzar un umbral, quitarte o ponerte un abrigo, o simplemente al atravesar una puerta.

Estos lugares o situaciones pueden servir como referentes para hacer una pausa que convirtamos en una manera de conectar con el momento presente. Al hacerlo, nos permitimos experimentar la gratitud de forma consciente. La idea fundamental es enmarcar deliberadamente cada experiencia al transitar de lo que acabas de terminar a lo que estás comenzando.

Esta pausa consciente entre ambos momentos te permite detenerte y observar tu vida mientras la vives.

Por lo tanto, te invito a realizar el siguiente ejercicio como una práctica de atención plena:

1. Selecciona tres puntos de referencia
- La puerta de tu hogar.
- La entrada a tu lugar de trabajo.
- La puerta del baño.

2. Utiliza un método pautado
Cuando te dispongas a abandonar un sitio y antes de dirigirte al siguiente destino (ya sea el trabajo o tu hogar), sigue estos pasos:

- Detente un momento.
- Toca la parte superior o uno de los marcos de la puerta.
- Tómate un momento de reflexión entre lo que has dejado atrás y lo que valoras de esa experiencia.

3. Observa el lugar al que te diriges y agradece anticipadamente lo que está por venir.

Recuerda que esta práctica no requiere mucho tiempo; puedes llevarla a cabo en pocos segundos o dedicar más minutos. El objetivo es conectar con el momento presente y saborear conscientemente cada transición en tu vida diaria.

EJERCICIO PRÁCTICO. PARA UNA ATENCIÓN PLENA: CONTAR HASTA 10 RESPIRACIONES
Este ejercicio te invita a estar en el momento presente y cultivar la atención plena. Sigue los siguientes pasos:

1. Encuentra un lugar tranquilo donde puedas sentarte o estar de pie sin distracciones.

2. Cierra los ojos o mantén una mirada suave hacia el suelo.

3. Inhala profundamente por la nariz, sintiendo cómo el aire entra en tus pulmones e intenta llevarlo hasta el abdomen.

4. Exhala lentamente por la boca, liberando cualquier tensión.

5. Comienza a contar tus respiraciones
- Inhala: «Uno».
- Exhala: «Uno».
- Inhala: «Dos».
- Exhala: «Dos».
- Y así sucesivamente hasta llegar a 10.

6. Observa lo que sucede
- ¿Te resulta fácil mantener la concentración en las respiraciones?
- ¿Aparecen pensamientos, distracciones o sensaciones físicas?
- ¿Puedes notar cómo tu mente tiende a divagar?

7. Recuerda que nadie puede quedarse con las respiraciones mientras las cuenta. Es normal que surjan distracciones. La clave está en regresar suavemente a la respiración cada vez que te desvíes.

8. Conecta. Si deseas modificar tus respuestas a las sensaciones que estás experimentando, conéctate primero con lo que estás sintiendo. Observa sin juicio y vuelve a la respiración.

Este ejercicio es una práctica simple pero poderosa para entrenar la atención y estar más presente en tu vida cotidiana.

EJERCICIO PRÁCTICO. TÉCNICAS PARA NO FUSIONARNOS CON NUESTROS PENSAMIENTOS
Aquí tienes algunas técnicas para recordar que los pensamientos son simplemente eso, pensamientos:

- Observar los pensamientos.
- Situarlos en un espacio (arriba, abajo, a un lado).
- Cantar los pensamientos con una melodía familiar.
- Prestar atención a cada palabra que forma el pensamiento.
- Observar si los pensamientos están quietos o en movimiento.
- Repetir los pensamientos rápidamente durante 30 segundos.
- Agradecer a nuestra mente por generar ese pensamiento.
- Observar si los pensamientos están en palabras, si son imágenes, si tienen voz.
- Repetir los pensamientos utilizando un acento diferente.

ESTRATEGIAS DE AUTOCUIDADO

*Conocer a otros es inteligencia, conocerse
a sí mismo es sabiduría. Manejar a otros es fuerza,
manejarse a sí mismo es verdadero poder.*
TAO TE CHING

La importancia del hábito en el autocuidado

El autocuidado es la capacidad de regulación más sofisticada, compleja e importante que poseemos. Si no hemos aprendido adecuadamente el autocuidado, tendemos a descuidarnos, especialmente en situaciones difíciles. Este autocuidado actúa como un factor protector para nuestra salud mental que refuerza nuestra autoestima y confianza en nosotros mismos.

El autocuidado y la formación de hábitos van de la mano. El autocuidado implica las decisiones deliberadas que emprendemos para preservar nuestra salud emocional y mental.

Si hay una característica que nos define como seres vivos esa es nuestra mortalidad. Tenemos un tiempo limitado de existencia física en este espacio que habitamos conocido como Tierra. **El tiempo,** de alguna manera, nos moldea: nos permite aprender, y lo que aprendimos ayer nos sirve para hoy. Nuestro tiempo es un tesoro que a veces descuidamos o no valoramos lo suficiente. A menudo llenamos nuestras vidas de **rutinas automáticas** y realizamos tareas como si estuviéramos simplemente matando el tiempo. En ocasiones, no solo consumimos ese tiempo de manera automática, sino que también lo saturamos con comportamientos poco saludables.

¿Qué quiere decir aprender a cuidarnos bien? Entre otras cosas, cómo nos tratamos a nosotros mismos y qué conductas y comportamientos adoptamos a lo largo de nuestra vida para mantenernos saludables. El objetivo es enriquecer nuestra existencia cotidiana y hacerla más plena.

Los humanos solo tenemos una vida, que se mide en un tiempo cuyo alcance desconocemos. Por ello, es fundamental desarrollar hábitos que nos permitan mejorar como personas y disfrutar plenamente de la vida. **Aprender a cuidarnos** y mimarnos, al igual que lo haríamos con un ser querido, es esencial. En resumen, tratarnos bien puede hacer que nuestro tiempo sea más provechoso si desarrollamos hábitos que estén en sintonía con nuestras intenciones de vida. Tener una existencia de calidad implica cuidarnos y tratarnos bien, y en este proceso introducir y desarrollar **hábitos saludables** es un elemento clave.

Comprender los hábitos es importante desde la perspectiva aplicada de la salud y el bienestar humanos. Las adicciones y otras compulsiones parecen cooptar los procesos de los hábitos y reducen la capacidad de las personas para guiar intencionadamente su comportamiento. Los hábitos de una dieta inadecuada y la falta de ejercicio contribuyen en gran medida a las enfermedades crónicas. Sin embargo, al comprender los mecanismos de los hábitos, los tratamientos de las adicciones y las intervenciones para cambiarlos pueden **alterar con éxito los no deseados** y ayudar a las personas a formar otros más eficaces que cumplan sus objetivos de llevar una vida sana y productiva.

Los hábitos son comportamientos que tendemos a repetir en contextos similares. Se forman debido al proceso por el cual las acciones se convierten en automáticas. Los hábitos no solo pueden surgir sin que una persona los busque o los adquiera de manera consciente, sino que también pueden ser cultivados o eliminados de manera intencional para alinearse con los propios objetivos.

A medida que las personas interactúan con el mundo, desarrollan una gran cantidad de hábitos, ya sean conscientes de ellos o no. **La naturaleza automática** de estos comportamientos puede ayudar a las personas a satisfacer sus necesidades de manera más eficiente en su vida diaria. Sin embargo, dado que los hábitos están profundamente arraigados en nuestros cerebros, si uno en particular causa más problemas de los que resuelve, puede ser difícil de eliminar. Entender cómo se forman los hábitos desde el principio puede ser útil para suprimir los que nos perjudican y reemplazarlos por otros más beneficiosos.

Es cierto que puede ser complicado **deshacerse de los hábitos antiguos** y a veces quizá resulte más desafiante de lo esperado desarrollar hábitos saludables. Sin embargo, mediante la repetición constante es factible crear nuevos hábitos y sostenerlos. Incluso los de larga duración que son dañinos para la salud y el bienestar pueden ser superados con suficiente resolución y una estrategia bien desarrollada.

Qué son los hábitos y cómo se forman

El estudio del hábito ha evolucionado desde los primeros días de la psicología con **William James y Edward Thorndike** hasta los enfoques más modernos y cognitivos de **George A. Miller** y otros. A lo largo de este tiempo, los científicos han trabajado para entender cómo se forman los hábitos, cómo se mantienen y cómo pueden cambiarse. Como todavía hay mucho que aprender, el estudio del hábito sigue siendo un área de investigación activa y emocionante.

La ciencia actual sobre los hábitos ha proporcionado una definición clara al desafiar las ideas antiguas de que se trata simplemente de respuestas a estímulos y los ha colocado en modelos más grandes de comportamiento dirigido a **metas.** Los hábitos reflejan el **aprendizaje asociativo** y la creación de asociaciones entre el contexto y la respuesta en nuestra memoria de procedimientos.

Los hábitos pueden surgir de forma intencional o involuntaria, lo que implica que puedes iniciar un hábito de manera deliberada o puedes adquirir uno sin ser consciente de ello. Algunos hábitos perjudiciales (como el de morderse las uñas) pueden surgir **de manera inconsciente.** Otros hábitos dañinos (como beber alcohol) son el resultado de **una decisión consciente.** De la misma forma, muchos hábitos beneficiosos, como establecer una rutina de ejercicio, surgen de una decisión deliberada. Y ciertos hábitos saludables, como saludar a tu vecino cada vez que lo ves, parecen surgir **de manera espontánea.**

Una vez que se forman los hábitos, la percepción del contexto automáticamente trae a la mente la respuesta y las personas suelen actuar en consecuencia. A medida que los hábitos se consolidan, se vuelven gradualmente independientes del valor motivador de sus resultados, y la activación en el cerebro se mueve de las regiones asociativas a las regiones sensoriomotoras.

Imagina que tienes el hábito de beber una taza de café todas las mañanas. Al principio, este hábito se formó porque tenías el objetivo de sentirte más despierto y el estímulo era la sensación de sueño por la mañana. Cada vez que te sentías somnoliento (el estímulo), tomabas una taza de café (la respuesta). Con el tiempo, esta asociación entre la sensación de sueño y tomar café se grabó en tu **memoria de procedimientos.**

Ahora, cada vez que te despiertas por la mañana, automáticamente piensas en tomar una taza de café. Esto es porque **la percepción del contexto** (despertarse por la mañana) inmediatamente trae a la mente la respuesta (tomar café). A medida que este hábito se consolida, se va volviendo independiente del valor motivador de sus resultados. Es decir, puedes seguir tomando café por la mañana incluso si ya no te hace sentir más despierto.

Además, la activación en el cerebro se ha movido de las regiones asociativas, que están involucradas en la formación de la asociación entre la sensación de sueño y tomar café, a las regiones sensoriomotoras, que están involucradas en la realización del acto de tomar café.

La formación de los hábitos es, por tanto, un proceso complejo que implica la atención a ciertos estímulos y la identificación del valor de los resultados de una acción. Por ejemplo, si te das cuenta de que hacer ejercicio por la mañana te hace sentir más enérgico durante el día, puedes empezar a formar el hábito de hacer ejercicio cada mañana.

Qué impide que se formen los buenos hábitos

Conseguir hábitos beneficiosos para nuestra vida puede toparse con ciertas dificultades, como las que se exponen a continuación.

LA FRICCIÓN O RESISTENCIA LÍMBICA

La «fricción límbica» o «resistencia límbica» es un término que el neurocientífico Andrew Haberman utiliza para referirse a un **mecanismo de defensa** frente al esfuerzo inherente a cualquier transformación, esa resistencia psicológica que nos impide desarrollar un hábito y va asociada a la ansiedad y la pereza.

La ansiedad hace acto de presencia cuando lo que quiero hacer supera o percibo que supera mis capacidades. Por ejemplo, si quiero realizar una tarea o establecer un hábito que percibo como complicado, terminaré postergándolo, es decir, haré otras cosas en su lugar.

Por otra parte, **la pereza** es una especie de aburrimiento interno de inacción o tendencia a la comodidad que nos impide dar pasos hacia un territorio que requiere aprendizaje, esfuerzo, cambio de circunstancias o habilidades. Por ejemplo, si quieres empezar a hacer ejercicio regularmente, pero te sientes ansioso por la idea de ir al gimnasio y te resulta más cómodo quedarte en casa viendo televisión, es probable que termines postergando el ejercicio y  reforzando el hábito de ver televisión. De manera similar, si quieres empezar a comer de modo más saludable, pero te resulta más fácil pedir comida rápida, es probable que termines reforzando el hábito de comer comida rápida en lugar de preparar menús saludables en casa. En estos ejemplos, la ansiedad y la pereza pueden impedir la formación de buenos hábitos y permitir que se instalen los malos.

EL TIEMPO ESTIMADO EN INSTAURAR UN NUEVO HÁBITO

Un hábito puede considerarse establecido cuando se realiza de manera constante sin requerir un gran esfuerzo mental. Sin embargo, el tiempo necesario para formar un hábito específico puede variar significativamente, dependiendo tanto de la persona como del hábito en sí. Según una investigación, el proceso de formación de hábitos puede oscilar entre 18 y 254 días.

Es importante tener en cuenta que **las expectativas sobre el tiempo** necesario para instaurar un nuevo hábito **pueden afectar la motivación para lograrlo.** Esto se debe a que nuestro cerebro es eficiente al hacer predicciones a corto plazo, pero su capacidad para predecir disminuye cuando se trata de plazos más largos. Este hecho puede representar un desafío cuando intentamos desarrollar nuevos hábitos, especialmente si implican cambios significativos a largo plazo.

A veces, sucede, por ejemplo, que nos visualizamos alcanzando ciertos objetivos, como iniciar una rutina de ejercicio o yoga diario durante 30 minutos. Imaginemos que te has propuesto este objetivo debido a problemas de espalda. Al principio, puedes pensar que lo lograrás en dos meses. Sin embargo, una vez que comienzas, te das cuenta de que la realidad es diferente.

Después de los primeros dos meses, puedes notar que has logrado menos de lo que esperabas. El camino hacia el cambio es complejo, lleno de altibajos. Por eso, muchas personas abandonan, ya que el esfuerzo parece mayor que la recompensa.

Pero si decides persistir durante ocho meses más, empezarás a notar pequeños cambios que se acumulan día tras día. Esta **acumulación gradual de pequeños cambios** puede conducir a la consecución del objetivo. Quizá no suceda tras los dos primeros meses, como inicialmente pronosticaste, sino 10 meses después. Pero lo interesante es que, cuando persistes en el camino, los cambios que experimentas suelen ser mayores y de mayor calidad de lo esperado.

EL ABURRIMIENTO

Es uno de los obstáculos que también nos podemos encontrar a la hora de desarrollar un hábito. Perdemos interés en nuestros hábitos cuando ya no nos cautivan.

A medida que los hábitos se transforman en rutina, pierden su atractivo y satisfacción. Nos cansan. Todo el mundo puede trabajar cuando está motivado. La verdadera habilidad radica en **perseverar** cuando el trabajo deja de ser estimulante. Eso es lo que marca la diferencia: disfrutar y apreciar las experiencias que nuestras rutinas nos brindan. Como mencionamos en el capítulo anterior, prestar atención y centrarnos en lo que experimentamos nos ayuda a evitar caer en el modo de piloto automático.

Qué tener en cuenta para adquirir hábitos saludables

Antes de emprender la formación de hábitos saludables te ayudará tener en mente varias cuestiones que te comento a continuación.

NUESTRAS INTENCIONES CUENTAN

Existen hábitos que nos facilitan alcanzar nuestras metas, es decir, que están en sintonía con nuestros objetivos. En cambio, hay hábitos que hacen todo lo contrario: obstaculizan nuestras aspiraciones.

Existe una **interacción entre nuestros objetivos y la formación de los hábitos.** La intencionalidad y la aspiración suelen ser los catalizadores que nos exponen a las circunstancias propicias para desarrollar hábitos. Por ejemplo, si decides incorporar el ejercicio físico en tu vida debido a su importancia para tu bienestar, tus intenciones te guiarán hacia la búsqueda de la información que necesites para saber cómo otros han adoptado este hábito (navegando en internet, hablando con otros que ya tienen ese hábito), lo que te sitúa en un contexto favorable. Tal vez te animes a probar una clase en un gimnasio. Al final, es **tu intención** la que te coloca en las circunstancias que podrían propiciar la formación de hábitos en un futuro cercano.

Si todo marcha correctamente, con el tiempo tus intenciones te exponen de manera efectiva y repetida a las circunstancias que finalmente se convierten en un hábito. Sin embargo, también existen otras **interacciones,** como las intenciones y la respuesta habitual de inhibición o activación.

Por ejemplo, si un hábito que se genera automáticamente está alineado con el objetivo que deseas alcanzar, entonces tus intenciones activarán ese hábito. Por otro lado, si un hábito va en contra de lo que deseas para tu vida, tus intenciones (objetivos) pueden hacer que se inhiba o se inicie una serie de pasos para producir una inhibición.

Un ejemplo de esto podría ser el hábito de comer dulces. Si tu objetivo es llevar una vida más saludable, tus intenciones podrían inhibir este hábito y, en cambio, activar el hábito de comer frutas cuando sientas antojo de algo dulce.

LA INTERFERENCIA ENTRE LOS HÁBITOS

Existe un fenómeno interesante que a menudo pasa desapercibido: nuestras respuestas habituales, es decir, nuestros hábitos también moldean nuestros objetivos. Esta idea se refleja en la filosofía estoica, que sostiene que **nuestras acciones diarias modelan nuestro carácter,** nuestra forma de actuar, nuestros objetivos y nuestra perspectiva de la vida. Por lo tanto, es crucial ser consciente de que nuestros hábitos nos afectan, que influyen también en nuestro comportamiento, en nuestra visión del mundo y, en última instancia, en nuestra felicidad.

Por ejemplo, considera el hábito de levantarse temprano. Este hábito, que es una respuesta habitual a la alarma del despertador, puede moldear varios aspectos de tu vida. Puede influir en tu objetivo de ser más productivo durante el día, ya que te proporciona más tiempo para concentrarte en tus tareas. También puede modelar tu carácter, ya que requiere disciplina para resistir la tentación de quedarse en la cama. Además, puede afectar tu perspectiva de la vida, ya que madrugar te permite disfrutar de la tranquilidad de las mañanas y apreciar el amanecer, lo que puede aumentar tu aprecio por la belleza del mundo. Por último, este hábito puede influir en tu felicidad, ya que lograr tus objetivos y apreciar el mundo puede contribuir a tu satisfacción general con la vida. Por lo tanto, es crucial ser consciente de cómo nuestros hábitos, incluso los más pequeños, tienen un **impacto significativo** en nuestras vidas.

SER CONSCIENTE DE LOS CAMBIOS SIGNIFICATIVOS

El conferenciante estadounidense James Clear, en su libro *Atomic habits*, sostiene que los hábitos que al principio pueden parecer triviales y sin mucha relevancia tienen el potencial de transformarse en resultados extraordinarios si se mantienen con constancia a lo largo del tiempo. Clear enfatiza que los cambios significativos son el resultado de pequeños pasos acumulativos, y que es **más efectivo abordar las tareas menores gradualmente que enfrentar una tarea enorme de una sola vez.**

Este aspecto es crucial para alcanzar cualquier meta: reconocer **la importancia de los pequeños cambios marginales.** Si uno puede notar y percibir estos pequeños cambios y al mismo tiempo mantener un objetivo a largo plazo que no limite los pequeños pasos, es más probable que logre aquello que se ha propuesto.

APRENDER A DISFRUTAR DE LAS PEQUEÑAS COSAS

Disfrutar de las pequeñas cosas es un proceso que también requiere entrenamiento. Se trata de cultivar una sensibilidad que nos permita apreciar cualquier actividad o sensación que esté ocurriendo mientras estamos concentrados en ella, como hacer la cama o lavarse las manos (como vimos en el capítulo anterior con la práctica de la atención plena). Si disfrutamos de estas acciones, es más probable que las realicemos.

A veces, nuestra forma de hacer las cosas puede ser tan forzada o superficial que no encontramos placer en ellas. Si no hay placer en la acción, es menos probable que se repita, ya que no ha habido un **refuerzo positivo.** En otras palabras, si no disfrutamos de una actividad, estamos luchando contra nuestro propio sistema nervioso, que tiende a aprender y repetir acciones que proporcionan un refuerzo inmediato, como el placer.

DISFRUTAR DEL PROCESO

Si una persona disfruta del proceso, es más probable que retenga lo aprendido y lo repita. Por ejemplo, tanto la meditación como el deporte pueden ser difíciles al principio. Pero si nos acercamos a esa dificultad de manera gradual y sostenible, y aprendemos a **saborear esos momentos,** es más probable que logremos la integración de estos hábitos en nuestra vida diaria.

Es decir que es esencial disfrutar de lo que estamos haciendo, ya que esto en sí mismo puede ser gratificante. Si realizamos nuestras actividades con delicadeza y una sensibilidad que nos permita apreciar el placer de la acción en sí, más allá del resultado final, es más probable que adoptemos un hábito.

En páginas anteriores aprendimos cómo regular nuestro sistema nervioso mediante técnicas de relajación y aceptación. Estas técnicas nos ayudan a cultivar la atención, que es crucial para la formación de nuevos hábitos. Por ejemplo, si estás estudiando para un examen y recibes constantemente notificaciones en tu móvil, estas distracciones pueden agotar tu energía y llevarte a procrastinar. Por lo tanto, es importante **practicar la atención plena** para regular nuestras emociones y mantenernos centrados en nuestras tareas.

La práctica de entrenar nuestra atención es esencial para dirigirla hacia donde más la necesitemos. Esto nos permite enfocarnos en las tareas que estemos realizando y asegurarnos de que las llevamos a cabo de manera eficiente y efectiva. Además, cultivar nuestra atención nos posibilita estar plenamente presentes en nuestras experiencias y «saborear» cada momento. De este modo, no solo mejora nuestra productividad, sino que también se enriquece nuestra vida diaria al permitirnos apreciar plenamente cada experiencia.

UNIR COMPORTAMIENTOS, ASOCIAR UNA RECOMPENSA

La idea de unir comportamientos y asociar una recompensa al hábito deseado es una estrategia efectiva para facilitar la adopción de nuevos hábitos. Esta estrategia se basa en los **principios del conductismo,** una teoría psicológica que sostiene que nuestras acciones son motivadas por las recompensas y los castigos que esperamos recibir.

Por ejemplo, si deseas adoptar el hábito de correr regularmente, puedes planificar una **recompensa** después de cada carrera, como darte una sauna. La sauna se convierte en un incentivo que te motiva a correr. Al asociar la carrera con la recompensa de la sauna, estás utilizando un refuerzo positivo para fomentar el comportamiento deseado.

Además, este método también puede ayudarte a establecer una rutina. Al planificar la sauna después de la carrera, estás creando una secuencia de actividades que puede convertirse en una rutina. Con el tiempo, es posible que esta rutina se convierta en un hábito, lo que facilita la adopción del comportamiento deseado.

LA RESILIENCIA DE LOS HÁBITOS: LA CONSTANCIA PROTEGE NUESTROS COMPORTAMIENTOS COTIDIANOS

La investigación ha destacado varias ventajas de actuar habitualmente. Por ejemplo, los hábitos están claramente protegidos de los caprichos a corto plazo y los sucesos ocasionales, ya que se forman a través de una experiencia gradual y por tanto no se modifican fácilmente con los cambios en los objetivos y planes de las personas. Considera el ejemplo del hábito de hacer ejercicio regularmente. Supongamos que has desarrollado el hábito de correr todas las mañanas. Este hábito se formó gradualmente, comenzando tal vez con correr una o dos veces por semana y aumentando poco a poco hasta llegar a todos los días.

Ahora, aunque una mañana te sientas un poco perezoso o haga frío en el exterior, es probable que salgas a correr. Esto se debe a que tu hábito de correr está **protegido de los caprichos a corto plazo** (como sentirte perezoso o temer el mal tiempo) porque se ha formado a través de una **experiencia gradual** y se ha vuelto bastante estable.

Incluso si decides un día que quieres probar un deporte diferente, como el ciclismo, es probable que después de un tiempo vuelvas a correr por la mañana. Esto es así porque los hábitos no cambian fácilmente con los cambios en los objetivos y planes. Por eso, a pesar de tu nuevo interés en el ciclismo, tu hábito de correr podría mantenerse.

Es importante recordar que la efectividad de esta estrategia puede variar dependiendo de la persona y del hábito que se desea adoptar. Lo que funciona para una persona puede no funcionar para otra. Por lo tanto, es útil experimentar con diferentes recompensas y encontrar la que mejor funcione para ti.

ESTABLECER METAS QUE SEAN REALISTAS Y SOSTENIBLES A LARGO PLAZO

Establece metas realistas y sostenibles a largo plazo, ya que esto favorece nuestro sistema de recompensa y nuestra fisiología.

Uno de los hallazgos más sólidos que ha habido sobre esta cuestión es que, para mantener la motivación y alcanzar los niveles máximos de deseo, es esencial trabajar con tareas que presenten un **nivel de dificultad manejable.** El cerebro humano disfruta de los desafíos, pero solo si estos se encuentran dentro de un rango óptimo de dificultad.

Antes de comenzar a aprender una nueva habilidad, como hacer deporte o meditar, es importante desarrollar una **tolerancia al fracaso.** Debes tener en cuenta que el fracaso se percibe cuando la realidad no coincide con nuestras expectativas. El método científico aborda esto al considerar nuestras expectativas como hipótesis que nos permiten actuar en la realidad. Cuando comienzas un nuevo camino, lo que anticipas y lo que realmente sucede pueden ser dos cosas diferentes. Por lo tanto, si tienes esto en cuenta, podrás desarrollar una mayor tolerancia al fracaso. Recuerda que ningún camino es completamente recto; hay altibajos.

En *Atomic habits*, Clear introduce lo que denomina la «Regla de Ricitos de Oro», según la cual nuestra motivación alcanza su punto máximo cuando nos enfrentamos a tareas que están justo al borde de nuestras habilidades actuales.

LA TOLERANCIA AL FRACASO
La tolerancia al fracaso implica reconocer y manejar las voces internas que nos critican cuando no cumplimos con nuestras propias expectativas. Aquí es donde las **prácticas de autocompasión** y la reeducación de nuestro diálogo interno pueden sernos útiles.

UNA PERSPECTIVA SISTÉMICA DE LA SALUD
Es importante tener una visión sistémica de la salud, el bienestar y la felicidad. No son aspectos aislados, sino un conjunto de elementos interrelacionados. Esta perspectiva es muy útil para el entrenamiento y la adopción de hábitos saludables.

Cuando avanzamos en la adopción de hábitos saludables, se produce **un efecto dominó.** Por ejemplo, si empiezas a centrarte en mejorar tu alimentación, quizá comiences a cocinar en casa, a leer sobre nutrición, a comprar alimentos más saludables, etc. El efecto de comer bien puede tener un impacto mucho más amplio en todas las demás áreas de tu vida. Normalmente, cuando uno se alimenta bien, tiene más energía para desarrollar otros hábitos saludables y estos, a su vez, pueden generar más cambios positivos, como una bola de nieve.

Sin embargo, este efecto también puede funcionar en sentido contrario. Por ejemplo, el efecto negativo del sedentarismo, la mala alimentación o el aislamiento social puede ser igualmente muy notable.

EL PAPEL DE LA DOPAMINA

La dopamina es un neurotransmisor crucial que tiene un papel central en la formación y activación de nuestros hábitos. No son tanto los estímulos externos como nuestras respuestas internas lo que activa nuestros hábitos. En otras palabras, nuestros hábitos están intrínsecamente ligados a nuestro estado corporal.

Cuando intentamos formar un nuevo hábito positivo, es más probable que lo logremos si estamos en un **estado energético alto.** Por ejemplo, por la mañana, cuando nos despertamos con una mayor concentración de dopamina, es más fácil abordar tareas que percibimos como desafiantes o que requieren un esfuerzo considerable. Por el contrario, si intentamos abordar una nueva tarea desafiante por la tarde, cuando nuestra concentración de dopamina es más baja, es menos probable que tengamos éxito. Esto explica por qué es tan fácil desarrollar hábitos no saludables, como las compras nocturnas, que tienden a alcanzar su punto máximo en comparación con las compras diurnas.

Si somos capaces de regular nuestro propio estado corporal y mental, entonces tenemos la posibilidad de formar hábitos saludables y también de predecir cuándo nos sentimos con poca energía o emocionalmente alterados, lo que podría llevarnos a formar hábitos que no son buenos para nosotros.

Enfocándonos en el estado, podríamos hablar de cómo desarrollar habilidades para **regular nuestro cuerpo y nuestra mente.** Hay personas que no son conscientes de sus propios estados emocionales y físicos, así que todas las prácticas y acciones que nos permitan aumentar nuestra intercepción son valiosas.

Los hábitos son un ciclo de retroalimentación impulsado por la dopamina. Todas las conductas que tienen una alta probabilidad de convertirse en hábitos, como consumir drogas, ingerir alimentos poco saludables, jugar videojuegos o navegar en las redes sociales, están asociadas con altos niveles de dopamina. Esto mismo se aplica a nuestras conductas habituales más básicas, como beber, comer, tener relaciones sexuales e interactuar socialmente.

Durante mucho tiempo, los científicos creyeron que la dopamina solo estaba relacionada con el **placer,** pero ahora sabemos que desempeña un papel central en muchos procesos neurológicos, incluyendo la **motivación,** el **aprendizaje** y la **memoria,** el castigo y la aversión, así como los movimientos voluntarios.

En términos de hábitos, el punto clave es que la dopamina se libera no solo cuando experimentas placer, sino también cuando **lo anticipas.**

Tu cerebro tiene muchos más circuitos neurológicos dedicados a desear recompensas que a disfrutar de ellas. Los centros dedicados al deseo ocupan grandes áreas del cerebro: el tallo cerebral, el núcleo accumbens, el área tegmental ventral, el núcleo estriado dorsal y la amígdala, entre otros.

El hecho de que el cerebro dedique tanto espacio a las regiones responsables del anhelo y el deseo nos proporciona evidencia adicional de lo cruciales que son estos procesos. **El deseo es el motor** que impulsa el comportamiento. Cada acción se realiza debido a la anticipación que la precede. El anhelo es lo que nos lleva a la respuesta.

Por eso necesitamos hacer que nuestros hábitos sean atractivos, ya que, en principio, es la expectativa de una experiencia gratificante lo que nos motiva a actuar.

Es fascinante saber que el sistema de recompensas que se activa en el cerebro cuando recibes una recompensa es el mismo que se pone en marcha cuando **anticipas** dicha recompensa.

La dopamina desempeña un papel crucial en el establecimiento de nuevos hábitos al promover la flexibilidad cerebral, regular el movimiento del cuerpo, ayudar a controlar los movimientos voluntarios, promover la memoria y la capacidad de aprendizaje, y regular el sistema de recompensa, proporcionando sensación de placer y motivación. También influye en el ciclo del sueño, ayudando a mantener un descanso reparador, y participa en el equilibrio del estado anímico al regular la depresión y el estrés. Un desequilibrio de los niveles de dopamina puede causar trastornos graves, como la enfermedad de Parkinson y el abuso de drogas.

LA IMPORTANCIA DEL CONTEXTO

A veces nos pasa desapercibido lo importante que es el contexto en el que vivimos, a pesar de que nuestro entorno influye en el tipo de comportamientos que nos resultan atractivos.

Una vez que un comportamiento se ha convertido en un hábito, la necesidad de llevar a cabo dicho comportamiento surge cada vez que se presentan los **estímulos ambientales asociados.**

Por ejemplo, volvamos por un momento a tu hábito de beber una taza de café cada mañana. Este hábito puede haberse codificado en tu cerebro de tal manera que cada vez que te despiertas (el estímulo ambiental) sientes la urgencia de prepararte café (el comportamiento). En este caso, el acto de despertarse es la señal que desencadena la necesidad de actuar según el hábito codificado. Así, cada mañana, al despertar, sentirás la necesidad de seguir tu rutina habitual de preparar y disfrutar de tu café. Esto ilustra cómo los hábitos, una vez codificados, pueden desencadenar una necesidad de actuar en respuesta a ciertos estímulos ambientales.

El contexto y los estímulos ambientales pueden influir en nuestros hábitos y comportamientos. Es importante tener en cuenta el contexto cuando intentamos entender o cambiar nuestros hábitos.

Resulta interesante destacar esta característica porque, al **delegar el control de la acción en las señales del entorno,** las personas tienen una respuesta preparada cuando la distracción, la presión del tiempo, la disminución de la fuerza de voluntad y el estrés reducen la capacidad de deliberar sobre la acción y adaptar las respuestas al entorno actual. Además, los sistemas de hábitos son inteligentes en el sentido de que permiten aprovechar eficazmente las regularidades del entorno.

Tomemos otro ejemplo, como el hábito de conducir al trabajo todos los días. Al principio, puede que hayas tenido que pensar conscientemente en cada paso del camino. Pero con el tiempo, este proceso se convierte en un hábito. Ahora, cuando te subes al coche por la mañana, automáticamente sigues la ruta al trabajo sin tener que pensar en cada giro.

Este es un ejemplo de cómo delegamos el control de la acción en las señales del entorno. Las señales, como subirse al coche y la hora del día, desencadenan automáticamente la respuesta de conducir al trabajo. Esto es especialmente útil en días en que estás distraído, bajo presión de tiempo o estresado, ya que no tienes que deliberar sobre cada paso de la acción.

Además, este hábito es un ejemplo de cómo los sistemas de hábitos son inteligentes en el sentido de que permiten aprovechar eficazmente las regularidades del entorno. Has aprendido que a determinadas horas del día ciertas rutas son más rápidas que otras que se colapsan por el tráfico, y tu sistema de hábitos ha incorporado esta regularidad en tu comportamiento habitual de conducción. Así, incluso sin pensar conscientemente en ello, eliges la ruta más rápida basándote en la hora del día.

PRACTICAR LA PACIENCIA

A menudo, los cambios sutiles pueden parecer insignificantes hasta que alcanzas un **punto de inflexión** crucial. Los resultados más impactantes de cualquier proceso acumulativo suelen tardar en manifestarse. Es esencial aprender a tener paciencia.

La paciencia es una virtud fundamental en muchos aspectos de la vida, y es especialmente crucial cuando se trata de cambiar hábitos. La formación de nuevos hábitos o la modificación de los existentes es un proceso que requiere **tiempo y constancia,** no algo que suceda de la noche a la mañana.

Los malos hábitos pueden perdurar precisamente porque la transformación es un proceso lento. Cuando intentamos cambiar, realizamos cambios sutiles, pero los resultados no se manifiestan de inmediato. Eso puede desalentarnos y hacer que volvamos a nuestras antiguas costumbres. Lamentablemente, la **lentitud de la transformación** también facilita el retorno de los malos hábitos.

Aquí es donde la paciencia tiene un papel clave. Practicar la paciencia significa entender que los cambios significativos llevan tiempo. Significa resistir la tentación de volver a los viejos hábitos solo porque los resultados no son inmediatos. Significa **mantenerse firme en el camino del cambio,** incluso cuando parece que no avanzamos.

Por lo tanto, hagamos de la paciencia una herramienta poderosa en nuestro arsenal cuando se trate de cambiar hábitos porque nos va a ayudar a resistir la tentación de volver a los viejos hábitos y nos va a mantener en el camino hacia la transformación. Así que la próxima vez que te encuentres luchando por cambiar un hábito recuerda practicar la paciencia. Es posible que los resultados no sean inmediatos, pero con paciencia y constancia puedes lograr el cambio que deseas.

NUESTROS VALORES IMPORTAN

Los valores guían nuestros hábitos. Que estos últimos estén alineados con nuestros valores importa y mucho porque representan lo que consideramos importante y correcto en nuestra vida. Cuando nuestros hábitos están alineados con nuestros valores, nos sentimos más satisfechos y en paz con nosotros mismos.

Por ejemplo, si valoras la salud y el bienestar, un **hábito alineado** con este valor podría ser hacer ejercicio regularmente o mantener una dieta equilibrada. Este hábito no solo te ayudará a mantener un estilo de vida saludable, sino que también te proporcionará una sensación de coherencia y autenticidad, ya que estarás **viviendo de acuerdo con lo que consideras importante.** Por otro lado, si adoptas hábitos que están en desacuerdo con tus valores, como comer en exceso o fumar, es probable que te sientas insatisfecho o incluso culpable. Por lo tanto, alinear nuestros hábitos con nuestros valores es crucial para nuestra satisfacción personal y nuestro bienestar emocional.

EL AUTOCONOCIMIENTO DE NUESTROS ESTADOS

Es importante entender nuestros estados energéticos y emocionales, que cambian a lo largo del día. Con este conocimiento, podemos planificar nuestras tareas de manera más eficiente, de modo que realizaremos las más difíciles cuando tengamos más energía y dejaremos las menos exigentes para el final del día.

¿Somos nuestros hábitos?

James Clear, en *Atomic habits*, explica que la motivación intrínseca alcanza su punto máximo cuando un hábito se fusiona completamente en tu identidad. Es diferente proclamar: «Soy el tipo de persona que aspira a esto» que declarar: «Soy el tipo de persona que es esto». Cuando tu **comportamiento** y tu **identidad** se encuentran en **perfecta armonía,** ya no estás en la búsqueda de cambiar tu comportamiento. Simplemente estás actuando en consonancia con la persona que crees ser.

Como todos los aspectos de la formación de hábitos, esto puede ser beneficioso o perjudicial. Cuando funciona a tu favor, el cambio de identidad puede ser una fuerza poderosa para el desarrollo personal. Pero cuando funciona en tu contra, puede ser dañino. Así ocurre si te fusionas con una identidad no real, pues obtienes una autoimagen perjudicial.

Una vez que has asumido una identidad, es fácil que tu lealtad a ella afecte tu capacidad para cambiar. Cuanto más arraigadas estén tus acciones y pensamientos a tu identidad, más difíciles serán de cambiar. Puede ser tentador creer en lo que tu **entorno cultural** sostiene (identidad de grupo) o hacer lo que respalda tu **autoimagen** (identidad personal), incluso si no es correcto y te perjudica. El conflicto con la identidad es el mayor obstáculo para el cambio positivo a cualquier nivel (individual, grupal o social). Los hábitos positivos pueden tener sentido a nivel racional, pero, si entran en conflicto con tu identidad, fracasarás al intentar añadirlos.

La forma más efectiva de cambiar tus hábitos no es centrarte en lo que quieres lograr, sino en **la persona en la que quieres convertirte.** Tu identidad emerge de tus hábitos. Cada acción es un voto a favor de la persona en la que quieres convertirte. Para transformarte en **la mejor versión de ti mismo** es necesario que revises y corrijas constantemente tus creencias y que actualices y expandas tu identidad. La verdadera importancia de los hábitos no radica en que te ayuden a obtener mejores resultados (aunque, por supuesto, pueden hacerlo), sino en que son capaces de cambiar tus creencias sobre ti mismo y ayudarte a construir una nueva identidad.

EL ESTILO DE VIDA

Nuestro estilo de vida tiene un impacto significativo en nuestro estado general, y este estado puede influir en nuestra capacidad para desarrollar hábitos positivos. Los componentes clave de nuestro estilo de vida incluyen el sueño, la alimentación, el ejercicio físico y las relaciones sociales.

El sueño

Hay gran evidencia científica sobre la relación entre la calidad del sueño y el bienestar mental. Aquellos que sufren de **insomnio** tienen una probabilidad entre 10 y 17 veces mayor de experimentar depresión y ansiedad en niveles clínicamente significativos que quienes no lo padecen. Así, por ejemplo, el insomnio se ha vinculado con el trastorno de estrés postraumático, los trastornos alimenticios y experiencias psicóticas, como delirios y alucinaciones.

El sueño puede tener un impacto inmediato en nuestro estado. Un sueño desapacible y su consiguiente falta de descanso pueden ocasionar una disminución de la energía al día siguiente, y su influencia puede llevar a la formación de hábitos no saludables.

La alimentación

Según los últimos estudios, una alimentación inadecuada puede contribuir a experimentar un estado de ánimo bajo, mientras que optimizar la dieta puede ser beneficioso no solo para la salud física, sino también para la salud mental.

La evidencia acumulada sugiere que la dieta y la nutrición son esenciales no solo para la fisiología humana y la composición corporal, sino también para el estado de ánimo y el bienestar mental. Aunque los factores que determinan la salud mental son complejos, cada vez hay más pruebas que indican una fuerte asociación entre una dieta deficiente y el empeoramiento de los trastornos del estado de ánimo, como la ansiedad y la depresión, así como otras afecciones neuropsiquiátricas.

Se está descubriendo que los alimentos que promueven la **salud física** también fomentan una **salud mental** positiva. Estos alimentos son integrales (en lugar de procesados o ultraprocesados), diversos en vitaminas y minerales (o micronutrientes), y contienen suficiente fibra para ayudar al sistema digestivo a procesar eficazmente lo que se ingiere. Los suplementos de micronutrientes también pueden ser parte de la ecuación para una nutrición saludable, según los investigadores. En contraste, las dietas deficientes que contienen muchos alimentos ultraprocesados con poca variedad nutricional o micronutrientes parecen exacerbar la depresión y otros problemas de salud mental. Por lo tanto, es crucial considerar la **calidad de la dieta** en el manejo y la prevención de los trastornos de salud mental.

Respecto a cómo afecta al desarrollo de los hábitos, la alimentación tiene un **efecto más a largo plazo,** pero no menos importante. Algunos alimentos son precursores de la dopamina, que ya hemos visto que es un neurotransmisor que tiene un papel crucial en la motivación. Al consumir estos alimentos, podemos aumentar nuestros niveles de dopamina y, por lo tanto, nuestra motivación para alcanzar nuestros objetivos. Entre los alimentos que contienen altos niveles de dopamina se incluyen los plátanos, el aguacate y las hojas de *Mucuna pruriens* (frijol terciopelo).

Aunque no vamos a profundizar en el tema, sí hay que resaltar la importancia del **eje intestino-cerebro,** que está revelando información fascinante sobre las conexiones entre nuestro estado de ánimo y el microbioma intestinal, el vasto universo de billones de bacterias que habitan en el colon humano. Este campo emergente está abriendo nuevas puertas para comprender más profundamente nuestro cuerpo, ayudarnos a mejorar nuestra relación con la alimentación y, en última instancia, aprovechar estos conocimientos para mejorar nuestra salud.

Actividad física

Según la Organización Mundial de la Salud, la actividad física es un componente esencial de un estilo de vida saludable debido a sus numerosos beneficios para la salud del corazón, el cuerpo y la mente. Contribuye significativamente a la prevención de enfermedades no transmisibles, como las cardiovasculares, o el cáncer y la diabetes. **El ejercicio físico regular** también puede aumentar la concentración de dopamina.

Además, la actividad física puede aliviar los síntomas de la depresión y la ansiedad, y mejora así nuestro **bienestar emocional.** También es beneficiosa para nuestras **capacidades cognitivas,** como el razonamiento, el aprendizaje y el juicio, lo que puede tener un impacto positivo en nuestra vida diaria y en nuestro rendimiento en tareas que requieren habilidades mentales.

Para los jóvenes, la actividad física asegura un crecimiento y desarrollo saludables, lo que es crucial para su bienestar a largo plazo. En general, la actividad física nos ayuda a disfrutar más de la vida.

Para promover la salud y el bienestar, la Organización Mundial de la Salud sugiere que todos los adultos realicen entre 150 y 300 minutos de ejercicio aeróbico de intensidad moderada semanalmente (o su equivalente en ejercicio intenso), y que los niños y adolescentes practiquen un promedio de 60 minutos de ejercicio aeróbico moderado diariamente. Incluso un poco de ejercicio es mejor que no hacer nada, y hacer más es aún mejor.

Sin embargo, a pesar de estos beneficios, la actividad física a menudo se descuida. A nivel mundial, uno de cada cuatro adultos no alcanza los niveles de actividad física recomendados. Además, las personas con un nivel insuficiente de actividad física tienen un riesgo de muerte entre un 20 y un 30 % superior que las personas que alcanzan un nivel suficiente de actividad física. Esta estadística es todavía más alarmante entre los adolescentes, de los cuales más del 80 % en todo el mundo tienen un nivel insuficiente de actividad física.

Estos datos subrayan la importancia de promover la actividad física e integrarla en nuestra vida diaria para mantenernos saludables y prevenir enfermedades. Es esencial que tomemos medidas para aumentar nuestra actividad física y fomentar hábitos saludables en todas las etapas de la vida.

Las relaciones sociales

La evidencia empírica nos dice que las personas que carecen de relaciones sociales de calidad están expuestas a un riesgo significativamente elevado de experimentar depresión y ansiedad, así como de tener niveles altos de estrés e inflamación, lo cual puede impactar de modo negativo en las arterias coronarias, la función intestinal, la regulación de la insulina y el sistema inmunológico. También se arriesgan a padecer afecciones cardiovasculares y cáncer, sufrir deterioro cognitivo y funcional, incluyendo la demencia, poseer un sistema inmune deficiente, y experimentar una recuperación lenta de las lesiones, cirugías y enfermedades, o incluso muerte prematura.

Las relaciones sociales nos proporcionan un **sentido de conexión, propósito y apoyo,** lo que da lugar a una mejor salud y longevidad. Las personas que mantienen relaciones satisfactorias con familiares, amigos y miembros de la comunidad son más felices, tienen menos problemas de salud y viven más tiempo.

La Organización Mundial de la Salud también enfatiza la importancia de la conexión social para la salud. Según su investigación, la conexión social puede ayudar a mejorar la capacidad de recuperación ante el estrés, la ansiedad y la depresión, promover hábitos alimenticios saludables, mejorar el sueño, el bienestar y la calidad de vida, y reducir el riesgo de comportamientos violentos y suicidas.

Interactuar con otros aumenta los sentimientos de bienestar y disminuye los sentimientos de depresión.

Existe un estudio –realizado por Waldinger et al. (2015)– sobre la felicidad a cuyos participantes se les preguntó cuál era su objetivo en la vida. El 80 % de ellos expresó que su meta era ser rico, mientras que el 50 % aspiraba a la fama. Sin embargo, los resultados del estudio revelaron algo sorprendente: los participantes más felices no eran aquellos que habían logrado la riqueza, la fama o el éxito profesional. Tampoco aquellos que llevaban un estilo de vida saludable, cuidando su alimentación y practicando deporte regularmente. Lo que el estudio encontró fue que los participantes **más felices** eran aquellos que habían cultivado **relaciones sociales y familiares fuertes.** No se trataba de la cantidad de relaciones que tenían, sino de su calidad. En resumen, este estudio sugiere que invertir en la calidad de nuestras relaciones sociales y familiares puede ser la clave para una mayor felicidad.

Por tanto, cuidar las relaciones sociales y que sean de calidad aumenta nuestra motivación, nuestras ganas por hacer y estar. Y hay que tener presente que, si nuestro estado general no es óptimo, es posible que no podamos realizar ni los más mínimos cambios en nuestro estilo de vida.

En resumen, nuestro estilo de vida tiene un papel esencial en la formación de hábitos saludables. Al entender y **regular nuestro estado físico y emocional,** podemos aumentar nuestras posibilidades de desarrollar hábitos que estén alineados con nuestros valores y objetivos vitales.

Ejercicio de reflexión y acción

Este ejercicio de lo que trata es de un proceso continuo. Por eso puedes volver a él cada vez que necesites reevaluar tus metas y acciones.

1. **Reflexión sobre la importancia.** Escribe un párrafo sobre por qué es importante para ti hacer lo que haces. Intenta conectar con lo que es verdaderamente esencial para ti.

2. **Visualización de tus metas.** Imagina la gran imagen de lo que quieres generar en tu vida. ¿Cómo se ve? ¿Cómo se siente? Escribe tus pensamientos.

3. **Registro del progreso.** Haz un balance de cómo ha ido tu progreso hasta ahora. ¿Qué cosas realmente importantes has logrado? ¿Qué desafíos has enfrentado? Anota tus reflexiones.

4. **Planificación.** Elabora una lista de las cosas que son importantes para ti. Luego, bloquea tu agenda para estas actividades. Haz lo que sea necesario para que ocurran.

5. **Experimentación.** Prueba diferentes enfoques para alcanzar tus metas. Si algo funciona, déjalo como está. Si algo no funciona, no dudes en cambiarlo.

Consejos y trucos

CONSEJOS PARA DESARROLLAR O MANTENER UN HÁBITO

A continuación se exponen las propuestas del libro *Atomic habits* para la formación de buenos hábitos.

• **Hazlo obvio:** se refiere a la importancia de tener señales claras que desencadenen el hábito que deseas formar.

Supongamos que quieres formar el hábito de leer más de lo que acostumbras. Para «hacerlo obvio», podrías dejar un libro que te interese en un lugar **visible y accesible,** como tu mesita de noche o tu escritorio. De esta manera, cada vez que lo veas, te recordará tu intención de leer más. Esta **señal visual** clara actúa como un desencadenante para tu hábito de lectura. Con el tiempo, cada vez que veas un libro en tu espacio, te sentirás motivado para leer, lo que fortalecerá tu hábito de lectura.

• **Hazlo atractivo:** sugiere que si encuentras atractivo el hábito que deseas formar, es más probable que lo sigas.

Imagina que quieres formar el hábito de hacer ejercicio regularmente. Sin embargo, encuentras que ir al gimnasio o correr puede ser aburrido o tedioso. Para «hacerlo atractivo», podrías intentar encontrar una actividad física que realmente disfrutes, como bailar, practicar yoga o senderismo. Al hacer que el ejercicio sea algo que esperas con ansias, en lugar de percibirlo como una tarea, es más probable que te apegues a este hábito. Podrías hacerlo aún más atractivo escuchando tu música favorita o un pódcast interesante mientras haces ejercicio. De esta manera, no solo estarás cuidando tu salud física, sino que también estarás **pasando un buen rato,** lo que hace que el hábito sea más atractivo y, por lo tanto, más fácil de mantener.

• **Hazlo fácil:** cuanto más fácil sea realizar un hábito, más probable será que lo adoptes.

Supón que quieres formar el hábito de beber más agua durante el día. Para «hacerlo fácil», podrías comprar una botella de agua reutilizable y llevarla contigo a todas partes. De esta manera, siempre tendrás agua **a mano** y será más fácil recordar beber durante el día. Además, podrías establecer recordatorios en tu teléfono para beber agua cada hora. Al hacer que el hábito sea fácil de realizar, es más probable que lo adoptes y lo mantengas a largo plazo.

• **Hazlo satisfactorio:** si un hábito es satisfactorio, es más probable que lo repitas.

Si estás intentando formar el hábito de aprender un nuevo idioma, puedes «hacerlo satisfactorio» permitiéndote ver una película o serie en ese idioma después de cada sesión de estudio. Esto no solo **te recompensa** por tu esfuerzo, sino que también te ayuda a practicar tus habilidades de escucha en el idioma que estés aprendiendo.

Estas leyes se pueden invertir para romper malos hábitos. Por ejemplo, para romper un mal hábito, puedes hacer la señal menos obvia, el anhelo menos atractivo, la respuesta más difícil y la recompensa menos satisfactoria.

Otros trucos para establecer hábitos saludables

Existen otras pequeñas fórmulas que pueden ayudarte a crear los hábitos que deseas en tu vida:

- Si deseas recordar **hacer ejercicio** cada mañana, coloca tu ropa de entrenamiento al lado de tu cama la noche anterior.

- Si quieres **leer más,** deja un libro en un lugar que tengas a la visa a menudo o cerca de donde suelas relajarte.

- Si tienes intención de **comer más frutas y verduras,** colócalas en la parte delantera de tu refrigerador.

- Si quieres **limitar tu consumo de redes sociales,** elimina las aplicaciones de tu pantalla de inicio.

- Si deseas **meditar regularmente,** coloca un cojín de meditación en un lugar tranquilo y visible de tu casa.

CONSEJOS PARA TENER UNA BUENA HIGIENE DEL SUEÑO

Dormir es una actividad necesaria porque con ella se restablece el equilibrio físico y psicológico básico de las personas. La necesidad de sueño cambia en cada persona dependiendo de la edad, su estado de salud, el estado emocional y otros factores. El tiempo ideal de sueño es aquel que nos permita realizar las actividades diarias con normalidad. Estas son algunas **recomendaciones** para conseguir un tiempo de sueño reparador:

1. **Mantener una actividad diaria adecuada,** que incluya la práctica de ejercicio físico una hora al día preferiblemente por la tarde y siempre al menos tres horas antes de ir a dormir.

2. **Conseguir unas condiciones ambientales idóneas** en la habitación: una temperatura agradable (entre 18 y 22 °C), una cama y una almohada confortables, eliminar ruidos y apagar las luces innecesarias.

3. **La cena debe ser ligera,** sin muchos líquidos ni excesivos azúcares, evitando comidas copiosas cerca de la hora de acostarse y dejando pasar como mínimo dos horas entre la cena y la hora de acostarte para poder hacer la digestión.

4. Antes de irse a la cama podemos cumplir con **una serie de rutinas** que nos inviten al sueño y nos ayuden a prepararnos mental y físicamente para ir a la cama: lavarse los dientes, ponerse el pijama, bajar las persianas, preparar la ropa del día siguiente, etc. Además, se recomienda:

   • Irse a la cama aproximadamente **a la misma hora** cada noche (incluyendo fines de semana y vacaciones), coincidiendo con la aparición de la sensación de cansancio y sueño. Asimismo, es aconsejable levantarse por la mañana sobre la misma hora para ayudar a crear hábito, aunque se haya dormido poco.

   • Realizar alguna **actividad relajante:** leer, practicar alguna técnica de relajación (respiración, *mindfulness*), escuchar música tranquila, darse una ducha/baño relajante.

   • La cama debe emplearse **únicamente para dormir** o mantener relaciones sexuales, evitando tareas excitantes, ver la televisión, estudiar, comer, usar dispositivos electrónicos (teléfonos móviles, tabletas, ordenadores), ya que interfieren con nuestro patrón de sueño.

   • No tener a mano **relojes/despertadores** para impedir la comprobación continua del paso del tiempo.

- Usar **ropa de cama adecuada** para cada estación (edredones en invierno mejor que varias mantas) y pijamas cómodos (de algodón) que ayuden a regular nuestra temperatura y transpiración.

5. **Ante el insomnio** o incapacidad de dormirse durante 30 minutos:

- Realizar alguna **técnica de relajación** o *mindfulness*; por ejemplo, practica una respiración lenta y relajada; piensa que eres un globo que se hincha lentamente y luego se deshincha; imagina que pasan las nubes y en cada una de ellas escribes mentalmente una de tus preocupaciones para que se las lleve el viento.

- Levantarnos e irnos a otra zona de la casa con iluminación tenue a realizar alguna **actividad tranquila** como leer, escuchar la radio o música, ver la televisión, y cuando vuelvas a sentir sueño regresar a la cama.

- Permanecer en la cama **entre siete y ocho horas.** Reducir el tiempo de permanencia en la cama mejora el sueño y, al contrario, permanecer en la cama durante mucho tiempo puede producir un sueño fragmentado y ligero. Irse a la cama solo cuando se tenga sueño.

6. **Intentar no dormir la siesta.** Si es totalmente necesaria, que sea después de comer y sin sobrepasar los 30 minutos.

7. **Evitar el consumo de cualquier estimulante** (café, té, refrescos con cafeína, chocolate, nicotina) por lo menos seis horas antes de dormir. De igual modo se recomienda no beber una alta cantidad de alcohol en las cuatro horas anteriores a acostarse. Evitar fumar antes de dormir y en los despertares nocturnos.

8. Evitar utilizar la cama para **«dar vueltas»** a las preocupaciones, repasar y/o programar las actividades del día siguiente. Se puede reservar otro momento (antes de acostarse o al levantarse) para reflexionar y organizar esas tareas.

9. **No automedicarse** y seguir siempre las recomendaciones de un profesional sanitario de referencia (médico, enfermera, psicólogo).

10. **Alimentos que favorecen el sueño** como por ejemplo:

- Hidratos de carbono (galletas, cereales).
- Fruta (muy recomendables las cerezas).
- Leche y derivados (yogur, queso).
- Productos naturales para el insomnio son la valeriana y el lúpulo, por separado y en combinación y también la pasiflora, amapola de California, lavanda, melisa y tila.

CONSEJOS PARA CONSTRUIR UNA RED SOCIAL FUERTE

Las relaciones sociales contribuyen al bienestar mental y corporal. A continuación te propongo algunas recomendaciones para crear vínculos satisfactorios con los demás:

1. **Cultiva tus relaciones existentes.** Mantén y fortalece las relaciones que ya tienes. Puedes hacerlo simplemente llamando, enviando un mensaje de texto, un correo electrónico o una tarjeta.

2. **Relaciónate con tus compañeros de trabajo de forma amistosa y cercana.** Si hay alguien en tu trabajo con quien sientes que podrías tener una conexión, no dudes en explorar esa relación. Ya tienes el trabajo en común, así que descubre qué más podrías compartir.

3. **Busca oportunidades para socializar.** Si no te sientes cómodo en grupos grandes, busca actividades que involucren grupos más pequeños.

4. **Únete a un grupo.** Encuentra una actividad que disfrutes y busca un grupo local o club que se dedique a esa actividad. Si prefieres evitar el contacto cara a cara, considera unirte a un grupo o comunidad en línea que comparta tus intereses.

5. **Haz voluntariado.** El voluntariado es una excelente manera de conocer gente nueva. Además, se ha demostrado que mejora el estado de ánimo y reduce los síntomas de depresión y ansiedad.

6. **Apúntate a alguna actividad o *hobby*.** Si te gusta aprender cosas nuevas, busca clases en tu biblioteca local, un centro comunitario o en la universidad. Acudir a clase te da la oportunidad de conocer a otras personas con intereses similares.

7. **Consigue un amigo por correspondencia.** Si te gusta escribir, puedes construir relaciones gratificantes a través de un programa de amigos por correspondencia.

8. Practica una comunicación efectiva. Maximiza tus oportunidades sociales practicando habilidades de comunicación efectivas. Sé accesible, sonríe, mantén contacto visual y un lenguaje corporal abierto. Involucra a las personas en la conversación, haz preguntas abiertas, escucha activamente y haz preguntas de seguimiento. Sé empático y solidario. Comparte intereses, historias y consejos similares.

Las técnicas de relajación y aceptación, como ya se ha dicho anteriormente, nos ayudan a cultivar la atención, lo que resulta esencial cuando decidimos formar nuevos hábitos. Practicar la atención plena nos sirve para regular nuestras emociones y mantenernos enfocados en nuestras tareas.

PRÁCTICAS

EJERCICIOS PARA AUTOCUIDARSE

EJERCICIOS DE ATENCIÓN PLENA Y REGULACIÓN EMOCIONAL

Estas prácticas te ayudarán a cultivar la atención y a regular tus emociones, lo cual es crucial para la formación de nuevos hábitos. Por ejemplo, para un estudiante, que tiene que enfrentar una variedad de desafíos y tareas cada día. Aprender a manejar las emociones y mantener la atención puede ser de gran ayuda para mejorar el rendimiento académico y el bienestar general.

1. **Técnicas de relajación y aceptación.** Antes de comenzar a estudiar, el estudiante podría practicar técnicas de relajación, como la respiración profunda o la meditación, para calmar su mente y prepararse para la tarea de estudio.

2. **Cultiva la atención.** El estudiante debe tratar de estar completamente presente mientras estudia, concentrándose en el material de estudio y evitando distraerse con pensamientos irrelevantes.

3. **Evita las distracciones.** El estudiante podría poner su móvil en modo silencioso o en otra habitación para evitar las distracciones de las notificaciones. También podría elegir un lugar tranquilo para estudiar donde no sea probable que se distraiga.

4. **Practica la atención plena.** Durante las sesiones de estudio, el estudiante podría tomar breves descansos para practicar la atención plena. Esto podría implicar cerrar los ojos, centrarse en la respiración y observar los pensamientos y emociones sin juzgarlos. Después de este breve descanso, el estudiante puede volver a la tarea de estudio con una mente más clara y enfocada.

Recuerda, la práctica regular de la atención plena puede ayudarte a manejar el estrés y la ansiedad, así como a mejorar tu bienestar general.

EJERCICIO. TABLA DISFRUTE-IMPORTANCIA

Registra tus actividades diarias y valóralas como en la siguiente tabla.

HORARIOS	ACTIVIDADES	DISFRUTE (de 0 a 10)	IMPORTANCIA (de 0 a 10)
00.00-07.00	Dormir	6	10
07.00-07.30	Ducha, aseo	8	8
07.30-08.00	Desayuno	6	9
08.00-9.00	Trayecto al trabajo	4	10
19.00-19.00	Cena	7	9
20.00-21.00	Redes sociales	5	5

Al final del día se puntúa el estado de ánimo con el que se va uno a la cama. Sigue estos pasos:

1. **Preparación.** Crea una plantilla similar a la del cuadro proporcionado, donde registres las diferentes horas, actividades y puntuaciones del disfrute que conlleva la actividad y la importancia de la misma.

2. **Observación.** Al hacer esto, podrás observar detenidamente el tiempo que dedicas a las actividades en tu vida cotidiana y cuánto te satisfacen o te desagradan.

3. **Conciencia.** Este proceso te ayudará a ser consciente de varios aspectos de tu vida. Por ejemplo, podrías darte cuenta de que hay actividades que debes hacer, como ir a trabajar, un trayecto que no disfrutas mucho, especialmente si vas en coche y siempre hay atascos.

4. **Evaluación y cambio.** En estos casos, puedes preguntarte si hay otras opciones para llegar al trabajo, como ir en bicicleta o en tren, y evaluar cómo este cambio afecta a tu actividad.

5. **Descubrimiento.** También podrías descubrir que hay actividades que con las que disfrutas, como cocinar, pero a las que no dedicas mucho tiempo, en comparación con el que pasas en las redes sociales.

6. Ajuste. Registrar todas las actividades y puntuarlas te ayudará a darte cuenta de que algunas de ellas quizá no te satisfacen y que podrías sustituirlas por otras, o incluso reforzar aquellas que te gustan.

7. Revisión. Es beneficioso revisar el inventario de nuestras actividades cotidianas de vez en cuando, especialmente cuando empiezas a sentir que puntúas bajo el estado de ánimo al terminar el día.

EJERCICIO. INVENTARIO DE HÁBITOS

Este ejercicio, aunque es algo similar al anterior, se enfoca de una manera diferente, pero el objetivo apunta en la misma dirección: identificar las actividades habituales en tu rutina que deseas cambiar por hábitos más saludables. Al escribir sobre tus hábitos actuales y los que aspiras a tener, puedes visualizar de manera más clara y organizada qué cambios estás dispuesto y eres capaz de hacer, en contraste con aquellos aspectos que prefieres mantener tal como están.

1. Lista de hábitos actuales. Elabora una lista de tus hábitos diarios. Aquí tienes algunos ejemplos para empezar:

- Te levantas de la cama.
- Te duchas.
- Te preparas el desayuno.
- Te cepillas los dientes
- Desayunas.
- Llevas a los niños a la escuela.
- Entras a trabajar.
- Comes el almuerzo.
- Terminas tu día de trabajo.
- Vuelves a casa.
- Te quitas la ropa de trabajo.
- Te sientas a cenar.
- Apagas las luces.
- Te metes en la cama.

2. Lista de hábitos deseados. En otra columna, escribe los hábitos que te gustaría introducir en tu rutina diaria. Ejemplos:

- Meditar durante 10 minutos cada mañana.
- Leer un libro durante 30 minutos antes de dormir.

- Hacer ejercicio durante 30 minutos después del trabajo.
- Beber ocho vasos de agua al día.

3. **Integración de nuevos hábitos.** Con las dos listas anteriores, busca el mejor modo para integrar tus nuevos hábitos dentro de tu estilo de vida. ¿Dónde encajarían mejor? ¿Qué hábitos actuales podrían ser reemplazados? He aquí unos ejemplos:

- **Meditar durante 10 minutos cada mañana.** Podrías hacerlo justo nada más levantarte de la cama. Este hábito podría reemplazar al tiempo que pasas revisando tu teléfono por la mañana.

- **Leer un libro durante 30 minutos antes de dormir.** Este hábito podría encajar perfectamente antes de meterte en la cama. Podría reemplazar el tiempo que pasas viendo televisión o navegando por internet antes de dormir.

- **Hacer ejercicio durante 30 minutos después del trabajo.** Podrías hacerlo justo después de terminar tu jornada laboral. Este hábito podría reemplazar al tiempo que pasas en las redes sociales después del trabajo.

- **Beber ocho vasos de agua al día.** Podrías hacerlo a lo largo del día. Por ejemplo, podrías beber un vaso de agua tras cada actividad importante, como después de bañarte, después de desayunar, después de llevar a los niños a la escuela, etc.

4. **Desarrollo de cadenas de hábitos.** Una vez que te sientas cómodo con este enfoque, podrás desarrollar cadenas de hábitos que te guíen en cualquier situación que lo requiera.

Recuerda, este ejercicio es un proceso continuo. Puedes volver a él cada vez que necesites reevaluar tus hábitos y acciones.

EJERCICIO. CREAR UNA CADENA DE HÁBITOS

Este es otro ejercicio que te ayudará a desarrollar nuevos hábitos utilizando la técnica de acumulación de hábitos. La idea es vincular un nuevo hábito con uno que ya realizas diariamente. Aquí te dejo los pasos:

1. **Identifica un hábito existente.** Piensa en un hábito que ya realizas todos los días. Puede ser algo tan simple como servirte un desayuno por la mañana o cambiarte de ropa después del trabajo.

2. **Elige un nuevo hábito.** Decide qué nuevo hábito te gustaría desarrollar. Podría ser meditar, hacer ejercicio, expresar gratitud, etc.

3. **Vincula el nuevo hábito con el existente.** Planifica realizar tu nuevo hábito inmediatamente después del hábito existente. Por ejemplo, podrías decidir meditar durante cinco minutos cada mañana después de desayunar.

Aquí tienes algunos ejemplos de cómo podrías hacer esto:

- **Meditación.** Antes de encender la pantalla del ordenador o antes de bajarme del coche al llegar al trabajo, voy a meditar durante cinco minutos.

- **Ejercicio.** Después de quitarme la ropa de trabajo, inmediatamente me pondré la ropa para hacer ejercicio.

- **Gratitud.** Antes de acostarme haré el ejercicio de escribir las tres cosas buenas que me han pasado durante el día.

- **Amor.** Después de acostarme por la noche, le daré un beso a mi pareja, a mis hijos…

Una vez que te sientas cómodo con este enfoque, podrás empezar a crear cadenas de hábitos más grandes.

HACIA LA AUTONOMÍA

El misterio final es uno mismo.
Oscar Wilde

La ecuación perfecta: autoestima + confianza = autonomía

El concepto de autonomía puede ser interpretado de diferentes maneras dependiendo del enfoque psicológico. Sin adoptar una postura específica, nos centraremos en la interpretación que mejor se alinea con nuestros intereses. En esencia, la autonomía se refiere a la **noción de libertad**, la sensación de tener la **capacidad de tomar nuestras propias decisiones**.

La autonomía puede ser vista como una disposición cultural o incluso eurocéntrica, pero tiene elementos universales y se la considera fundamental para el desarrollo moral y la dignidad humana. Es comprensible señalar que el desarrollo de la autonomía en el individuo puede variar dependiendo del contexto sociocultural. Las personas de todas las culturas tienen la capacidad de formar juicios críticos. Por ejemplo, se ha observado que los niños de todo el mundo valoran la autonomía y están dispuestos a desafiar a las autoridades locales cuando perciben que se toman decisiones injustas, independientemente del sistema político en el que se encuentren.

Sabemos que, aunque los individuos que residen en situaciones que les otorgan una mayor libertad de elección personal tienden a ser más felices, las condiciones a nivel macrosocial no tienen un impacto directo en la libertad personal y la felicidad. Esto ocurre solo a través de su percepción y su cambio esperado (mejora o estancamiento) en el futuro.

Existe una investigación empírica sobre la autonomía y la satisfacción con la vida en Europa. En ella se exploró la manera en que la autonomía personal (la capacidad de adoptar decisiones por uno mismo) y las condiciones sociales que permiten a las personas tener más opciones y oportunidades influyen en la satisfacción con la vida. El estudio encontró que los efectos positivos de ciertos aspectos (como la salud, la seguridad financiera, el respeto y la amistad) en la satisfacción con la vida son menores cuando las personas tienen un alto grado de autonomía. Esto sugiere que, aunque estos aspectos de la existencia son importantes para la satisfacción con la vida, su importancia disminuye cuando las personas sienten que tienen un alto grado de control sobre sus propias decisiones. Por eso entendemos que **la percepción de la propia autonomía** tiene un peso importante para sentirse uno satisfecho.

Independientemente de si **nuestras decisiones** resultan ser acertadas o no, debemos tener claro que **siempre serán valiosas,** ya que son la clave para aprender y mejorar a lo largo de nuestra vida. Estas decisiones son las que nos preparan para los eventos futuros. Por esto es importante lo que representa nuestro amor propio y la confianza suficiente que llegamos a atesorar: nos dan fuerza y la certeza de que todo estará bien. Entender nuestra vida desde esta perspectiva es una de las lecciones más sabias que cualquier ser humano puede llegar a albergar, ya que toda experiencia humana es una oportunidad para aprender.

Hemos visto la repercusión que tienen las creencias en nuestro desarrollo vital, porque afectan directamente nuestra percepción sobre nosotros mismos y el mundo que nos rodea. Esto, además, ya fue propuesto desde el **teorema de Thomson,** que señaló lo importante que es tener en cuenta que la certeza en las propias creencias es esencial para convertir estas ideas en realidades tangibles.

Cualquier pensamiento que se perciba como una realidad tiene el potencial de generar impactos concretos. Independientemente de si los principios que formulamos son verdaderos o falsos, lo fundamental es que **construimos una realidad basada en estas creencias**.

Por eso es interesante hacer hincapié sobre lo fundamental que es prestar atención y dedicación al **proceso de autoconocimiento.** Este proceso nos permite crecer y avanzar hacia un estado de autenticidad. A medida que nos reconocemos y nos aceptamos con amor y compasión, entendemos que nuestras creencias pueden limitarnos o, por el contrario, darnos alas y proporcionarnos confianza en nosotros mismos. Como seres humanos, tenemos infinitas posibilidades y, gracias a que podemos ser capaces de generar amor y ensanchar la autoestima, si además contamos con la confianza suficiente en nosotros, tendremos la libertad de elegir qué ser y cómo vivir.

Alcanzar un punto en el que nos sentimos autónomos y libres indica que estamos en el camino correcto. Desde el nacimiento hasta la muerte, nos apegamos a este mundo, a las personas, a los objetos, a los lugares, a los momentos, a los recuerdos y a los pensamientos. A veces llegamos a confundir nuestros valores y creencias con los de los demás, pero es crucial recordar nuestra individualidad, pues ahí reside nuestra autonomía.

Cuando se practica el amor propio y la confianza en uno mismo, se experimenta un sentimiento de libertad. Esto se debe a que la persona ha logrado desapegarse de aquellas ideas, objetos, lugares y personas en las que había depositado su felicidad, cuando creía que su bienestar dependía de la validación de los demás o de la riqueza que poseía. Cuando **conectamos con nuestras propias necesidades** en lugar de hacerlo en las proyectadas por los demás, la confianza en uno mismo y la autoestima se convierten en la llave que abre la prisión en la que nos mantienen nuestros miedos. Al hacerlo, ganamos libertad, autonomía y la posibilidad de crear una realidad que nos proporciona un estado más armonioso y en sintonía con la vida que deseamos llevar.

El desapego

¿Alguna vez has hecho una lista de todas las personas, objetos, lugares sin los cuales crees que no podrías vivir?

Observa a tu alrededor y notarás que muchas personas han basado sus vidas en la idea de que sin ciertos elementos –como dinero, poder, éxito, aprobación, reconocimiento, amor, espiritualidad, Dios...– son incapaces de alcanzar la felicidad. ¿Qué mezcla de estos elementos es relevante para ti?

El tipo de apego que estamos considerando aquí se refiere a las creencias falsas que nos alejan de la posibilidad de **vivir la vida con autenticidad,** creando **necesidades irreales** como medio para alcanzar la felicidad. Es decir, estamos abordando el concepto de apego desde una perspectiva negativa.

Esto no tiene nada que ver con el apego que un individuo desarrolla como mecanismo de supervivencia al nacer. Evidentemente, sin un cuidador al que apegarse, no sobreviviríamos. Sin embargo, si no se ha desarrollado un apego sano y adecuado, esto nos afectará en la forma en que interpretamos nuestras experiencias.

Los apegos negativos son una forma errónea de relacionarnos con el mundo. Considerémoslos como los muros de una prisión que limitan nuestra libertad. Muchos de nosotros vivimos sin darnos cuenta de sus barrotes invisibles y nos adaptamos sin resistencia a la prisión que hemos construido para nosotros mismos. La liberación comienza con el reconocimiento de que estos muros que nos constriñen. Al detectarlos, comenzamos a desmantelar sus cimientos. Una vez que estos muros se derrumban, podemos admirar la inmensidad de la libertad ante nosotros.

Reflexiona sobre las múltiples ocasiones en las que tus emociones te han sacudido, provocándote episodios de ira, depresión o angustia, cuando tu corazón ha anhelado algo que no poseías, se ha aferrado a algo que tenías o ha intentado evitar algo que no querías. Cuando te dejas atrapar por un apego, dejas de funcionar con todo tu potencial.

Te animo a que identifiques algún apego que te cause una verdadera preocupación, algo a lo que estés aferrado, algo que te cause miedo, algo que desees intensamente. Notarás que en el momento en que desarrollas ese apego, esa necesidad no real te impide ser tú mismo, dejas de funcionar correctamente y desaparece tu habilidad para llevar una vida alegre, despreocupada y tranquila. Aplica esta idea a cualquier apego que hayas identificado.

Si nos detenemos a pensar en **el origen de nuestros apegos,** nos damos cuenta de que, de alguna manera, son impuestos. No nacimos con ellos, han surgido de las falsas creencias que nuestra sociedad y cultura nos han transmitido, o de una mentira que nos hemos contado a nosotros mismos, es decir, que sin cierta cosa, persona o situación no podemos ser felices. Ahora, abre los ojos y verifica la falsedad de tal afirmación. Existen innumerables personas que son felices sin esa cosa, esa persona o esa circunstancia que tanto anhelas y sin la cual estás convencido de que no puedes ser feliz.

Si deseas vivir plenamente, debes adquirir y **desarrollar una perspectiva más flexible.** La vida es infinitamente más grande que esa trivialidad a la que a veces el corazón se aferra y a la que has dado el poder de perturbarte de esa manera. Una trivialidad, sí, porque si vives lo suficiente, es muy probable que algún día esa cosa o persona deje de importarte y puede que ni siquiera te acuerdes de ella. Hoy mismo, apenas recuerdas esas enormes tonterías que tanto te inquietaron en el pasado y que ya no te afectan en absoluto.

Esto nos conduce de nuevo a la conclusión de que nada ni nadie, excepto tú mismo, tiene el poder de hacerte vivir plenamente o que te sientas un desgraciado. Ya seas consciente de ello o no, **eres tú,** y solo tú, **quien decide ser feliz o infeliz,** dependiendo de si te aferras o te desprendes del objeto de tu apego en una situación específica. Se puede observar a veces cómo la mente se resiste a estas ideas e incluso busca argumentos en contra y se niega a considerarlas.

Si tienes un apego exagerado a algo en particular, acabarás cegándote al darle un valor desmedido. Te propongo que pienses en una persona o cosa a la que tengas un **apego excesivo,** con lo que le has otorgado el poder de hacerte feliz o infeliz. Observa cómo, debido a tu empeño en obtener a esa persona o cosa, te aferras a ella y disfrutas exclusivamente de ella; a acusa de tu obsesión por esa persona o cosa, pierdes sensibilidad con respecto al resto del mundo. Te ayudaría acercarte desde otra perspectiva para darte cuenta de lo parcial y ciego que se vuelve uno ante ese objeto de apego.

Si uno es capaz de verlo, entonces experimentará el deseo de liberarse de ese apego. La pregunta es cómo hacerlo. No es un proceso simple, porque la mera renuncia o el simple alejamiento no sirven de nada, ya que al desaparecer uno se vuelve insensible, tal y como lo era antes, cuando estaba centrado únicamente en ese apego. Por lo tanto, **no se necesita renunciar, sino comprender, tomar conciencia.** Si tus apegos te han causado sufrimiento y angustia, esto es una buena ayuda para conocerte y comprender. También es útil que al menos una vez en tu vida hayas experimentado el dulce sabor de la libertad y la capacidad de disfrutar de la vida que proporciona no creer que necesitas a alguien o algo para estar bien. Ya hemos visto en el capítulo anterior el poder de transformación que tiene en nosotros ser conscientes de todo lo que nos rodea. Tomar conciencia de cómo experimentas la pérdida cuando sobrevaloras tus apegos y te vuelves ciego al resto del mundo que te rodea es clave para que se produzca un cambio en ti. Circulamos por esta vida afincados en una serie de creencias que compartimos con los otros y nos permiten desarrollarnos con nuestro entorno, sociedad, cultura, pero lo que sucede es que a veces nos limitan y en ocasiones **deforman la realidad.**

Vemos que esto ocurre cuando nos apegamos a nuestras percepciones, de tal manera que, por ejemplo, si te aferras a una percepción sobre alguien, ya no estás amando a esa persona, sino a la percepción que tienes de ella. Cuando la observas actuar o hablar, o comportarse de cierta manera, le asignas una etiqueta («es tonta», «es torpe», «es cruel», «es simpática»...). Y así, creas sin darte cuenta una barrera, un obstáculo entre tú y esa persona. Y cuando te encuentres con ella de nuevo, la verás a través del prisma de esa percepción que has construido, incluso aunque ella haya cambiado. Observa y reflexiona cómo esto es precisamente lo que solemos hacer con casi todas las personas que conocemos.

Recuerda que este tipo de etiqueta que utilizamos para catalogar a alguien implica que esperamos que responda de acuerdo a nuestras expectativas. Además, al igual que tú haces una valoración de una persona («es tonta», «es encantadora»), los otros hacen lo mismo contigo. Lo que viene a continuación es que reaccionéis como se espera de vosotros, según las creencias vertidas sobre vuestra persona. Si uno no anda despierto, consciente de quién es y de quién quiere ser, acabará resultando ser el que otros dicen que es o debe ser.

Para evitar caer en las trampas que nos desestabilizan emocionalmente, nos confunden y nos impiden vivir más allá de nuestras limitaciones y creencias restrictivas, necesitamos dar **un salto de fe.** Este salto requiere confianza en uno mismo y generar amor propio. Al hacerlo, podemos descubrirnos a nosotros mismos en este percibido como complicado mundo como seres humanos y trazar un camino hacia una vida que nos brinde mayor bienestar.

Siempre se puede volver a tener la mirada de un niño, una mirada llena de asombro e inocencia que se deleita en la sorpresa de cada momento. Solo cuando dejamos de vivir con piloto automático, como robots programados, podemos descubrir verdaderamente el sentido de la vida.

Así, cada día se convierte en una oportunidad para explorar, para aprender, para crecer. Cada momento es una invitación para vivir plenamente, para abrazar la vida con curiosidad y maravilla. Cuando nos embarcamos en la aventura del autodescubrimiento, encontramos nuestro verdadero yo, libre de apegos y lleno de posibilidades, afianzando nuestro amor propio y con la confianza suficiente de que el camino es un cúmulo de aprendizajes.

La compasión y la autocompasión

«El amor y la compasión son necesidades, no lujos.
Sin ellos, la humanidad no puede sobrevivir»
DALÁI LAMA

Hablamos de la libertad de adquirir autonomía y acabamos de ver las trampas en las que caemos cuando nos enredamos en los apegos.

Cuenta la leyenda que Buda, el príncipe Siddharta, abandonó todo cuanto tenía para emprender un camino que le llevó a predicar sobre el desapego porque comprendió que la vida se definía esencialmente por el sufrimiento que acarrea la pérdida o necesidad.

A lo largo de los siglos, en la humanidad ha habido personas, tanto místicos de todas las religiones y filosofías como científicos dedicados a la salud, que han tenido como objetivo el estudio de las causas del sufrimiento para poder librarnos de él. El sufrimiento es algo compartido por toda la humanidad, el sufrimiento no es solo de unos cuantos. Veremos más adelante qué importancia tiene este concepto llamado por muchos **la humanidad compartida.**

El sufrimiento humano reduce la posibilidad de entender la vida como una experiencia maravillosa hasta el punto de que al año se suicidan 70 000 personas debido a la depresión, según un informe de la Organización Mundial de la Salud de 2023. Esta enfermedad conlleva un sufrimiento extenuante para las personas que la padecen y nadie está exento de sufrirla.

La vulnerabilidad al dolor es una característica inherente a la condición humana **compartida por todos los seres humanos.** El dolor, cuando se presenta, es una experiencia inevitable. Desde temprana edad, comprendemos que existen medicamentos que pueden aliviar e incluso eliminar el dolor físico. Sin embargo, no estamos igualmente preparados para sanar los dolores emocionales, como el que produce una pérdida o el malestar de sentirse juzgado o rechazado.

Para el dolor emocional, el amor es la única medicina efectiva. Todos hemos visto cuán efectivo puede ser el consuelo de una madre cuando un niño se cae y busca su abrazo antes de llorar. **No hay medicina más potente que el amor.**

El amor implica compasión y autocompasión, y podemos contar con ellas para aliviar el sufrimiento. Mientras que el dolor no es opcional y se experimenta independientemente, el sufrimiento es opcional y puede ser como echar sal a la herida. Hemos visto cómo dejarnos llevar por las narrativas negativas que a veces creamos sobre nosotros mismos puede conducirnos a un malestar insoportable. Sin embargo, con la práctica de la autocompasión, nos acercamos a la herida con cuidado, sin agrandarla ni profundizarla.

El amor propio se logra desarrollando la autocompasión, aprendiendo a abrazarnos, a no criticarnos, a no maltratarnos y a aceptarnos. **La autocompasión es una respuesta natural de autocuidado** que surge cuando nos permitimos reconocer y acoger cualquier experiencia que estemos atravesando, independientemente de su naturaleza. Se trata de aliviar nuestro propio sufrimiento, proporcionándonos el amor y la ternura que requerimos, de la misma manera en que lo haríamos con un ser amado o un buen amigo que esté pasando por un momento difícil.

Para ilustrar la diferencia entre el dolor inevitable y el dolor evitable que provoca el sufrimiento, consideremos el ejemplo de una joven que practica baloncesto y se lesiona la rodilla. Esto le provoca un dolor físico real, que puede ser tratado con medicina convencional. Sin embargo, la narrativa que crea sobre lo que le ha sucedido puede añadir dolor al dolor, lo que constituye sufrimiento. Por ejemplo, si ella se habla a sí misma de manera negativa, diciendo: «Ahora no vas a poder competir», «Te van a tener que ayudar para poder moverte», «Dos meses de rehabilitación», «Van a perder el partido sin mí», está añadiendo dolor al dolor físico real, es decir, creándose sufrimiento.

En cambio, si se trata a sí misma con compasión, es decir, con amor, la narrativa podría cambiar a una más positiva y constructiva. Podría decirse a sí misma: «Ahora tendré que hacer un parón, quizá me sirva para dedicar ese tiempo a otras cosas que tengo pendientes», «Menos mal que cuento con gente que me apoya y me quiere y me está cuidando», «Gracias a que puedo hacer rehabilitación, porque me lo puedo permitir, tendré la posibilidad de recuperarme más pronto», «Voy a apoyar a mis compañeras desde el banquillo igual que si estuviera jugando; todos somos prescindibles». Esta narrativa trata el dolor con amor y compasión, evitando añadir más sufrimiento.

Esta forma de tratarse es un ejemplo de cómo cuando una persona confía en su proceso y se habla bien a sí misma la autoestima florece: el dolor físico de la lesión de la rodilla no se extiende más allá y lo ve como una oportunidad de desarrollar un cuidado más íntimo con ella misma.

Paul Gilbert, fundador de la terapia centrada en la compasión (CFT), describe la compasión como un gesto fundamental de amabilidad que implica un reconocimiento profundo del dolor experimentado por uno mismo y otros seres vivos, acompañado de la voluntad y el empeño por mitigarlo. La compasión abarca **la capacidad de percibir el sufrimiento, reconocerlo y conectar emocionalmente con él.** Existe, a su vez, un componente cognitivo que permite reevaluarlo para darle sentido sin sentirse agobiado. La compasión también incluye la sabiduría, la habilidad de manejar, aliviar y prevenir el sufrimiento. La sabiduría se desarrolla cuando todos los esfuerzos para prevenir y aliviar el sufrimiento se centran en entender los aspectos biológicos, psicológicos, sociales y culturales de las causas y condiciones históricas que interactúan en el surgimiento del sufrimiento.

Según Gilbert, es crucial distinguir entre **compasión y pena,** ya que **a menudo se confunden.** La compasión se caracteriza por un sentimiento de empatía profunda y tristeza por aquel que sufre una desgracia, acompañado de un fuerte anhelo de aliviar ese dolor. Por su parte, la pena es una sensación de tristeza hacia alguien sin la necesidad de experimentar verdadera empatía o conexión con la persona que la provoca. El sentimiento de sufrimiento en la compasión surge de la conciencia de una base común entre todos los seres sintientes (todos sufrimos y todos buscamos la felicidad), y al reconocer este sentimiento compartido se puede empatizar con el sufrimiento del otro. En el caso de la pena o lástima, no existe este sentimiento común y se basa en una relación de superioridad en comparación con el otro, ya que se reconoce una carencia en el otro, pero no esta comunalidad.

Gilbert sostiene, que, desde una perspectiva evolutiva, la compasión se considera un sistema evolutivo diseñado para regular el afecto negativo. Los orígenes de la compasión podrían estar en las habilidades que los primates desarrollaron para formar vínculos de apego y participar en comportamientos de afiliación y cooperación para la supervivencia del grupo.

Los estudios han revelado que el acto de **mostrarnos compasión** a nosotros mismos, también conocido como «autocompasión», tiene un impacto significativo en la calidad de nuestras vidas y en cómo manejamos desafíos como la ansiedad, el temor, la depresión y las relaciones interpersonales. Esto implicaría fomentar la compasión interna como un método para estructurar nuestro complejo cerebro humano de una manera socialmente positiva y mentalmente sana. Instintivamente, comprendemos que la bondad y el respaldo de los demás contribuyen a aliviar la sensación de amenaza y nos permiten recuperar la sensación de seguridad.

BENEFICIOS DE LA PRÁCTICA DE LA COMPASIÓN

En la última década se ha observado un crecimiento significativo en la investigación sobre las ventajas de fomentar la compasión, y se han encontrado evidencias de que reduce de manera elocuente **la autocrítica** (gran enemiga de la autoestima), el sentimiento de inferioridad y la vergüenza. Los individuos con un alto nivel de autocompasión experimentan menos temor ante el fracaso que quienes carecen de él.

Por lo tanto, la evidencia sugiere que **la compasión es un remedio efectivo** para una amplia gama de problemas de salud mental, como la depresión y la ansiedad. Se ha comprobado que, con el entrenamiento de atención plena, las prácticas enfocadas en la bondad amorosa y la compasión disminuían la depresión, y que las meditaciones centradas en la compasión reducían las respuestas del sistema inmunológico y las respuestas conductuales asociadas al estrés. Además, los estudios de neurociencia y de neuroimagen han evidenciado que las prácticas que se fundamentan en la visualización de la compasión hacia otros inducen modificaciones en la corteza frontal, el sistema inmunológico y el bienestar general.

La psicóloga Kristin Neff y el doctor Chris Germer, creadores del programa de entrenamiento en el cultivo de habilidades compasivas denominado *Mindful Self-Compassion* (MSC), argumentan que la autocompasión, al igual que la compasión hacia los demás, se sustenta en tres pilares: **amabilidad, atención y humanidad compartida.** La amabilidad se refiere a ser cálido y comprensivo con uno mismo en momentos de sufrimiento o fracaso en lugar de ser autocrítico. La atención implica mantener los sentimientos de dolor en la conciencia sin identificarse completamente con ellos. La humanidad compartida se define por percibir el propio sufrimiento como un aspecto de la experiencia humana general en lugar de verlo como un evento aislado de la persona que lo sufre.

LA AMABILIDAD

En relación con la amabilidad, la psicoterapia actualmente utiliza actividades que fomentan actos de bondad, ya que la amabilidad puede ser esencial para interrumpir **procesos negativos de rumiación.** Un gesto de bondad genuina implica ayudar a los demás y compartir. Cuando uno se siente mal, la atención se centra en uno mismo, lo que puede llevar a procesos de rumiación. Esto significa entrar en un bucle de creencias negativas sobre uno mismo y el mundo que no contribuyen a resolver ningún problema, sino que lo magnifican. Por lo tanto, te animo a intentar enfocar la atención en **realizar actividades** que promuevan actos de bondad y amabilidad porque está demostrado que es relevante para nuestra salud mental y está asociado con la satisfacción en la vida y una buena salud. De hecho, parece que el acto de dar es más beneficioso para quien da que para quien recibe.

Además, los estudios sugieren que, si estos actos se refuerzan con una reflexión posterior sobre ellos (por ejemplo, anotándolos y comentándolos en un diario o registro y evaluando su impacto emocional), aumenta su impacto positivo en el bienestar.

Para poner en práctica la amabilidad, podemos, por ejemplo, participar en **actividades prosociales** de organizaciones de voluntariado o sencillamente utilizarla en los actos cotidianos realizados con personas conocidas de nuestro entorno. Existen innumerables formas de practicar la bondad en nuestra vida diaria, como **escuchar activamente** a alguien que necesita desahogarse (esto es aconsejable si uno está preparado para hacer una escucha sin juzgar ni opinar). También se puede ceder el paso a quien tenga prisa, etc. La clave está en estar abierto a las necesidades de los demás y actuar con empatía y consideración.

Cuando expresamos bondad hacia los demás, esa bondad se refleja de vuelta hacia nosotros. Te invito a probarlo: sonríe a alguien en la parada de un autobús, tren o metro, reconociendo ese momento compartido, y verás cómo la otra persona te devuelve un gesto de reconocimiento, ya sea con una leve sonrisa o una mirada.

Ser amable es simplemente **sonreír al otro,** reconocernos como compañeros de viaje, ya sean conocidos o desconocidos, en este recorrido por la vida. Los beneficios de la amabilidad son enormes, los costes y esfuerzos son mínimos, y lo mejor de todo es que no se pierde nada por ser amable.

LA HUMANIDAD COMPARTIDA

En páginas anteriores hemos visto la repercusión que tiene ejercitar el músculo de la atención. Ahora dedicaremos un breve espacio a entender algo más sobre qué es la humanidad compartida, ya que es un concepto que merece ser destacado.

A medida que construimos nuestra identidad, tendemos a separarnos y distinguirnos de los demás, lo que puede llevar a una cierta deshumanización. Nos tratamos a nosotros mismos como algo diferente de la humanidad. Ahora, si reconocemos al otro como otro punto de vista, esto nos otorga la oportunidad de conectar con la humanidad compartida. El «yo» es intercambiable con el «tú», lo que nos permite **ponernos en el lugar de otra persona.** ¿Cómo vería esto alguien que me quiere? ¿Qué me diría? Cuando una persona se hace estas preguntas, dispara un proceso en el cual se desarrolla la compasión, entre otras cosas.

Todos hemos podido tener momentos en la vida en los que conectamos profundamente con otro ser humano, y en el núcleo de esa conexión encontramos todo **aquello que nos hace iguales.** Todos compartimos la aventura de la existencia, desde el nacimiento hasta la muerte, y enfrentamos desafíos similares, como disfrutar de los placeres que la vida ofrece, lidiar con el tiempo limitado que tenemos y superar miedos comunes, como el rechazo, el abandono y la muerte. Estamos hechos de los mismos sentimientos y pensamientos, moldeados por nuestro contexto socio-histórico y familiar, y somos capaces de reconocer nuestro propio sufrimiento al mirar al otro y experimentar empatía con las experiencias vitales de los demás. No estamos tan solos en este viaje, compartimos mucho. Como dice el refrán modificado, «mal de muchos, consuelo de sabios».

Si hay algo que compartimos los seres humanos, además de lo que ya hemos mencionado, es nuestra búsqueda y anhelo de la felicidad.

Cultivar la felicidad

La felicidad es un tema ampliamente estudiado tanto desde la perspectiva de la psicología como desde la de la neurociencia. La comprensión de la felicidad ha evolucionado desde la antigüedad hasta nuestros días. Se ha entendido como una combinación de al menos dos elementos: **hedonía** (o placer) y **eudaimonía** (un sentimiento de que la vida se vive plenamente) (Morten L. Kringelbach y Kent C. Berridge, 2010).

Aristóteles sostenía que la vida de cada individuo lleva implícita una invitación a hacerse cargo de su propia existencia para conseguir el grado de perfección que nuestra propia naturaleza nos permita. La evidencia empírica actual apunta en esa dirección también. Psicólogos positivos contemporáneos, como Mihaíl Csikszentmihályi, afirman que la felicidad no es producto del azar, sino que para alcanzarla hay que poner de uno mismo, cultivar lo mejor de nuestra condición como ser humano.

Encontrar una definición de felicidad es un reto, ya que se trata de un **concepto subjetivo y personal.** Así vemos que desde la psicología la definición que más se acerca a la felicidad es la de **«bienestar subjetivo»,** y la ciencia de la felicidad que se dedica exclusivamente a explorar este concepto lo investiga preguntándose qué es lo que hace que las personas se sientan felices.

La neurociencia ha descubierto mecanismos de redes cerebrales activadas por la hedonía en regiones profundas del cerebro (como el núcleo accumbens, el pálido ventral y el tronco cerebral), y otros localizados en la corteza cerebral (como las cortezas orbitofrontal, cingulada, prefrontal medial e insular) relacionados con el placer. Sin embargo, los autores de estos estudios advierten que aún queda mucho por investigar respecto a la neuroanatomía funcional de la felicidad, por lo que la discusión sigue abierta.

La rama de la psicología que actualmente se centra más en investigar y desarrollar terapias con intervenciones para alcanzar el bienestar psicológico es la **psicología positiva.** Esta disciplina busca entender y promover los aspectos positivos de la experiencia humana, como la felicidad, para mejorar la calidad de vida de las personas.

La psicología positiva cuenta con diferentes teorías sobre la felicidad. Entre ellas sobresale el modelo teórico ampliamente reconocido sobre el bienestar psicológico que presenta la psicóloga estadounidense **Carol Ryff,** que lo interpreta como un desarrollo personal y un compromiso con los retos existenciales de la vida.

Esta teoría del bienestar se apoya en la perspectiva audaimónica, que mantiene que **la verdadera felicidad** se logra a través de **la realización de nuestro verdadero yo y el desarrollo de nuestros potenciales humanos.** Según esta perspectiva, el bienestar no se trata solo de sentirse bien, sino de vivir de una manera que sea auténticamente satisfactoria y significativa.

Por lo tanto, **la integración vital,** es decir, la coherencia entre nuestras acciones, valores y metas y el afrontamiento de retos existenciales, y la capacidad para manejar y superar los desafíos de la vida están interrelacionados y contribuyen a nuestro bienestar general.

Contamos con la evidencia empírica que respalda la idea de que las personas que están más satisfechas con sus necesidades básicas y que tienen claras sus metas en relación con sus intereses, valores y necesidades tienden a experimentar niveles elevados de bienestar. Es decir, la satisfacción de nuestras necesidades básicas y la claridad de nuestras metas son factores clave.

Por su parte, **Martin Seligman,** padre de la psicología positiva, sostiene que el inicio del camino hacia la felicidad se logra a través de una vida placentera, comprometida y llena de significado. La **vida placentera** se consigue aumentando las emociones positivas. La **vida comprometida** apuesta por poner en práctica nuestras fortalezas y valores vitales personales para desarrollar experiencias óptimas. Esto incluye la participación, la implicación y el compromiso. Y, por último, **la vida significativa** engloba el sentido de la vida y el desarrollo de objetivos que van más allá de uno mismo, es decir, usar nuestras fortalezas para ponerlas al servicio de algo que se siente que es importante más allá de uno mismo. Cuando se da sentido a la vida, se produce una satisfacción personal.

LA GRATITUD APORTA FELICIDAD

La gratitud se puede describir como un reconocimiento de lo que uno ha obtenido, ya sea material o inmaterial. Al ser agradecidas, las personas son conscientes de las cosas buenas de sus vidas. A menudo, se dan cuenta de que al menos una parte de esa bondad proviene de fuentes externas a ellas mismas. Por lo tanto, la gratitud también **facilita la conexión** con algo más grande que uno mismo, ya sean otras personas, la naturaleza o una entidad superior.

Desde la psicología positiva la gratitud es contemplada como una emoción positiva, y por ello su estudio ha ido dirigido a demostrar que el cultivo sistemático de esta emoción a veces subestimada **puede cambiar la vida** de un individuo. Se han propuesto intervenciones basadas en la gratitud para conseguir un mayor bienestar porque los hallazgos conseguidos al utilizar estas intervenciones indican que las actividades que promueven el desarrollo de habilidades de gratitud mejoran el bienestar personal.

La gratitud permite a las personas poner el foco en los aspectos positivos de su existencia en vez de centrarse en los negativos. Esto conduce a un estado de **bienestar emocional mejorado,** ya que es más probable que experimenten sentimientos de gozo, amor y tranquilidad. El bienestar emocional se refiere a la habilidad de generar emociones, estados de ánimo, pensamientos y sentimientos positivos, y de adaptarse en situaciones adversas y difíciles. La gratitud tiene una fuerte y duradera relación con la mejora del bienestar emocional, según la investigación en psicología positiva, ya que ayuda a las personas a experimentar emociones agradables, a valorar experiencias maravillosas, a mejorar su salud, a enfrentar la adversidad y a establecer conexiones profundas.

Parte de la responsabilidad la tiene nuestra mente, que tiende a reflejar aquello en lo que se enfoca. Si permitimos que se centre en los problemas, las tensiones y las dificultades de nuestra vida, se volverá agitada y ansiosa. Pero si cultivamos la habilidad de **dirigir nuestra atención hacia los aspectos positivos** de nuestra existencia, nuestra mente se llenará de satisfacción y gratitud.

Podrá servirnos de ayuda entender la mente como una linterna que arroja luz tanto sobre nuestras tristezas como sobre nuestras alegrías, tanto sobre nuestros problemas como sobre nuestras soluciones. Afortunadamente, somos nosotros quienes sostenemos esa linterna y podemos decidir qué queremos iluminar con ella. **La gratitud no solo es un estado de ánimo, sino que también es un hábito que requiere práctica.** Al entrenar nuestra mente de manera constante para que se sumerja en la gratitud, lograremos vivir en armonía.

LOS VALORES ALUMBRAN EL CAMINO

Nuestros valores nos sirven como una **guía útil para llegar a vivir una vida significativa**, ya que promueven nuestras acciones, y, aunque no son el destino, sí son el camino. Fabio Maera, experto en la terapia de aceptación y compromiso (ACT), enfatiza la importancia de los valores, aunque estos puedan ser fuente de sufrimiento. Existe una máxima de la ACT que dice: «En tu dolor encontrarás tus valores y en tus valores encontrarás tu dolor». Según Maera, esto significa que, a pesar del dolor inevitable que puede surgir al vivir de acuerdo con nuestros valores, es esencial encontrar maneras de continuar avanzando hacia lo que realmente importa en la vida. Este concepto es fundamental tanto en la terapia ACT como en la vida en general.

Los seres humanos se apoyan en sus **valores personales,** aquellos que engloban las creencias, los principios o ideas que son importantes en su vida porque tienen un gran significado en su existencia. Hay que señalar que cada ser humano tiende a dar más peso a ciertos valores que a otros, y la mayoría de las veces podrán ser compartidos por la comunidad.

Los valores nos sostienen porque nos importan, y en ellos depositamos nuestra confianza y fortaleza. Al final se ama lo que se valora. Los valores nos brindan la oportunidad de **vivir la vida con sentido.** De hecho, en ellos podemos encontrar la satisfacción, la felicidad.

Ya hemos comentado que entre los valores que el ser humano alberga cada persona tiende a dar más importancia a unos que a otros. En la actualidad, la psicología tiene cada vez más presente la importancia de la **espiritualidad.** Un estudio realizado en Corea del Sur trató de descubrir la relevancia de cuatro distintas categorías de valores personales: las relaciones sociales, los logros materiales, la salud física y la espiritualidad. Los hallazgos mostraron que los encuestados que priorizaban la religión (es decir, la espiritualidad) eran los más propensos a ser felices, seguidos por los que daban preeminencia a las **relaciones sociales,** incluyendo la familia, los amigos y los vecinos. En cambio, los que priorizaron los **logros extrínsecos** (dinero, poder, nivel educativo, trabajo y ocio) y la salud eran menos propensos a ser felices.

Más adelante encontrarás un ejercicio que te invitará a que hagas un **inventario de tus valores,** y ello te ayudará a ser más consciente y darte cuenta de dónde pones tu energía, cuáles son tus metas, para conseguir estar alineado con tus valores. Nunca está de más examinar si hay valores que no te sostienen y a continuación preguntarte si te están proporcionando bienestar.

LA ESPIRITUALIDAD COMO UN VALOR AÑADIDO

En los últimos años se han llevado a cabo múltiples estudios interesados en conocer el beneficio que aporta la espiritualidad en la salud mental. La mayoría de ellos presentan una correlación positiva entre la adopción de una religión o espiritualidad y la mejoría en la salud, especialmente cuando se trata de reducir enfermedades relacionadas con el estrés o la depresión.

Los estudios se centraron en las adicciones, el suicidio, la delincuencia, la ansiedad-depresión, el estrés, la esquizofrenia, el psicoticismo y los trastornos bipolares, y concluyeron que la espiritualidad y la religiosidad pueden otorgar **mecanismos de afrontamiento** de diversa índole: cognitivos, afectivos, psicológicos y comportamentales. Los efectos de la religiosidad sobre la reducción del estrés al parecer llevan a un mayor bienestar emocional, mental y físico en las personas.

En el mundo actual debemos hacer la distinción entre la religión, que tiende a enfocarse en el dogma, y la espiritualidad, que pone mayor énfasis en la vivencia personal.

Se podría entender la espiritualidad como la manifestación de un conjunto de valores íntimos, creencias personales y prácticas que emergen de las preferencias y orientaciones de un individuo considerado autónomo. Además, la espiritualidad estaría en sintonía con los **intereses más profundos** y las **preocupaciones existenciales** del individuo, sin la necesidad de pertenecer a una organización específica o seguir a una autoridad externa.

Sin embargo, desde la ciencia estos resultados obtenidos sobre los beneficios de la espiritualidad en la salud se toman con cautela porque no existe claridad ni consenso en torno al significado de la espiritualidad. Aun así, no deja de ser importante señalar que para algunos autores la espiritualidad va ligada al sentido y al propósito que las personas dan a sus vidas, y esto hay que subrayarlo porque como valor puede ser un motor y una meta crucial desarrollar esos aspectos que están en consonancia con las creencias de cada uno.

El sociólogo y estudioso Ulrich Beck decía sobre la espiritualidad que, en las sociedades occidentales, en las que la autonomía individual se ha convertido en un principio fundamental, las personas crean cada vez más sus propias narrativas de un **«dios personal»** que se adapta a su vida y experiencia individual. Sin embargo, este «dios personal» no es el Dios de las religiones monoteístas.

Queda claro, por tanto, que la espiritualidad que se centra en el yo como experiencia se alinea con el poder que tenemos para dirigir nuestras propias vidas. Esto nos lleva finalmente **hacia la libertad y la autonomía,** una búsqueda que parece ser inherente a todos los seres humanos.

Disfrutar de nuestra autonomía nos permite soñar, perseguir y tratar de realizar nuestros sueños. Confiamos en nuestras habilidades y descubrimos que, al final, todo tiene un propósito. Tal vez ese propósito sea simplemente aprender y continuar aprendiendo a estar en el presente, percibiendo nuestra autenticidad como seres humanos únicos que forman parte de un todo.

La vida tiene sentido

Un concepto que está estrechamente relacionado con el bienestar, el optimismo y la felicidad es el sentido de la vida, que se ve como una manifestación de una vida plena. Este concepto fue desarrollado por **Viktor Emil Frankl** y es el pilar central de la **teoría motivacional de la logoterapia,** una corriente psicoterapéutica que fundó este psiquiatra y neurólogo vienés y que se enmarca dentro de la psicoterapia existencial. Según Frankl, experimentar que nuestra vida tiene sentido es la principal fuerza motivadora del ser humano y una condición para la autorrealización personal.

Por su parte, **Ken Wilber,** el creador de la psicología integral, sostiene que **la autenticidad de la persona** le facilita vincularse con el significado inherente de la existencia (no con un significado impuesto desde fuera). La ausencia de autenticidad se manifiesta en la persecución de un propósito puramente externo que finalmente conduce a la angustia existencial.

Varios psicólogos sostienen que un componente fundamental de la salud mental es la convicción personal y el sentimiento de que la vida tiene un propósito. La consecución de este propósito se asocia positivamente con la percepción y vivencia de la libertad, responsabilidad y autodeterminación, la realización de **metas vitales,** una visión optimista de la vida, del futuro y de uno mismo, y la autorrealización.

Parece como si algunas personas tuvieran claro que tienen un propósito en la vida y, sin embargo, otras pueden vivir toda una vida sin interesarse en ello y otras lo buscan y se pasan toda la vida buscándolo. Para los residentes del pueblo japonés de Ogimi (Okinawa), en el que habita la mayor cantidad de personas de edad avanzada del mundo, descubrirlo es el secreto para una vida más plena y prolongada.

Una creencia japonesa dice que cada individuo posee un **ikigai,** un propósito en la vida. El *ikigai* engloba lo que amas, tus habilidades, tu propósito de vida o al menos tu motivación para despertarte cada día. Por lo tanto, tener consciencia de él implica que cada jornada está llena de sentido.

Héctor García y Francesc Miralles, autores del libro *Ikigai. Los secretos de Japón para una vida larga y feliz,* para cuya elaboración visitaron el pueblo de Ogimi, revelan paso a paso todo lo que tiene que ver con este concepto y describen algunas de las reglas que pueden ayudar a encontrar tu propósito. Este sería el resumen de algunas de las que estos autores proponen:

- **Permanece constantemente en movimiento**

  No existe una palabra en japonés que signifique exactamente retirarse de manera definitiva, como se interpreta el término «jubilación» en el mundo occidental. De hecho, el concepto de *ikigai* se refiere a la alegría de estar siempre ocupado. Por ejemplo, las personas que tienen la fortuna de tener un trabajo que les hace felices y no lo consideran solo sustento económico, sino un enriquecimiento personal al dedicar su tiempo a algo que les suma satisfacción. Por tanto, debemos intentar no dejar de hacer aquello que nos gusta.

- **Tomarse las cosas con calma**

  Manejar nuestros asuntos desde la tranquilidad. Estas comunidades japonesas a las que se ha aludido saben cómo organizar su tiempo para minimizar el estrés, lo que podría ser uno de los secretos de su longevidad. Un estudio reciente del Hospital Brigham and Women's, afiliado a la Escuela de Medicina de la Universidad de Harvard, halló pruebas contundentes de que luchar contra el estrés puede ser un método eficaz para disminuir la edad biológica de una persona.

- **Evita comer hasta sentirte completamente satisfecho**

  La dieta tradicional de Okinawa, la isla japonesa conocida por tener la mayor esperanza de vida del mundo, incluye una gran cantidad de vegetales y tofu, además de pescado alrededor de tres veces por semana. También es rica en antioxidantes, provenientes de los vegetales y del té verde. Lo que colocas en tu plato es crucial para la salud, y también lo es la cantidad que pones. Según los autores del libro sobre el *ikigai*, la costumbre japonesa de servir la comida en varios platillos pequeños contribuye a que se consuma menos cantidad que si se presenta en grandes bandejas. La investigación científica sugiere que, si deseas vivir más tiempo, deberías reducir tu ingesta calórica.

- **Mantén una buena compañía de amigos**

  Según un estudio de Harvard que duró 85 años, tener relaciones sociales sólidas se ha asociado con la felicidad y una vida más larga. Las personas centenarias de Okinawa que entrevistaron García y Miralles valoraban pasar tiempo en los centros comunitarios y participar en competencias deportivas amigables.

- **Mantén un buen estado físico**

  Hazlo, pero sin llegar a los extremos. El ejercicio es esencial para la salud, incluyendo la mental, pero, de acuerdo con los autores, los residentes de Okinawa no realizan actividades físicas intensas. Se mantienen activos diariamente yendo al huerto o dando paseos. En general, prefieren caminar en lugar de usar el coche. Además, la jardinería es una actividad muy popular, ya que requiere movimiento físico diario, pero de intensidad baja.

- **No olvides sonreír**

  La risa estimula el funcionamiento de las áreas que regulan el procesamiento motor, emocional, cognitivo y social. Entre sus beneficios se debe subrayar que mejora el estado de ánimo y reduce los niveles de estrés.

- **Busca conectar con la naturaleza**

  A pesar de que la mayoría de las personas viven en ciudades, estamos diseñados para integrarnos con la naturaleza. Los ancianos de Ogimi creen que es necesario que regresemos a ella con regularidad para recargar el espíritu. Hay estudios que avalan los beneficios para la salud mental que proporciona salir a pasear por la naturaleza.

- **Mostrarse agradecido**

  Ya hemos visto que expresar agradecimiento puede incrementar tu felicidad. Por ende, reservar una hora diaria para agradecer puede ser una estrategia efectiva para elevar tu estado de ánimo. Los expertos aconsejan agradecer «todo aquello que aporta luz a tu cotidianidad y te brinda la alegría de vivir».

- **Céntrate en el momento presente**

  Enfocarte en las penas del pasado y las inquietudes del futuro solo aumentará tu ansiedad y obstaculizará tu capacidad para apreciar las bendiciones presentes. Como indica el *ikigai*, «hoy es todo lo que tienes. Aprovéchalo al máximo. Haz que merezca la pena recordarlo».

Las personas que creen en este modo de vivir y lo siguen parecen estar logrando extender su esperanza de vida no solo en términos de longevidad, sino también en calidad, disfrutando de la felicidad. Sirven como un recordatorio de que nuestra existencia no tiene por qué ser como la de Sísifo, condenado a una tarea absurda e interminable: empujar una roca montaña arriba solo para verla rodar hacia abajo y tener que empezar de nuevo, día tras día, por toda la eternidad.

Te invito a que te des cuenta de que tu vida tiene un propósito. Observa a tu alrededor y mírate a ti mismo sin prejuicios: seguramente descubrirás nuevas formas de interactuar contigo mismo y con el mundo que te rodea.

Consejos útiles

Para resumir, vamos a recopilar algunas ideas básicas que tienen como único objetivo servir de orientación. Para empezar, **comprendernos y conocernos** mejor fortalecerá nuestra confianza y autoestima. Esto nos permitirá tomar decisiones que guíen nuestra vida con autonomía, disfrutando de la libertad que nos brinda el ser auténticos.

Trabaja tu **flexibilidad mental,** porque funciona como un seguro protector para tu salud mental, además de proporcionarte calidad de vida. Trata de observar el mundo con la capacidad de sorprenderte a ti mismo y disfrutar con ello. Puede ayudarte intentar ver los acontecimientos desde otra perspectiva, por ejemplo, haciéndote preguntas como las siguientes sobre las experiencias vividas:

- Si fueras (imagina a alguna persona), ¿cómo responderías a esas situaciones?

- Si yo le preguntara (a esa otra persona) qué hace cuando se siente así, ¿qué me diría?

La vida no se piensa, se vive. Te invito a plantearte que es más adecuado considerar las experiencias internas como **experiencias de vida en lugar de problemas que debemos solucionar.** Por ejemplo, pregúntate: ¿qué sucedería si las emociones, pensamientos, sentimientos, etc., no se consideraran fenómenos para resolver, sino experiencias que vivir? Con esto no se está sugiriendo que no duelan ni que se ignoren. Algo puede ser doloroso o molesto sin que haya que resolverlo. Se pueden enfrentar los dolores como experiencias que pueden ser vividas y no como problemas que necesitan ser resueltos. Al hacer esto, experimentarás el miedo, la vergüenza, la tristeza no como dificultades, sino como parte de la experiencia de estar vivo.

Por lo tanto, es posible **vivir de manera significativa** sin dedicar una parte importante de nuestro tiempo y energía a modificar lo que sentimos, ya sea tratando de reducirlo o de aumentarlo. Esto nos permite conectar con lo más profundo de nosotros mismos, descubrir lo que nos gusta y lo que no, y abrazarlo como lo haríamos con un ser amado. Es importante ser conscientes de que todas las personas tenemos un lado más amable que otro, y todo eso conforma nuestro ser. Reconocer y cambiar lo que está en nuestras manos es un reto. Debemos abrazar sin juicio lo que no nos gusta y lo que no podemos o aún no sabemos cómo modificar, dándole la oportunidad de estar presente sin que gobierne nuestra existencia, sin que nos haga sentir desgraciados.

No dejes de **centrarte en el momento presente** para disfrutar de mayor paz mental y hacer posible el cambio de aquellos hábitos cotidianos automáticos que no son sanos. Recuerda que te puede ayudar incluir en tu vida cotidiana la respiración consciente, la meditación o tomar un momento para observar realmente el mundo que nos rodea.

La autorrealización

Lograr una vida en la que nos sintamos cómodos con nosotros mismos, con nuestra identidad y nuestras acciones es un proceso que se desarrolla a lo largo de toda la vida. Este camino nos lleva a una sensación de bienestar y plenitud. Sin embargo, nadie está exento de enfrentar desafíos inesperados, que pueden considerarse como pruebas que nos ayudan a mejorar y seguir adelante.

La vida transcurre entre caídas y levantamientos, fracasos y logros. Estas experiencias nos brindan infinitas oportunidades para cambiar lo que no funciona y reemplazarlo por lo que sí lo hace. Mientras nuestros ojos están puestos en el mundo exterior, dentro de nosotros existe un ser maravilloso y complejo que anhela ser dirigido con amor y sabiduría para alcanzar su máximo potencial.

Esperamos que este libro te haya proporcionado un poco más de luz y «sabiduría» para extraer el oro de tu «riqueza Interior», es decir, para descubrir y aprovechar al máximo tus propios recursos internos para vivir más plenamente.

PRÁCTICAS

EJERCICIOS PARA GANAR AUTONOMÍA

EJERCICIO. TU FILOSOFÍA DE VIDA Y TUS VALORES

Este ejercicio te invita a cuestionar y poner a prueba tu filosofía de vida. Es probable que necesites revisar y cambiar muchos de los esquemas mentales que tienes, que en cada individuo varían en calidad y contenido.

1. **Detecta tus esquemas mentales.** Te recomendamos que escribas en la libreta en la que estás realizando los ejercicios de este libro tus juicios, opiniones y valoraciones sobre las cosas, las personas y las situaciones que te rodean. Esto te ayudará a detectar si estás siendo demasiado indulgente contigo mismo, si estás mirando a los demás con superioridad, o si crees que tienes garantizado el éxito de antemano, entre otras cosas.

2. **Establece la jerarquía de tus valores.** Profundiza en este ejercicio estableciendo la jerarquía de tus valores actuales. Para ello, imagina una pirámide. En su cima coloca los valores más importantes para ti y en la base, aquellos que consideras de menor importancia. De esta manera, podrás observar con más claridad si necesitas cambiar algunos de estos valores o parámetros internos.

3. **Reflexiona sobre tus expectativas y sacrificios.** Medita acerca de lo que esperas de la vida, qué estás dispuesto a hacer para alcanzar tus objetivos y qué aspectos de tu vida estás sacrificando en favor de otros valores o elementos a los que das mayor importancia.

Este ejercicio te ayudará a ganar claridad sobre tu filosofía de vida y tus valores, y te permitirá hacer los ajustes necesarios para vivir de una manera auténtica y satisfactoria.

EJERCICIO. DESARROLLAR LA COMPASIÓN. EL DESAPEGO DEL SUFRIMIENTO

Esta práctica tiene como objetivo ayudarte a abordar y superar el sufrimiento, permitiéndote experimentar plenamente tus emociones sin juzgarlas.

Pasos:

1. **Reconocimiento del sufrimiento.** Reconoce que el sufrimiento tiene dos componentes, uno mental y otro emocional. Cuando estás en un estado de sufrimiento profundo, la intensidad de la emoción puede hacer que olvides la narrativa que tu mente está creando y manteniendo.

2. **Tiempo para sentir.** Dedica un tiempo específico (por ejemplo, media hora) para permitirte sentir lo que hay. Durante este tiempo, deja que vayan surgiendo sensaciones, sentimientos y emociones sin intentar evitarlos ni resolverlos.

3. **Conexión con las sensaciones corporales.** Conéctate con las sensaciones cinestésicas de tu cuerpo. Identifica dónde notas tensión, ya sea en el corazón, en el plexo solar, en la cabeza...

4. **Observación de pensamientos.** Observa las pautas de pensamiento circular que acompañan al sufrimiento.

5. **Escucha la voz del sufrimiento.** Cuando experimentes una emoción específica, escucha la voz del sufrimiento. No te resistas ni trates de explicarlo. Simplemente permítete estar presente con lo que es.

Resultado esperado:

Este ejercicio te ayudará a desapegarte del sufrimiento y a encontrar una relación más sabia y amorosa con tus emociones. Recuerda, el objetivo no es eliminar por completo el sufrimiento, sino entenderlo y manejarlo de manera efectiva.

EJERCICIO. PREGUNTAS PARA APRENDER A DESARROLLAR LA AUTOCOMPASIÓN

Este ejercicio consiste en hacerte una serie de preguntas y responderlas en el siguiente orden:

1. **¿Qué me digo a mí mismo?** Reflexiona sobre los mensajes que te envías a ti mismo. ¿Son positivos, negativos, neutrales?

2. **¿Alguien de mi historia me decía lo mismo o me trataba así?** Piensa en las personas de tu pasado. ¿Hubo alguien que te enviara mensajes similares o te tratara de la misma manera?

3. **¿Me hizo bien que me tratara así o me dijera esas cosas?** Evalúa el impacto de esos mensajes o ese trato en tu bienestar. ¿Fueron beneficiosos o perjudiciales para ti?

4. **¿Me sentaría bien que los que me rodean ahora me dijeran eso mismo?** Imagina que las personas de tu entorno actual te enviaran los mismos mensajes. ¿Cómo te sentirías al respecto?

5. **¿Qué le diría a alguien que se sintiera como yo?** Ponte en el lugar de otra persona que esté experimentando lo mismo que tú. ¿Qué consejo le darías?

6. **¿Qué me ayudaría decirme a mí mismo ahora?** Finalmente, piensa en los mensajes que te gustaría enviarte a ti mismo en este momento. ¿Qué palabras de aliento, apoyo o amor propio te gustaría escuchar?

Recuerda, el objetivo de este ejercicio es fomentar el autocuidado, la autoconciencia y, por último, la autocompasión. Tómate tu tiempo para reflexionar sobre cada pregunta y responderla de manera honesta y compasiva.

EJERCICIO. REFLEXIONA Y ENCUENTRA TUS VALORES

Hacerse preguntas siempre es útil para replantearse los valores que nos sostienen, o también para redescubrirlos. Coge tu libreta de ejercicios, bolígrafo y contéstate las siguientes cuestiones:

- ¿Qué es lo que más te duele haber perdido/deteriorado por no haberte tratado bien?

- ¿Para qué parte de tu vida es esencial cuidarse bien?

- ¿Qué es importante en tu vida?

- ¿Hubo alguna época en la cual querías algo o querías ser o hacer algo?

- Si vivieras en un mundo en el cual te importara algo, ¿qué sería?

EJERCICIO. INVENTARIO DE VALORES

Esta práctica te invita a escribir una narración breve sobre lo que valoras en cada área de tu vida. Si encuentras que alguna de las áreas no se aplica a ti, simplemente déjala en blanco. Al final de la tabla aquí propuesta tienes la libertad de añadir otras áreas que consideres importantes y que no estén presentes, como la espiritualidad, el deporte, entre otras. Este ejercicio te brindará la oportunidad de reflexionar sobre tus valores en las diferentes áreas de tu vida y reconocer la importancia que tienen para ti.

ÁREAS DE TU VIDA	QUÉ VALORAS	IMPORTANTE 1-10
Relaciones íntimas/pareja		
Relaciones familiares		
Relaciones sociales		
Trabajo		
Educación y formación		
Salud/bienestar físico		
Ocio		
Otros		

A continuación, como segunda parte de esta práctica, describe varias metas específicas que te ayuden a vivir una existencia en consonancia con los valores que has identificado. Preferiblemente, estas metas deben ser alcanzables a corto y medio plazo. Al establecer metas claras, podrás trazar un camino hacia una vida que refleje tus valores más profundos.

Aquí te dejo un ejemplo de cómo podrías completar la segunda parte del ejercicio:

- **Área de vida: salud y bienestar físico.**

  - **Valor:** mantener un estilo de vida saludable y activo.

  - **Metas a corto plazo:**

    - Caminar al menos 30 minutos al día durante la próxima semana.
    - Comer al menos tres raciones de frutas y verduras cada día durante el próximo mes.

  Metas a medio plazo:

    - Inscribirse en una clase de yoga o en un gimnasio en los próximos tres meses.
    - Reducir el consumo de alimentos procesados en un 50 % en los próximos seis meses.

- **Área de vida: relaciones personales.**

  - **Valor:** fomentar relaciones profundas y significativas.

  - **Metas a corto plazo:**

    - Llamar a un amigo o familiar con quien no hayas hablado en un tiempo en la próxima semana.
    - Organizar una cena con amigos en las próximas dos semanas.

  - **Metas a medio plazo:**

    - Participar en una actividad de voluntariado o inscribirse en un club para conocer nuevas personas en los próximos tres meses.
    - Planificar y realizar un viaje con amigos o familiares en los próximos seis meses.

EJERCICIO. PROMOVER LA COMPASIÓN. ESCUCHA LA VOZ INTERNA DE TU SUFRIMIENTO

Este ejercicio te invita a sumergirte en tus emociones y a escuchar la voz del sufrimiento. Aquí te presento los pasos para llevarlo a cabo:

1. **Permítete sentir.** Cuando experimentes una emoción específica, permite que surja la voz del sufrimiento. No intentes explicarlo o resolverlo, simplemente permítete sentir.

2. **Sumérgete en el dolor.** En lugar de mantenerte al margen, sumérgete en el dolor. Relájate en él y permite que el sufrimiento hable. Aunque esta voz interior puede ser intensa e incluso maligna, es crucial permitirnos vivir el sufrimiento en su totalidad para poder trascenderlo.

3. **Abre espacio para las emociones y pensamientos.** Crea un espacio para todas tus emociones y pensamientos. Cuando sientas dolor emocional, escucha lo que dice tu mente. Puedes hacerlo en voz alta o escribirlo.

4. **Expresa la voz del sufrimiento.** Hazlo en voz alta o por escrito. Esto te permitirá explorar cómo es tu sufrimiento, lo que ha sucedido y lo que está ocurriendo ahora.

5. **Contacto con el relato del sufrimiento.** Permítete entrar en contacto con el relato de tu sufrimiento. Este es el primer paso para liberarte de él.

Este ejercicio te ayudará a entender y manejar tu sufrimiento de manera efectiva, lo que te dará la oportunidad de encontrar una relación sabia y amorosa con tus emociones.

EJERCICIO. COMPASIÓN Y AUTOCOMPASIÓN

A menudo somos muy críticos con nosotros mismos. Probablemente esta tendencia la asumimos de pequeños y la hemos interiorizado. Escuchamos esa voz crítica porque creemos que es la mejor manera de aprender de nuestros errores, con lo que evitaremos riesgos y nos convertiremos en mejores personas. Sin embargo, la crítica puede ser muy dañina. Por ello, es importante trabajar con la idea de ser amables y generosos con nosotros mismos. En este proceso te pueden ayudar los siguientes ejercicios:

1. **Técnicas de imaginación:** realiza ejercicios para recordar ocasiones en las que has sido amable con otros u otros han sido amables contigo. Esto puede fomentar una actitud más positiva hacia uno mismo.

2. **Técnicas cognitivas:** ayudan a buscar pensamientos alternativos menos exigentes y que conlleven elementos de amabilidad, apoyo e in-

cluso ternura hacia uno mismo. Esto puede reducir la autocrítica y promover la autoaceptación.

3. **Técnicas conductuales:** realiza ensayos conductuales para afrontar situaciones amenazantes en los que se emplee un tono de voz cálido hacia uno mismo, acompañado de pensamientos asertivos y positivos. Esto puede ayudar a manejar situaciones estresantes de una manera más saludable.

4. **La carta de compasión:** prepara una carta dirigida a ti mismo en la que te expreses compasión. En ella reconoce tus logros, acepta tus errores y muestra amabilidad hacia ti. Este ejercicio puede promover una mayor autocompasión y amor propio.

EJERCICIO. CARTA DE AGRADECIMIENTO

El objetivo de esta práctica es ayudarte a expresar tu gratitud hacia alguien que ha tenido un impacto significativo en tu vida.

Instrucciones:

1. **Identifica a la persona.** Piensa en alguien a quien estés muy agradecido, pero al que al mismo tiempo creas que no hayas expresado suficientemente tu gratitud.

2. **Escribe una carta de gratitud.** Elabora una carta detallada de gratitud hacia esa persona. Asegúrate de ser específico al decirle las cosas que hizo por ti y cómo afectaron a tu vida.

3. **Revisión.** Escribe la carta tantas veces como sea necesario hasta que estés satisfecho con el resultado final. No te preocupes por hacerla perfecta en un primer intento; el objetivo es que refleje sinceramente tus sentimientos de gratitud.

4. **Entrega la carta.** Una vez que estés satisfecho con la versión final, organiza un encuentro con la persona para entregarle la carta. Puedes leérsela tú mismo en voz alta o esperar a que la lea.

Este ejercicio te permitirá expresar tu gratitud de manera profunda y significativa, lo que puede tener un impacto positivo en tu bienestar emocional en general.

BIBLIOGRAFÍA

- **Ackerman, M. A.** (2017). 21 Mindfulness Exercises & Activities For Adults (+ PDF), *PositivePsychology*.

- **Adan, R. A. H., Van der Beek, E. M., Buitelaar, J. K., Cryan, J. F., Hebebrand, J., Higgs, S., Schellekens, H., Dickson, S. L.** (2019). Psiquiatría nutricional.: Hacia la mejora de la salud mental a través de lo que comes. *Neuropsicofarmacología Europea, 29*(12), 1321-1332: https://doi.org/10.1016/j.euroneuro.2019.10.011

- **Adyashanti.** (2012). Pareja, A. (trad.). *El fin del sufrimiento. La esencia de la espiritualidad, nuestra naturaleza real y el retorno a la gracia.* Gaia.

- **Alonso, M.** Compasión en la práctica clínica: una revisión conceptual y empírica: https://www.fundacionomie.org/wp-content/uploads/

Art%C3%ADculo-Compasi%C3%B3n-en-la-Pr%C3%A1ctica-Cl%C3%AD-nica-Marta-Alonso-Revista-Actas-de-Psiquiatr%C3%ADa.pdf

- **Araya Véliz, C. A.** (2019). Humanidad compartida. Habitando juntos el momento presente. Desclée De Brouwer: Mindfulness.cl

- **Arrimada, M.** (2022). Flexibilidad mental: qué es, para qué sirve y cómo entrenarla. *Psycología y Mente*: https://psicologiaymente.com/inteligencia/flexibilidad-mental

- **Atad, O. I., Russo-Netzer, P.** (2021). The Effect of Gratitude on Well-being: Should We Prioritize Positivity or Meaning? *J Happiness Stud*, 23, 1245-1265: https://doi.org/10.1007/s10902-021-00448-4

- **Ayres, A. J.** (2016). Die Entwicklung der sensorischen integration. En Ayres, A. J. (ed.), *Bausteine der kindlichen entwicklung*, 17-35. Heidelberg: Springer: https://link.springer.com/book/10.1007/978-3-662-52891-4

- **Ballesteros, S., Requena, C.** (2019). La memoria emocional y su relación con la salud mental. *Anuario de psicología*, 49(1), 57-64.

- **Bandura, A.** (1987). *Teoría del Aprendizaje Social*. Espasa.

- **Beck, U.** (2009). El Dios personal. La individualización de la religión y el «espíritu» del cosmopolitismo. Paidós.

- **Bernal Rivas, F., Avello-Sáez, D.** (2023). Efectos del apego y procesamiento sensorial en el desarrollo de niñas y niños. Una revisión sistemática. *Cadernos Brasileiros de Terapia Ocupacional*, 31, e3527: https://www.scielo.br/j/cadbto/a/4X9SxcvySpvLCt4rrhLjYXP/?lang=es

- **Bertran Prieto, P.** Las 5 diferencias entre cerebro y mente. *MédicoPlus*: https://medicoplus.com/neurologia/diferencias-cerebro-mente

- **Bonet, J. V.** (1997). *Sé amigo de ti mismo. Manual de autoestima*. Sal Terrae.

- **Bowlby, J.** (1969/1982). Attachment and Loss. Vol. 1: *Attachment*. Basic Books.

• **Bradshaw, M., Ellison, C.** (2010). Financial hardship and psychological distress: Exploring the buffering effects of religion. *Social Science & Medicine*, 71(1), 196- 204.

• **Brand, S., Holsboer-Trachsler, E., Naranjo, J. R., Schmidt, S.** (2012). Influence of mindfulness practice on cortisol and sleep in long-term and short-term meditators. *Neuropsychobiology*, 65 (3), 109-118.

• **Branden, N.** (1995). *Los seis pilares de la autoestima.* Paidós.

• **Briguglio, M., Dell'Osso, B., Panzica, G., Malgaroli, A., Banfi, G., Zanaboni Dina, C., Galentino, R., Porta, M.** (2018). Dietary neurotransmitters: A narrative review on current knowledge. *Nutrients*, 10(5): 591: https://www.ncbi.nlm.nih.gov/pmc/articles/PMC5986471/

• **British Dietetic Association (BDA)** (2020). Alimentación y estado de ánimo.

• **Brown, K. W., Ryan, R. M.** (2003). The Benefits of Being Present: Mindfulness and Its Role in Psychological Well-Being. Journal of Personality and Social Psychology, 84(4), 822-848: https://doi.org/10.1037/0022-3514.84.4.822

• **Brown, S. L., Nesse, R. M., Vinokur, A.D., Smith, D.M.** (2003). Providing social support may be more beneficial than receiving it: Results from a prospective study of mortality. *Psychological Science*, 14(4), 320-327.

• **Bush, A. D.** (2017). El pequeño libro de la paz interior. Prácticas sencillas para vivir con calma y sin agobios. Gaia.

• **Camarasa, M. E.** (2005). Adolescencia y autoestima. En Domènech, E. (ed.), *Actualizaciones en psicología y psicopatología de la adolescencia*, 89-106.

• **Casafont i Vilar, R.** (2020). Bases neurocientíficas del aprendizaje. *Rizoma Freireano*, 20: https://rizoma-freireano.org/articles-2020/bases-neurocientificas-del-aprendizaje-dra-rosa

• **Centers for Disease Control (CDC)** (2023). How Does Social Connectedness Affect Health? *Senior Navigator*: https://seniornavigator.org/article/93470/how-does-social-connectedness-affect-health

- **Chaparro, L.** (2021). Lenguaje, cerebro y pensamiento: qué sabe la neurociencia sobre la capacidad más humana. *SINC*: https://www.agenciasinc.es/Reportajes/Lenguaje-cerebro-y-pensamiento-que-sabe-la-neurociencia-sobre-la-capacidad-mas-humana

- **Cherry, K.** (2022). Permissive Parenting Characteristics and Effects. *Verywell Mind*: https://www.verywellmind.com/what-is-permissive-parenting-2794957

- **Cherry, K.** (2023). How Genes Influence Child Development. *Verywell Mind*: https://www.verywellmind.com/genes-and-development-2795114

- **Clear, J.** (2018). *Atomic Habits: An Easy & Proven Way to Build Good Habits & Break Bad Ones*. Avery.

- **Clegg, B.** (2020). ¿De qué está hecho realmente el cuerpo humano? *BBC Science Focus*.

- **Comunidad Saludable.** Dopamina: la química de los hábitos: https://www.comunidadsaludable.es/la-quimica-de-los-habitos-dopamina/

- **Congost, S.** (2015). *Autoestima automática. Cree en ti y alcanza tus metas*. Zenith.

- **Corbin, J. A.** (2016). Cómo aumentar la confianza en ti mismo en 6 pasos. *Psicología y Mente*: https://psicologiaymente.com/psicologia/como-aumentar-confianza-ti-mismo

- **Craig, H.** (2019). Psychology of Happiness: A Summary of the Theory & Research. *PositivePsychology*: https://www.positivepsychology.com/psychology-of-happiness/

- **Csikszentmihályi, M.** (1998). *Fluir. Una psicología de la felicidad*. Kairós.

- **Dalái Lama.** (1992). *Mind and life meeting*. Presentación en Dharamsala, India.

- **Davidson, R. J., Kabat-Zinn, J., Schumacher, J., Rosenkranz, M., Muller, D., Santorelli, S. F., Urbanowski, F., Harrington, A., Bonus, K., Sheridan, J. F.** (2003). Long-term meditators self-induce high-amplitude gamma synchrony during mental practice. *Proceedings of the National Academy of Sciences*, 101(46), 16369-16373.

- **Dawson, A. F., Brown, W. W., Anderson, J., Datta, B., Donald, J. N., Hong, K., et al.** (2020). Mindfulness-Based Interventions for University Students: A Systematic Review and Meta-Analysis of Randomised Controlled Trials. *Applied Psychology. Health and Well-Being*, 12 (2): 384-410.

- **De Mello, A.** (1991). *Una llamada al amor. Consciencia-libertad-felicidad*. Sal Terrae.

- **Descartes, R.,** (1637). *El discurso del método*.

- **DeSteno, D.** (2015). *The Truth About Trust: How It Determines Success in Life, Love, Learning, and More*. Penguin Publishing Group.

- **Dog.** (2023, Noviembre). NL - mozzeno niet spannend, wel slim - Original [Video]. YouTube. https://www.youtube.com/watch?v 2023-11 - NL - mozzeno niet spannend, wel slim - Dog - Original (youtube.com)

- **El Universal** (2 de septiembre de 2020). ¿De qué está hecho realmente el cuerpo humano?: https://www.eluniversal.com.mx/ciencia-y-salud/chonps-de-que-esta-hecho-realmente-el-cuerpo-humano/

- **Ellis, A.** (1995). *Rational Emotive Behavior Therapy: It Works for Me – It Can Work for You*. Prometheus Books.

- **Emmons, R. A.** (2007). *Thanks!: How the New Science of Gratitude Can Make You Happier*. Houghton Mifflin Harcourt.

- **Equipo de Asana** (2023). 10 creencias limitantes y cómo superarlas: https://asana.com/es/resources/limiting-beliefs

- **Extrechinato y Tú:** https://es.wikipedia.org/wiki/Extrechinato_y_Tú - Wikipedia, la enciclopedia libre

- **Fehr, B., Sprecher, S., Underwood, L. G. (eds.).** (2008). *The science of compassionate love: Theory, research, and applications*. John Wiley and Sons.

- **Feldman Barrett, L.** (2018). *La vida secreta del cerebro: cómo se construyen las emociones*. Paidós.

• **Feldman Barrett, L.** (2021). *Siete lecciones y media sobre el cerebro*. Paidós.

• **Fernández, E.** (2022). 10 estrategias para elevar la autoestima en tu día a día. *Psicología y Mente*: https://psicologiaymente.com/clinica/estrategias-elevar-autoestima

• **Firth, J., Gangwisch, J. E., Borsini, A., Wootton, R. E., Mayer, E. A.** (2020). Food and mood: how do diet and nutrition affect mental wellbeing? *The BMJ*.

• **Fisher, R., Shapiro, D.** (2005). *Más allá de la razón: Usar las emociones mientras negocias*. Prensa Vikinga.

• **Florez Acevedo, S., Cardenas Parra, L. F.** (2016). Rol Modulador de la Oxitocina en la Interacción Social y el Estrés Social. *Universitas Psychologica*, 15(5).

• **Frankl, V. E.** (2015). *El hombre en busca de sentido*. Herder.

• **Fredrickson, B. L.** (2004). La teoría de ampliar y construir las emociones positivas. *Philosophical Transactions of the Royal Society of London. Serie B, Ciencias Biológicas*, 359(1449), 1367-1378: https://doi.org/10.1098/rstb.2004.1512

• **Gilbert, P.** (2009). *The Compassionate mind: A new approach to life's challenges*. Constable-Robinson.

  • (2010). An introduction to compassion focused therapy in cognitive behavior therapy. *Guilford Press Periodicals*: https://guilfordjournals.com/doi/10.1521/ijct.2010.3.2.97

  • (2013). *Mindful compassion: Using the power of mindfulness and compassion to transform our lives*. Hachette U.

• **Gilbert, P., McEwan, K., Matos, M., Rivis, A.** (2011). Fears of compassion: Development of three selfreport measures. *Psychology and Psychotherapy: Theory, Research and Practice*, 84(3), 239-255.

• **Gilbert, P., Procter, S.** (2006). Compassionate mind training for people with high shame and self-criticism: Overview and pilot study of a group therapy approach. *Clinical Psychology and Psychotherapy*, 13, 353-379.

• **Gillath, O., Karantzas, G. C., Fraley, R. C.** (2016). *Adult Attachment: A Concise Introduction to Theory and Research*Título del libro desconocido. Academic Press (Elsevier).

• **Gordillo León, F., Arana Martínez, J. M., Mestas Hernández, L.** (2011). La memoria emocional: síntesis de una propuesta de estudio. *Revista de Neurología*: https://doi.org/10.1016/j.nrl.2011.09.004

• **Grajek, M., Krupa-Kotara, K., Białek-Dratwa, A., Sobczyk, K., Grot, M., Kowalski, O., Staskiewicz, W.** (2022). Nutrition and mental health: A review of current knowledge about the impact of diet on mental health. *Frontiers in Nutrition*. DOI: 10.3389/fnut.2022.943998

• **Guerri, M.** (2023). La dopamina: Funciones, desequilibrios y cómo mejorar los niveles de este neurotransmisor, *PsicoActiva*: https://www.psicoactiva.com/blog/la-dopamina-efectos-fisicos-psicologicos/#google_vignette

• **Guillen-Moya, M. J., Jiménez-Alcocer, K. A., Ramírez-Elizondo, N., Ceballos-Vásquez, P.** (2022). Autoestima global y calidad de vida relacionada con salud percibida por adultos mayores. *Título de la revista desconocido.*

• **Hadji, C.** (2021). Ayudar a los hijos a ganar confianza en sí mismos: el consejo de tres grandes filósofos. *The Conversation*: https://theconversation.com/ayudar-a-los-hijos-a-ganar-confianza-en-si-mismos-el-consejo-de-tres-grandes-filosofos-159

• **Halifax, J.** (2011). The precious necessity of compassion. Journal of Pain and Symptom Management, 41(1), 146-153: https://www.jpsmjournal.com/article/S0885-3924(10)00657-3/abstract

• **Haller, M., Hadler, M.** (2004). Happiness as an expression of freedom and self-determination: a comparative multilevel analysis. En W. Glatzer, S. v. Below, & M. Stoffregen (eEds.), Challenges for quality of life in the contemporary world: advances in quality-of-life studies and research (pp. 207-231). Dordrecht: Kluwer Academic Publ. https://nbnresolving.org/urn:nbn:de:0168-ssoar

• **Hammoud, R., Tognin, S., Burgess, L., Bergou, N., Smythe, M., Gibbons, J., Davidson, N., Afifi, A., Bakolis, I., Mechelli, A.** (2022). Smartphone-based ecological momentary assessment reveals mental health benefits of birdlife. *Scientific Reports*, 12, 17589.

• **Hanh, T. N.** (1976). *The Miracle of Being Awake*. Beacon Press.

  • (1995). Cómo lograr el milagro de vivir despierto. CENTRO E. N. CEDEL: https://montanadesilencio.org/wp-content uploads /2017/ 07/ C%C3%B3mo-lograr-el-milagro-de-vivir-despierto.pdf

• **Harvard Women's Women's Health Watch,** (2019,). *The health benefits of strong relationships,* Harvard Health Publishing/Harvard Medical School. Jan. 11, 2021. : https://www.health.harvard.edu/newsletter_article/the-health-benefits-of-strong-relationships

• **Hau, K.-T., Marsh, H. W.** (2015). Academic Self-Concept and Achievement. En Wrigth, J. D. (eed.). *International encyclopedia of the social & behavioral sciences* (54-63): https://doi.org/10.1016/B978-0-08-097086-8.92153-6

• **Hayes, S. C., Smith, S.** (2013). *Sal de tu mente, entra en tu vida*. Desclée de Brouwer.

• **Hayes, S. C., Strosahl, K. D., Wilson, K. G.** (1999). *Aceptación y terapia de compromiso*, vol. 6, Guilford Press.

• **Hayes, S. C., Wilson, K. G., Strosahl, K., Gifford, E. V., Follette, V. M.** (1996). Experiential Avoidance and Behavioral Disorders: A Functional Dimensional Approach to Diagnosis and Treatment. *Journal of Consulting and Clinical Psychology*, 64(6), 1152-1168.

• **High Country Behavioral Health** (n.d). *A new Way of Thinking. The Importance of Social Relationships to Physical and Mental Health*: https://www.hcbh.org/blog/posts/2021/january/the-importance-of-social-relationships-to-physical-and-mental-health/

• http://revistasaludmental.mx/index.php/salud_mental/article/view/596/596

• https://psicologiacognitiva.es/personalidad/la-conciencia

• https://psicologiaymente.com/psicologia/

• https://psicologiaymente.com/psicologia/como-aumentar-confianza-ti-mismo

• https://psicologiaymente.com/reflexiones/frases-motivadoras

• https://scielo.isciii.es/scielo.php?script=sci_arttext&pid=S1132-12962021000100004

• https://www.agustinbarahona.com/blog/que-es-un-ser-humano-desde-el-punto-de-vista-exclusivamente-cientifico/

• https://www.mukhayoga.com/es/blogs/the-community-hub/the-science-of-creating-and-keeping-habits

• https://www.psychologytoday.com/es/fundamentos/confianza

• https://www.unodc.org/unodc/es/listen-first/super-skills/confidence.html

• https://www.who.int/es/news-room/fact-sheets/detail/depression

• https://www.youtube.com/watch?v=GbetlwTmD_Y

• https://www.youtube.com/watch?v=SQ5Zkl--zlg

• **Huget, J.** (2014). *La ciencia de la felicidad: Experimento Gratitud*: https://www.youtube.com/watch?v=QMpJcABHmgE

• **Huntington, C.** (2023). Permissive Parenting: Definition, Examples & Characteristics. *The Berkeley Well-Being Institute*: https://www.berkeleywell-being.com/permissive-parenting.html

• **Ito, T. A., Larsen, J. T., Smith, N. K., Cacioppo, J. T. (**1998). Negative information weighs more heavily on the brain: the negativity bias in evaluative categorizations. *Journal of Personality and Social Psychology*, 75(4), 887-900. DOI: 10.1037//0022-3514.75.4.887.

• **Jain, S., Shapiro, S. L., Swanick, S., Roesch, S. C., Mills, P. J., Bell, I., Schwartz, G. E. R.** (2007). A randomized controlled trial of mindfulness meditation versus relaxation training: Effects on distress, positive states of mind, rumination, and distraction. *Annals of Behavioral Medicine*, 33, 11-21.

- **Jericó, P.** (24 de marzo de 2021). Consejos prácticos para entrenar la flexibilidad mental. *El País*.

- **Jones, T. S., Bodtker, A.** (2001). Mediar con el corazón en mente: Abordar la emoción en la práctica de la mediación. *Revista de Negociación*, 17, 217-244: https://doi.org/10.1023/A:1013283710190

- **Kabat-Zinm, J.** (1990). *Full Catastrophe Living*. Dell Publishing.

  - (1994). *Wherever you go, there you are*. Hyperion.

  - (2003). Mindfulness-based interventions in context. Past, present and future. *Clinical Psychology: Science and Practice*, 10, 144-156.

  - (2003). *Vivir con plenitud las crisis*. Barcelona: Kairós.

- **Kelly, E. J., Kaminskienė, N.** (2016). Importancia de la inteligencia emocional en la negociación y la mediación. *Jurisprudencia Internacional Comparada*, 2(1), 55-60: https://doi.org/10.1016/j.icj.2016.07.001

- **Keltner, D., Gruenfeld, D. H., Anderson, C.** (2003). Poder, enfoque e inhibición. *Revisión Psicológica*, 110, 265-284.

- **Khoury, B., Sharma, M., Rush, S. E., Fournier, C.** (2015). Mindfulness-based stress reduction for healthy individuals: A meta-analysis. *Journal of Psychosomatic Research*, 78(6), 519-528.

- **Killingsworth, M. A., Gilbert, D. T.** (2010). A Wandering Mind Is an Unhappy Mind. *Science*, 330(6006), 932. DOI: 10.1126/science.1192439.

- **King, L. A.** (2001). The health benefits of writing about life goals. *Personality and Social Psychology Bulletin*, 27(7), 798-807: https://doi.org/10.1177%2F0146167201277003

- **Koenig, H., King, D., Carson, V.** (2012). *Handbook of religion and health*. Oxford University Press.

- **Kringelbach, M. L., Berridge, K. C.** (2010). La neurociencia de la felicidad y el placer. *Social Research (Nueva York)*, 77, 659 -678.

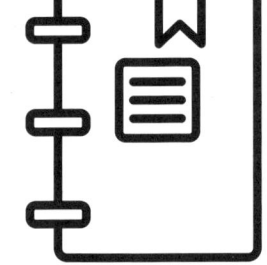

- (2010). *Pleasures of the brain*. Oxford University Press.

- **La Mente es Maravillosa** (n.d.). *La flexibilidad cognitiva, qué es y cómo potenciarla*: https://lamenteesmaravillosa.com/la-flexibilidad-cogniti-va-que-es-y-como-potenciarla/#google_vignette

    - (n.d.). *Las 6 emociones básicas: características y funciones*: https://lamenteesmaravillosa.com/la-flexibilidad-cognitiva-que-es-y-co-mo-potenciarla/

    - (n.d.). *Oxitocina, la hormona de amor y la felicidad*: https://lamentees-maravillosa.com/oxitocina-hormona-amor-y-felicidad/

- **Lally, P., Van Jaarsveld, C. H. M., Potts, H. W. W., & Wardle, J.** (2009). How are habits formed: Modelling habit formation in the real world. *Europe-an Journal of Social Psychology*: https://doi.org/10.1002/ejsp.674

- **Lancaster, D. B.** (2020). *El Miedo es un mentiroso: Cómo detener los pen-samientos ansiosos y experimentar el amor de dios.*

- **Lane, M. M., Gamage, E., Travica, N., Dissanayaka, T., Ashtree, D. N., Gauci, S., Lotfaliany, M., O'Neil, A., Jacka, F. N., Marx, W.** (2022). Ul-tra-Processed Food Consumption and Mental Health: A Systematic Re-view and Meta-Analysis of Observational Studies. *Nutrients*, 14(13), 2568: https://doi.org/10.3390/nu14132568

- **LeDoux, J. E.** (2004). *El cerebro emocional: La naturaleza y la función de las emociones*. Ariel.

- **Lee, M.-A., Kawachi, I.** The keys to happiness: Associations between personal values regarding core life domains and happiness in South Ko-rea. *PLoS ONE*. 2019;14(1):e0209821. DOI: 10.1371/journal.pone.0209821

- **Li, P.** (2023). Authoritative Parenting: How to Balance Discipline and Love. *Parenting for Brain*: https://www.parentingforbrain.com/authori-tative-parenting/

- **Loayza Gonzales, D.** (2019). Autoconcepto, una revisión del constructo. *Revista científica de acceso abierto de la Universidad Seminario Evan-gélico de Lima*, 1(1) 29-33: https://usel.edu.pe/revistas/index.php/ojsu-sel/article/view/6

- **López-Ramírez, C. E., Arámbula-Almanza, J., Camarena-Pulido, E. E.Ginecol Obstet Mex.** (2014). Oxitocina, la hormona que todos utilizan y que pocos conocen, Ginecol Obstet Mex: https://www.medigraphic.com/pdfs/ginobsmex/gom-2014/gom147f.pdf

- **Luna, N., Molero, D.** (2013). Revisión teórica sobre el autoconcepto y su importancia en la adolescencia. *Revista Electrónica de Investigación y Docencia (REID)* 1(10).), 43-64: https://revistaselectronicas.ujaen.es/index.php/reid/article/view/991/818

- **Lutz, A., Brefczynski-Lewis, J., Johnstone, T., Davidson, R. J.** (2008). Regulation of the neural circuitry of emotion by compassion meditation: Effects of meditative expertise. *PloS One*, 3, e1897.

- **MacDonald, T. K., Martineau, A. M.** (2002). Autoestima, estado de ánimo e intenciones de usar condones: ¿Cuándo la baja autoestima conduce a conductas de riesgo para la salud? *Revista de Psicología Social Experimental,* 38(3), 299-306: https://doi.org/10.1006/jesp.2001.1505

- **Maero, F** (2012). La mente: Manual del usuario (Autoayuda): https://www.psyciencia.com/la-mente-manual-del-usuario-autoayuda/

  - (2013). Una introducción a la terapia de aceptación y compromiso (ACT). *Psyciencia*: https://www.psyciencia.com/una-introduccion-a-terapia-de-aceptacion-y-compromiso/

- **Mark, J. J.** (2020). Siddhartha Gautama: Definición. *World History Encyclopedia*: https://www.worldhistory.org/trans/es/1-11767/siddhartha-gautama/

- **Markway, B.** (2020). 5 razones por las que la gente no confía en sí misma. *Psychology Today*: https://www.psychologytoday.com/es/blog/5-razones-por-las-que-la-gente-no-confia-en-si-misma

- **Markway, B., Ampel, C.** (2018). El libro de trabajo para la autoconfianza: Una guía para superar el autocuestionamiento y mejorar la autoestima.

- **Martínez Pizarro, S.** (2021). Alteraciones mentales por el uso excesivo del móvil. *Revista Colombiana de Psiquiatría*, 50.

• **Matsumoto, D., Sung Hwang., H., López, R., M., Pérez-Nieto., M.** (2013). Lectura de la expresión facial de las emociones: investigación básica en la mejora del reconocimiento de emociones. *Ansiedad y Estrés*, 19(2-3), 121-129.

• **Matsumoto, D., Yoo, S. H., Nakagawa, S.** (2008). Cultura, regulación emocional y ajuste. *Revista de Personalidad y Psicología Social*, 94(6), 925-937.

• **McGaugh, J. L.** (2013). La memoria emocional. En *Neurociencia cognitiva*, 555-568. Elsevier.

• **Medina, N. C.** (2008). La ciencia cognitiva y el estudio de la mente. *Revista de investigación en psicología*, 11(1), 183-198.

• **Mejor con Salud** (n.d.). Estilo de crianza autoritario: características y posibles efectos en los hijos: https://mejorconsalud.as.com/estilo-crianza-autoritario/

• **Menéndez, M.** (2023, 17 de mayo). Las 6 emociones básicas y sus características. *Psicología-Online*: https://www.psicologia-online.com/cuales-son-las-6-emociones-basicas-y-sus-caracteristicas-4205.html

• **Montt, M. E., Ulloa Chávez, F.** (1996). Autoestima y salud mental en los adolescentes. *Título de la revista desconocido*, 19(3).

• **Morin, A.** (2020). 7 beneficios científicamente probados de la gratitud. *Psychology Today*: https://www.psychologytoday.com/es/blog/7-beneficios-cientificamente-probados-de-la-gratitud

• **Mruk, C.** (2007). Self-esteem, research, theory, and practice. (3rd ed.). Capítulo 7: Autoestima y Psicología Positiva: http://www.cop.es/colegiados/PV00520/

• **Nathaniel, B.** (2011). *El Poder de la Autoestima*, Paidós. 27-30. [Links].

• **Neff, K.** (2011). *Self-Compassion: Stop Beating Yourself Up and Leave Insecurity Behind*. William Morrow.

• **Neff, K., Germer, C.** (2013). *Being kind to yourself: The science of self-compassion. Compassion: Bridging theory and practice* (pp., 291-312). Munich, Germany: Max Plank Society.

- **Ngcobo, M. T.** (2023). Navegando por el panorama emocional de la mediación: Una exploración del papel de las emociones en la resolución de conflictos y las estrategias para una gestión eficaz, *Conflict Resolution Quarterly*: https://onlinelibrary.wiley.com/doi/10.1002/crq.21409

- **Oficina de las Naciones Unidas contra la Droga y el Delito** (n.d.). La Ciencia de la Confianza: https://www.unodc.org/unodc/es/listen-first/super-skills/confidence.html

- **Olivia** (2020, 31 de agosto). ¿Tienen un estilo autoritativo de crianza? *Kinedu*: https://blog-es.kinedu.com/estilo-de-crianza-autoritativa/

- **Organización Mundial de la Salud** (2020). Directrices de la OMS sobre actividad física y hábitos sedentarios: https://iris.who.int/bitstream/handle/10665/337004/9789240014817-spa.pdf

  - (2022). *Actividad física*: https://www.who.int/es/news-room/fact-sheets/detail/physical-activity

- **Origen de la oración:** https://www.aa.org/sites/default/files/literature/assets/smf-129_sp.pdf

- **Ortiz-Bautista, R. J., Aguilar-Salinas, C. A., Monroy-Guzmán,** A. (2013). Restricción calórica: efectos metabólicos positivos e impacto celular. Revista, 81, 459-464.

- **Otake, K., Shimai, S., Tanaka-Matsumi, J., Otsui, K., Fredrickson, B. L.** (2006). Happy People Become Happier through Kindness: A Counting Kindnesses Intervention. *Journal of Happiness Studies*, 7(3), 361-3751.

- **Owens, B.** (n.d.). Mindful Movements in Laundry Moments. Conscious Movements: https://www.consciousmovements.com/body-mind-blog/mindful-movements-in-laundry-moments

- **Pace, T. W. W., Negi, L. T., Adame, D. D., Cole, S. P., Sivilli, T. I., Brown, T. D., Raison, C. L.** (2008). Effect of compassion meditation on neuroendocrine, innate immune and behavioral responses to psychosocial stress. *Psychoneuroendocrinology*, 34, 87-98.

- **Piaget, J.** (1970)). *Piaget's theory*.

• **Picard, C., Siltanen, J.** (2013). Explorar la importancia de la emoción para la práctica de la mediación. *Conflict Resolution Quarterly*, 31, 31-55: https://doi.org/10.1002/crq.21078

• **Pietrowsky, R. y Mikutta, J.** (2012). Effects of Positive Psychology Interventions in Depressive Patients—A Randomized Control Study. *Psychology*, 3, (No.12), 1067-1073: http://dx.doi.org/10.4236/psych.2012.312158

• **Pignault, A., Rastoder, M., & Houssemand, C.** (2023). The Relationship between Self-Esteem, Self-Efficacy, and Career Decision-Making Difficulties: Psychological Flourishing as a Mediator. *European Journal of Investigation in Health, Psychology and Education*, 13(9), 1553-1568: https://doi.org/10.3390/ejihpe13090113

• **Piqueras J. A., Ramos. V., Martínez. E., Oblitas, L. A.** (2009). Emociones negativas y su impacto en la salud mental y física. *Suma Psicológica*, 16 (2), 85-112.

• **Plum Village** (n.d.). La vida de Thich Nhat Hanh: https://plumvillage. org/es/thich-nhat-hanh/la-vida-de-thich-nhat-hanh: https://plumvillage.org/es/thich-nhat-hanh/la-vida-de-thich-nhat-hanh

• **Poganik, J. R., Zhang, B., Baht, G. S., Horvath, S., White, J. P., Gladyshev, V. N.** (2023). Biological age is increased by stress and restored upon recovery. *Cell Metabolism*: https://doi.org/10.1016/j.cmet.2023.03.015

• **Pratto, F., John, O. P.** (1991). Vigilancia automática: El poder de captación de la atención de la información social negativa. *Revista de Personalidad y Psicología Social*, 61(3), 380-391: https://doi.org/10.1037/0022-3514.61.3.380

• **PsicoActiva.** (2023). La memoria emocional ¿en qué consiste?: https://www.psicoactiva.com/blog/la-memoria-emocional-consiste/

• **Psicología Monzó.** (n.d.). Bloqueo emocional: en qué te puede ayudar la terapia. : https://psicologiamonzo.com/bloqueo-emocional-en-que-te-puede-ayudar-la-terapia/psicologiamonzo.com

• **Psicología Online** (2020). 16 consejos para mejorar la autoestima: https://psicologiaymente.com/clinica/estrategias-elevar-autoestima

- **Psicología Práctica** (n.d.). ¿Cuál es la importancia de la autoestima? Recuperado de: https://psicologiapractica.es/cual-es-la-importancia-de-la-autoestima/

- **PsicologiaMix** (2021). 8 Ejercicios para SUBIR o MEJORAR tu AUTOESTIMA desde YA: https://psicologiamix.com/consejos-practicos/ejercicios-para-mejorar-la-autoestima/

- **Psychology Today.** (2024). Formación de hábitos: https://www.psychologytoday.com/es/fundamentos/formacion-de-habitos

- **Puentes Silva, Y., Urrego Barbosa, S. y Sánchez Pedraza, R.** (2015). Espiritualidad, religiosidad y enfermedad: una mirada desde mujeres con cáncer de mama. *Avances en Psicología Latinoamericana*, 33(3), 481-495: https://doi.org/10.12804/revistas.urosario.edu.co/apl/a.3226

- **Ramos, A.** (2016). Ateísmo y espiritualidad. *'Ilu. Revista de Ciencias de las Religiones*, (21), 165-183: https://doi.org/10.5209/ILUR.53851

- **Rashid, T.** (2015). Positive psychotherapy: A strength-based approach. *The Journal of Positive Psychology*, 10(1), 25-40: https://doi.org/10.1080/17439760.2014.920411

- **Redacción National Geographic.** (2022). ¿Cómo afecta al cerebro el uso excesivo del teléfono celular? National Geographic

- **Regader, B.** (2021.). Lara Tormo: «La flexibilidad mental es clave al sobrellevar el sufrimiento». *Psicología y Mente*: https://psicologiaymente.com/entrevistas/lara-tormo-flexibilidad-mental

- **Riso, W.** (2012). *Enamórate de ti: El valor imprescindible de la autoestima (aprendiendo a quererse a sí mismo)*. Planeta-Zenith.

- **Rodríguez Naranjo, C., Caño González, A.** (2012) Autoestima en la adolescencia: análisis y estrategias de intervención. *International Journal of Psychology and Psychological Therapy*, 12, 3, 389-403: https://www.redalyc.org/pdf/560/56024657005.pdf

- **Romero, A.** (2015) La concepción aristotélica de la eudaimonía en Ética a Nicómaco. Relación entre vida activa y vida teorética. *Revista de investigación*, 39 (85).

• **Rosenstein, B.** (2023). Cultivating a Future-Oriented Mindset the Peter Drucker Way. *Psychology Today*: https://www.psychologytoday.com/us/blog/the-peter-drucker-files/202306/cultivating-a-future-oriented-mindset-the-peter-drucker-way

• **Rünger, W. W.** (2016). Psychology of habit. *Annual Review of Psychology, 67*, 289-314.

• **Ryan, R., M. y Deci, E. L.** (2001). On happiness and human potentials: A riview of research on hedonic and audaimonic well-being. Fiske E. S. (ed.), *Annual Review of Psychology*: https://doi.org/10.1146/annurev.psych.52.1.141

• **Ryff, C. D.** (1989). Happiness is everything, or is it? Explorations on the measuring of research on hedonic and eudaimonic well-being. *Annual Review of Psychology, 52*, 141-166: https://psycnet.apa.org/doiLanding?doi=10.1037%2F0022-3514.57.6.1069

• **Ryff, C. D., Keyes, C. L. M.** (1995). The Structure of Psychological Well-Being Revisited. *Journal of Personality and Social Psychology, 69*(4), 719-727.

• **Sarrazin, J. P.** (2021). La relación entre religión, espiritualidad y salud. Una revisión crítica desde las ciencias sociales. *Hallazgos*, 18(36), 409-442: https://doi.org/10.15332/2422409X.5232

• **SAVALnet** (2022). ¿Cómo se crean las emociones? Teoría de la emoción construida. *Mundo Médico Reportajes*: https://www.savalnet.cl/mundo-medico/reportajes/teoria-de-la-emocion-construida.html

• **Scott, A. J., Webb, T. L., Martyn-St James, M., Rowse, G., Weich, S.** (2021). Improving sleep quality leads to better mental health: A meta-analysis of randomised controlled trials. *Sleep Medicine Reviews*, 60: https://www.sciencedirect.com/science/article/pii/S1087079221001416?via%3Dihub

• **Scully, S. M.** (2022). All About Authoritative Parenting. *Psych Central*: https://psychcentral.com/health/authoritative-parenting

• **Seligman, M. E. P.** (2003). *La auténtica felicidad*. México: Ediciones B.

- Steen, T. A., Park, N., Peterson, C. (2005). Positive Psychology Progress: Empirical Validation of Interventions. American Psychologist, 60(5), 410-421.

- **Shapiro, F. (2013).** *Supera tu pasado: tomar el control de la vida con el EMDR*. Editorial Kairóos.

- **Shapiro, S., Carlson, L., Astin, J., Freedman, B.** (2006). Mecanismos de mindfulness. *Revista de Psicología Clínica*, , 62(3),), 373–-386. : https://doi.org/10.1002/jclp.20237

- **Sheldon, K. M., Lyubomirsky, S.** (2006). Achieving sustainable gains in happiness: Change your actions, nor your circumstances. *Journal of Happiness Studies*, 7, 55-86: https://doi.org/10.1007/s10902-005-0868-8

- **Sigman, M.** (2015). *El poder de las palabras*. Debate.

- **Simkin, H, Pérez-Marín, M.** (2018). Personalidad y Autoestima: Un análisis sobre el importante papel de sus relaciones. *Ter Psicol*, 36(1): http://dx.doi.org/10.4067/s0718-48082017000300015

- **Sipos, J. B.** (2021). *Redefine imposible: Tu cerebro es la herramienta*. Planeta.

- **Smolinski, R., Xiong, Y.** (2020)). En busca de maestros negociadores: Un modelo de competencias de negociación. *Diario de Negociación*, 36, 365-388: https://doi.org/10.1111/nejo.12332

- **Spiegato** (2020). What Factors Impact the Development of Self-Esteem?: https://spiegato.com/en/what-factors-impact-the-development-of-self-esteem

- **Spiegato** (n.d.). ¿Qué factores impactan en el desarrollo de la autoestima? Recuperado de https://spiegato.com/en/what-factors-impact-the-development-of-self-esteem15 ejemplos de crianza permisiva (2024) (helpfulprofessor.com)

- **Sreenivasan, S., Weinberger, L. E.** (2021). Por qué son importantes los actos de bondad para tu bienestar. Felicidad. *Psychology Today en español*: https://www.psychologytoday.com/es/blog/por-que-son-importantes-los-actos-de-bondad-para-tu-bienestar

- **Steckermeier, L. C.** (2021). The Value of Autonomy for the Good Life. An Empirical Investigation of Autonomy and Life Satisfaction in Europe. *Soc Indic Res*, 154, 693-723: https://doi.org/10.1007/s11205-020-02565-8

- **Tala, Á.** (2019). Gracias por todo: Una revisión sobre la gratitud desde la neurobiología a la clínica. *Revista Médica de Chile*, 147(6), 755-761: https://doi.org/10.4067/S0034-98872019000600755

- **Taylor, V. A., Grant, J., Daneault, V., Scavone, G., Breton, E., Roffe-Vidal, S., Courtemanche, J., Lavarenne, A. S., Beauregard, M.** (2011). Impact of mindfulness on the neural responses to emotional pictures in experienced and beginner meditators. *Neuroimage*, 57(4), 1524-1533.

- **Thomas, W. I., Thomas, D. S.** (1928). *The child in America. Behavior problems and programs.* Alfred A. Knopf.

- **Troyer, A. K.** (2016). Living with Mild Cognitive Impairment: The Health Benefits of Socializing. *Psychology Today*: https://www.psychologytoday.com/us/blog/living-mild-cognitive-impairment/201606/the-health-benefits-socializing

- **Turner, L.** (2019). Día Mundial de la Bondad: por qué ser amable puede ayudarte a vivir más tiempo. *BBC News Mundo*.

- **Uhlig, S.** (2021). Apego y Neurociencia: La mente en desarrollo. Desarrollo en Neurociencias. NeuroClass: https://neuro-class.com/apego-y-neurociencia-la-mente-en-desarrollo/

- **Vásquez-Dextre, E. R.** (2016). Mindfulness: Conceptos generales, psicoterapia y aplicaciones clínicas. *Rev Neuropsiquiatr*, 79(1).

- **Vázquez, C., Hervás, G., Ho, S. M. Y.** (2006). Intervenciones clínicas basadas en la psicología positiva: Fundamentos y aplicaciones. *Psicología Conductual*, 14 (3), 401-432.

- **Vonderlin, R., Biermann, M., Bohus, M., Lyssenko, L.** (2020). Mindfulness-Based Programs in the Workplace: a Meta-Analysis of Randomized Controlled Trials. *Mindfulness*, 11(7), 1579-1598.

- **Waldinger, R.** The Good Life: Lessons from the world's longest scientific study of happiness.

- **Waldinger, R., J., Cohen, S., Shultz, M. S., Crowell, J. A** (2015). Security of Attachement to Spouses in Late Life. *Clinical Psychological Science*, 3 (4), 516-529: http://doi.org/10.1177/216770261454126

  - (2015). Security of Attachement to Spouses in Late Life. *Clinical Psychological Science*, 3 (4), 516-529: http://doi.org /10.1177/ 2167702614541261

- **White, M.P., Alcock, I., Grellier, J., et al.** (2019). Spending at least 120 minutes a week in nature is associated with good health and wellbeing. *Sci Rep Rep*, 9, 7730: https://doi.org/10.1038/s41598-019-44097-3

- **Wilber, K.** (2000). *Integral psychology: Consciousness, spirit, psychology, therapy*. Shambhala Publications.

- **Wood, W., Rünger, D.** (2016). Psychology of Habit. *Annual Review of Psychology*, 67, 289-14.

- **Zenteno Durán, M. E.** (2017). La autoestima y como mejorarla. *Ventana Científica*, 8(13): https://dicyt.uajms.edu.bo/revistas/index.php/ventana-cientifica/article/view/12

- **Zugasti, E.** (2009, 30 de septiembre). La autonomía como valor universal. *Tercera Cultura. Ciencia para el debate público*: https://www.terceracultura.net/tc/la-autonomia-como-valor-universal/